일 년 교육일기로 들려주는 아이와 교사의 일상

초등 1학년 교실, 궁금하세요?

일 년 교육일기로 들려주는 아이와 교사의 일상

초등 1학년 교실, 궁금하세요?

초판 1쇄 인쇄 2025년 5월 8일
초판 1쇄 발행 2025년 5월 18일

지은이 이경숙
펴낸이 김승희
펴낸곳 도서출판 살림터

기획 정광일
편집 조현주, 송승호, 이희연
북디자인 꼬리별

인쇄·제본 (주)신화프린팅
종이 (주)명동지류

주소 서울시 양천구 목동동로 293 2215-1호
전화 02-3141-6553
팩스 02-3141-6555
출판등록 2008년 3월 18일 제313-1990-12호
이메일 gwang80@hanmail.net
블로그 http://blog.naver.com/dkffk1020
한국교육연구네트워크 www.kednetwork.or.kr

ISBN 979-11-5930-322-7 03370

일 년 교육일기로 들려주는 아이와 교사의 일상

초등 1학년 교실, 궁금하세요?

이경숙 지음

살림터

들어가며

교사, 하루를 꽃피우다!

1학년 아이들과 함께 살아온 1년의 기록이다. '매일' 교실을 관찰해 기록했다.

해마다 한 해를 돌아보면 1년은 한순간이 되고, 숱한 노력은 손가락 사이로 빠져나가 사라져 버리는 듯 허전했다. 누구에게도 박수받지 못하지만 스스로가 부과한 사명을 묵묵히 수행하는 교사, 그들이 각자 교실에서 쏟는 진심과 애씀, 무형의 활동을 잊지 않고 남기고 싶었다. '매일 교실을 기록하자.' 아이들과 교사, 우리의 생각과 말, 경험을 언제든 다시 꺼내 볼 수 있도록 하자.

아이가 운동장에서 놀고 자연을 관찰하고 텃밭 가꾸고 수업 시간에 각종 활동을 할 때, 어떤 대화를 나누는지, 어떤 몸짓과 표정을 짓는지, 어떤 마음인지……, 천천히 지켜보았다. 그리고 그들과 상호작용에서 나타나는 나의 언행을 성찰하며 기록했다(이 책의 아이들 이름은 개인정보를 보호하고자 필자가 지어 부른 이름으로 바꾸어 사용했다).

질문 하나를 하면 아이들은 예상치 못한 기대 이상의 말을 전해 줬다. 그들 말을 받아쓰며 '이런 멋진 생각을 하다니!', 순간순간 감탄하고 다음엔 어떤 활동 어떤 질문을 할까, 궁리했다. 아이들 말, 글, 작품을 보고 느끼고 기록하며, 기록 내용은 가슴에 새겨졌다. 그때 일어나는 '기쁨'만으로 더 이상의 보상은 필요 없었다.

기록하며 나 자신을 돌아보았다. 내 작은 태도와 말이 아이들에게 일으키는 반향이 긍정적일 때는 기뻤지만 잘못이 부각될 때는 괴로웠다.

기록을 통해 아이와 나, 교실이 점점 더 명료히 보일수록, 아이들은 사랑스럽고 나는 그들에게 좀 더 집중할 수 있었다.

이제 깨닫는다. 가장 큰 박수는 내가 나에게 보내는 것임을. 오늘 하루에 충실하며 '자족(自足)'할 뿐, 그만으로 모자람이 없음을.

함께 근무하는 교사들에 대한 감정은 안타까움이다. 교사 개개인의 '아이를 향한 성심'은 귀한 대접받아 마땅하건만, 교육계의 뒷받침은 미미하고 교사 스스로도 그 가치를 온전히 자각하지 못하는 듯하다. 공문서, 행사, 회의, 업무 처리, 학부모 관계에 커다란 에너지를 쏟고 많은 수업을 소화하며, 교육에의 정성을 놓지 않으려 애쓰는 모습이 안쓰러웠다. 그들이 매일 교실에서 피우는 꽃은 누구도 모른 채 인적 없는 산속 야생화처럼 홀로 피고 지는 듯했다.

동료들에게 말하고 싶다.

"선생님은 사랑으로 하루하루 어여쁜 꽃을 피우고 있습니다. 교실은 이미 향내 가득하고, 그 향은 겨울 추위에도 사라지지 않고 선생님과 아이에게 온기와 생명력을 줄 것입니다."

이 책이 아이와 교사의 일상을 학부모와 사회 구성원과 공유하고, 서로 이해하고 교감하는 데 작은 역할을 할 수 있길 바란다.

그들에게 보여 주고 싶다. 아이들은 자기 삶과 세계를 탁월하게 사유하고 표현하며 온 마음을 다해 살고 있음을. 그들의 호기심과 열정을 억압하지 않고 마음의 허기를 채워 주면 놀랍도록 성장한다는 것을.

아이들의 맑은 사랑으로 나는 부적응의 긴 터널을 지나, 고독과 무기력을 뚫고 하루를 실현하며 살 수 있었다. 그들은 창조와 성취를 함께 즐기는 유능한 파트너이자 명랑한 웃음과 우정을 나누는 친구였다. 모든 감사는 이제 그리운 고향이 된 아이들에게 전한다.

차례

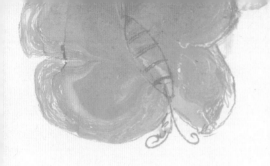

3월

우리의 정원은
어떤 풍경으로 피어날까?

산수유, 이태경

3월 1일 개학 준비

삼월, 봄의 온기로 대지가 들썩이며 생명은 일제히 움트려 한다. 내일이면 개학이다. 올해는 1학년 담임을 한다.

입학식 때 아이들한테 선물할 화분을 사서 학교로 갔다. 화분엔 꽃망울이 달려 있어 며칠 지나면 꽃이 필 것이다. 교실 책상과 의자를 정리하고 바닥을 쓸고 닦았다. 앞뒤 게시판에 노란 한지를 가득 붙였다. 노랑으로 밝고 따뜻한 공간이 되었다. 의자에 기대앉아 말끔하게 정돈된 교실을 둘러보니 흐뭇하다.

'내일부터 이곳에서 새로운 장이 열리는구나.'

생판 모르던 아이들을 만난다. 내 반 아이가 된 순간부터 갑자기 특별한 존재가 된다. 가깝게 느껴지고 정이 가고 예뻐 보인다. 건강과 가정환경, 심리와 사회성, 아이와 관련된 모든 것에 관심이 간다. 아이가 잘 자라게 돕고 싶고, 잘 자라면 내 일처럼 기쁘다. 어려움을 겪으면 걱정된다.

새로운 아이들과 선입견 없이 만나 새 밭에 씨를 뿌리고 일군다. 올해는 어떤 아이들을 만날까? 어떤 이야기가 오갈까? 어떤 성취로 즐거워할까? 해마다 삼월이면 기대와 희망이 새순처럼 돋고 기쁨이 몽글몽글 피어난다.

3월 2일 입학식

일찍 출근했다. 1학년 담임에 어울릴 법한 밝고 부드러운 느낌의 옷을 사 입었다. 교무실과 강당을 오가며 입학식 준비하느라 뛰어다녔다. 강당에서 식을 치르고 부모님과 함께 교실로 왔다. 아이들은 자기 이름표가 놓인 책상에 앉았다. 눈을 반짝이며 긴장한 듯 가만히 앉아 있다. 부모님께 학교생활에 대해 간단히 안내하고, 입학 축하 케이크 불을 끄고 나눠 먹었다. 한 아이는 자기 자리에 앉지 않고 엄마 곁에 바짝 붙어 있더니, 부모님이 가실 때 따라가려 했다. 달래고 설득하다 뜻이 하도 완강해 보여 먼저 보냈다. 낯선 환경이 부담인 모양이다.

아이들은 난생처음 학교 문을 들어서는 특별한 날인데 마음에 남을 근사한 입학식을 마련하지 못해 미안하다. 한글을 몰라 학교 오는 걸 부담스러워한 아이가 있다 한다. 그 마음의 무게가 느껴진다.

아이들은 어제와 다른 세계로 들어섰다. 유치원과는 다른 질서와 규칙, 의무와 책임이 있는 곳이다. 시간마다 배우고 익혀야 할 교과가 있고 공부 시간과 놀이 시간이 구분되어 있다. 날씨와 몸 상태에 상관없이 아침이면 출근하는 인생이 시작되었다. 이곳에서 벗어나는 건 도피일 수 있고 선택의 여지가 간단치 않은 세상으로 들어섰다. 아이들은 학교에서 중시되는 학력과 규범 준수, 조직 적응 등에 의해 평가된다. 학교와 교사의 기준, 가치, 요구를 해바라기가 해를 향하듯 좇으며 인생의 명암을 제조할 것이다.

아이들은 왕성한 생명력으로 명랑하게 사는데, 나는 아이의 현실을 심각하고 무겁게 느낀다. 아이가 속박과 의무를 보람과 기쁨으로 승화시키고 나는 그에 도움이 되길 바란다. 우리는 이 교실에서 자기실현의 나날을 즐겁게 창조할 것이다.

"스위스 교육 당국은 …… 개인별 발달 상황에 따라 학교에 2년 일찍 들어갈 수도 있고, 2년 늦게 들어갈 수도 있게……."
_『우유보다 뇌과학』, 147쪽

두 시간가량 수업했다. '선생님, 선생님', 연발하며 이것저것 물어봐 정신없었다. 3학년 담임하다 이들을 보니 아기처럼 귀엽다. 1학년은 예상치 못한 말을 해 자주 웃는다. 올 한 해 이 아이들과 시공간을 나누는구나. 우리의 정원은 어떤 풍경으로 피어날까?

3월 5일 물감놀이

"토요일, 일요일에 무얼 했나요? 누가 말해볼까요?"

월요일 첫째 시간은 '말하기'를 한다. 일상을 나누며 소통하고 말하기 공부도 자연스럽게 할 것이다.

"할 말이 없어요."

처음이라 어떻게 할지 몰라 어리둥절하다. 아이들을 곤란하게 하는 건 아닌지. 조금 긴장하며 가만히 기다렸다. 다행히 준우가 말을 꺼냈다.

"천둥 번개가 쳤어요."

준우 말에 너도나도 들었다며 한꺼번에 쏟아낸다. 나는 말하는 아이에 따라 이리저리 고개 돌리고 끄덕이거나 웃으며 반응하느라 바빴다.

물감을 이용해 미술활동을 자주 할 계획이다. 물감은 놀이처럼 작업할 수 있다. 크레용에 비해 힘들이지 않고 자유자재로 칠하기 좋다. 적은 손놀림으로 변화가 커 재미나게 사용한다.

먼저, 붓으로 칠하는 방법을 보여 주었다.

"이렇게 선을 긋고 동그라미를 그려 보세요. 그 위에 자기가 그리고 싶은 걸 그리면 됩니다."

조심스럽게 붓을 움직인다. 고요한 가운데 진지하고 엄숙하게 칠해 나간다. 휘익 그으면 투명하고 고운 물감이 가슴을 칠하는 성싶다. 부드럽고 촉촉하고 맑고 시원하다.

갑자기 동민이가 주연이 등에 물감을 마구 칠했다. 말릴 새 없이 벌어진 일이다. 어찌 된 까닭인지 몰라 어리둥절했다.

수업 마치고 동민이와 대화 나눴다. 둘은 같은 유치원을 다녔고 주연이에 대해 반감이 있었다. 동민이 말을 듣고도 납득이 되지 않고 혼란스러웠다.

히아신스 화분을 볕이 잘 드는 곳에 두었더니 벌써 꽃이 피었다. 아이들이 볼 수 있도록 탁자 위에 놓았다.

"이 꽃을 천천히 살펴보세요. 눈에 보이는 걸 말하면 됩니다."

"친구가 말하지 않은 걸 찾아보세요."

관찰 공부를 종종 할 것이다. 자연에의 관심과 세계를 느리게 보는 눈을 기르기 위함이다.

동민이는 금방 보았는데, 잠시 고개 돌리면 사라지고 없다. 찾으러 가면 학교를 돌아다니고 있다. 엉덩이를 의자에 붙이고 앉아 있는 일이 만만치 않은 듯하다. 학생으로 살아갈 긴 시간이 녹록지 않아 보여 안쓰럽다.

3월 6일 발랄한 아이들

개인 사물함을 정했다. 각자 이름표 붙이고 물건을 정리해 넣었다. 시끌벅적 재미나 하는 모습에 웃음이 난다. 함께 어울려 일하니 괜스레 흥이 나는 모양이다.

열렬한 관심과 호기심으로 활동마다 신바람을 일으킨다. 아이들 재주다. 신나게 몸을 날려 교실에 떨어진 휴지를 줍고 책을 정리한다. 씨앗

하나 심는 걸 신기하고 특별한 일처럼 한다. 연이은 환호성으로 메마르고 늘어져 있던 세계는 윤이 나고 싱싱해진다. 덤덤하던 무채색 사물은 빛이 난다.

사람은 본래 신나는 존재가 아닐까? 나이가 들며 험한 일 겪고 괴로움이 쌓이며 생기를 잃어 간다. 바라는 건 늘고 신명은 준다.

아이들에게 마음을 열면 톡톡 튀는 생명력을 받는다. 올 한 해 나는 아이들 덕분에 살아갈 것이다.

"선생님, 공부하고 싶어요."

읽고 써야 공부라 여기나 보다. 아이들이 원하는 걸 들어주고 싶다. 의자에 앉는 자세와 연필 잡는 법을 익히고 갖가지 선을 그었다.

"그동안 무얼 공부했는지 말해 보세요."

칠판에 쓰고 함께 읽었다.

-관찰, 게임, 색종이 접기, 그림, 물감놀이, 선긋기, 빨간색·노란색·파란색·보라색 색깔 놀이.

아이들 요청을 귀하게 대접한다. 예우받으며 교실이 집처럼 편하길 바란다. 장단점, 강약점, 각기 다른 개성이 주저 없이 드러나, 좌충우돌하며 학급사회에 녹아들고 자기 변신을 거듭하길 기대한다.

연필 잡는 법을 이미 익혔지만 잘못된 자세가 많다. 굳어진 습관은 바꾸기 어렵다. 나는 지속해 바로잡아야 한다. 좋은 습관은 선물이다. 한번 들인 습관은 애쓰지 않아도 평생 지속한다. 사소한 습관이 뜻밖에 결실을 낳는다. 1학년 담임은 바른 생활 습관을 길들이기 위해 같은 말을 되풀이해야 한다. 나는 이 일을 단조롭고 지루하게 느껴 조금 부담스럽다.

"선생님, 할 말 있어요."

주연이가 뜬금없이 소리 지른다. 수업 시간에 맥락 없는 말을 불쑥한다. 갑자기 큰 소리가 나고 나는 깜짝 놀라 심장이 벌렁거린다. 수업 흐름이 끊기고 정신이 없다.

3월 7일 아이들은 탁월하다

우유 가져오는 방법을 익혔다. 급식소로 가 냉장고 위치를 확인하고 우리 반 우유를 들고 왔다. 그리고 복도 오가는 연습을 했다.

히아신스에 이어 튤립이 환히 폈다. 예쁜 꽃은 아이 마음을 사로잡아 관찰 공부에 안성맞춤이다. 두세 명씩 나와 보고 관찰한 내용을 말했다.

며칠 전 물감 칠한 도화지에 색연필과 크레용을 이용해 한 번 더 그렸다.

"물감 무늬 보고 떠오르는 모양 찾아볼까요?"

친구들 그림 보며 대화 나눈 뒤, 이 궁리 저 궁리 하다 그리기 시작했다. 물감 칠 위에 크레용으로 다시 그리니, 덧칠한 부분 색이 풍부하고 깊어 보인다. 멋스럽게 완성했다.

칠판에 작품을 붙였다. 칠판 앞에서 한동안 벅적대며 서로 제목 달아 주고, 효민이가 분필로 썼다. 자기 이름도 쓰고 싶어 해 제목 옆에 이름을 썼다. 작품 보며 소감을 나눴다.

"이름을 붙여 줘서 좋아요."

"왠지 예뻐요."

"그림이 색달라요."

들떠서 말한다. 아이들이 흡족해하니 나도 덩달아 기쁘다. 아이의 성취는 내 보상이다. 소리 없는 박수다. 도파민이 뿜뿜 나온다.

아이들은 인류에게 축적된 지혜의 유전자를 지니고 있다. 감각, 감성, 도덕성, 예술성, 지성 등은 언제든 기회가 있으면 탁월한 모습을 드러낸다. 어른도 마찬가지지만 자질을 자각해 키우지 못한 채 숨겨져 있다 중년이 지나 발견하기도 한다. 사람 내면은 흥부 박처럼 보물이 가득하다. 누군가 그 박을 켜 주면 봄 햇살 쪼인 꽃망울처럼 피어난다. 어른이 성숙함과 미숙함이 공존하듯 아이들도 그렇다. 아이라서 미숙한 건 아니다. 아이들은 자연을 만나면 시를 창조할 줄 안다. 사람 살이에 대해 현명한 처방을 내리고, 작은 계기로 진심에 닿아 삶을 통찰한다.

나는 아이를 어른처럼 여겨 일방적 지시와 주입, 명령과 낮춤말이 어색하다. 나는 시키고 아이는 따라야 한다고 여기지 않는다. 어른처럼 대하고 대화하는 편이다. 존중받으면 성숙하게 행동한다. 간혹 화를 내기도 한다. 해서는 안 될 처신인 줄 알지만 자제하지 못한 채 드러내고 만다.

이런 시각은 어릴 적 어른과의 관계에서 형성된 듯하다. 부모님과 초등학교 선생님은 힘으로 억압하거나 위에서 내려 보지 않고 존중하며 어린 나를 대했다. 그리고 아이들과 긴 시간 살아오며 그들의 탁월함을 직접 겪고 깨달았기에 관점이 바뀌지 않은 듯하다.

상욱이가 속상해한다. 동민이가 쳤다 한다. 사흘 동안 같이 생활하며 친구 사이에 하고 싶은 말이 쌓였을 것 같다.

"요즘 마음 상한 적 있나요? 모두 말해 보세요."

"동민이가 쳤어요."

"주연이가 메롱 했어요."

"언니가 먼저 때렸어요."

뜬금없이 가정의 일도 말한다. 나는 학교생활만 염두에 있고 아이에게는 중요해 말한 듯하다. 동민이는 상욱이에게 사과하고 악수하며 화해했다.

"친구 땜에 속상하면 '그만해 줄래' 하며 그 자리에서 말하는 연습을 조금씩 해 봅시다."

부끄러워해 안타깝다. 친구가 아는 한글이나 숫자를 모르면 움츠러든다. 몇 번에 걸쳐 말했다.

"모르는 건 부끄러운 일이 아닙니다. 나도 모르는 것이 많습니다. 친구를 괴롭히는 행동이 부끄러운 거지요."

비교는 무지막지하다. 자기 손에 있는 것을 한순간 하잘것없는 것처럼 느끼게 한다. 근거 없는 평가로 자기 가치감을 삭제한다. 다른 사람보다 못하다는 비하, 잘났다는 오만의 시소게임에 빠지게 한다. 열등과 우월의 좁은 상자 안에서 아래위를 오가며 에너지를 소진한다.

특정 부분을 잘한다고 전체가 우월한 건 아니다. 못한다고 열등한 것도 아니다. 아래위는 없다. 모두 다른 각자 방향, 고유한 삶이 있을 뿐이다. 자기만의 빛을 자기 방식으로 밝히면 모자람 없이 충분하다. 비교를 벗어나면 망망대해의 자유로움으로 수만 킬로미터의 날갯짓을 할 수 있다.

학창 시절 출발선에 선 아이들이다. 우리 교실이 비교와 평가로 움츠러들지 않는 안전지대가 되길 바란다.

상대를 이기는 것이 아니라 자기를 극복할 때 진정한 발전은 가능하다. 아이들이 공부의 힘듦 뒤에 찾아드는 성취와 만족, 짙은 기쁨을 조금씩 깨치도록 교육과정을 운영하고 싶다.

3월 8일 놀이의 의미

지난밤 반가운 손님이 왔다. 겨우내 눈다운 눈을 못 보다 수북이 쌓여 있으니 마음이 들뜬다. 눈은 세상을 하얗게 뒤덮어 모든 색과 모양을 하나로 만든다. 마른 풀과 산과 건물은 하얀 꽃으로 피어난다. 현실에 비현실과 환상이 있다. 그 풍경을 보고 있으면 아! 탄성이 나오고 밝고 환해진다. 모든 벽이 허물어지며 하나 되어 편안하고 푸근하다.

아이들이 눈을 바라보기만 하는 건 어울리지 않는다. 친구인 눈과 뒹굴며 놀아야 한다. 교실에 있으니 가둬 놓은 듯 왠지 미안하다. 첫째 시간에 운동장으로 나갔다. 운동장을 가로질러 와, 소리 지르며 마구 뛰었다. 눈사람 만들고 눈싸움을 했다. 나는 아이들을 쫓아다니며 사진 찍었다. 마냥 싱글벙글 웃으며 손 시리고 볼이 얼얼해지는 걸 잊고 놀았다.

교실로 들어와 사진을 보았다. 아이들 입은 반쯤 벌어지고 볼은 붉게 피어난다.

'눈 세상'을 주제로 그림을 그렸다.

"흰색 크레용을 칠한 뒤 그 위에 다른 색 물감을 칠하면 흰 크레용이 눈이 되지요."

칠하는 방법을 순서대로 보여 주었다. 놀이 흥이 남아 있어서인지 집중해 풍성하게 표현했다.

함께 글쓰기를 했다. 아이들이 말하면 내가 받아썼다.

-꽁꽁 눈이 내려요. 하얀 송이가 내려요. 엄청 시원해요. 눈싸움을 할 수 있어요.

아이들 일상은 놀이다. 시간 가는 줄 모르고, 지칠 줄 모르고 논다. 내가 시켜서 운동장을 달릴 땐 한두 바퀴 돌면 헉헉거리지만 놀 땐 힘든 줄 모른다. 숨이 차도 뛰고 또 뛴다. 숨은 가득 차면 비워진다. 숨 따라 온갖 불편한 감정이 빠져나간다. 그 자리에 새 기운이 솟는다. 놀이로 정화된다.

뛰어놀며 팔, 다리, 등, 목 등 전신 운동을 한다. 자연스레 유연성과 민첩성, 지구력과 근력을 기른다.

놀이로 세상을 산다. 엄마, 아빠, 선생님, 경찰, 군인, 언니, 동생이 되어 가상 세계를 만들고 그들 방식으로 세상을 배운다. 그 과정에서 크고 작은 마찰이 일어나고 다양한 감정을 겪는다. 감정과 관계 다루는 법을 익히며 자기조절력과 사회성을 함양한다.

놀고 싶은 솟구치는 욕구를 친구와 함께 나누고 충족한다. 한없는 기쁨을 누리며 세상은 살 만한 곳이란 믿음이 생긴다.

놀이는 어른에겐 휴식과 여유지만 아이에게는 삶 자체다. 어른이 일하며 살듯 아이들은 놀며 산다. 아이처럼 놀듯 일하는 어른도 있다.

놀이는 아이들 생존권이다. 온몸을 움직여 에너지를 발산하며 즐거움에 흠뻑 젖어 놀아야 한다. 그럴 때 심신은 튼튼한 나뭇가지처럼 자랄 수 있다. 나의 주요한 역할은 그들의 시간을 뺏지 않고 보호하는 것이다.

"놀이터는 삶을 배우는 실험실이라는 게 독일의 놀이 교육 철학이다. …… 초등학교의 방과 후 특별활동은 학습보다는 놀이가 중심이며, 혼자 하는 활동은 거의 이루어지지 않는다. …… 초등학교의 경우, 특별한 일이 없으면 쉬는 시간에는 교실에 머물지 못하고 반드시 밖으로 나가야 한다." _『놀이의 기쁨』, 179쪽

3월 9일 역동적인 일상

"멍청아, 그것도 몰라."

상욱이가 자주 하는 말이다. 말본새가 거칠고 비슷한 상황이 되면 충

동적으로 튀어나온다.

　친구에게 함부로 하는 말을 들으면 귀에 거슬리고 못마땅한 마음이 울컥 올라온다. 듣는 아이가 느낄 속상함과 불쾌함에 감정 이입되어, 없던 힘이 생겨 욱하며 바로 대응하기도 하지만, 말하지 않고 지켜본다. 아이가 해결할 기회를 주고자 한다. 언짢음을 나한테라도 말하길 기다린다. 상욱이는 자기가 어떤 말을 하는지 친구한테 어떤 영향을 미치는지 알 수 있게 하려 한다.

　준우가 화가 났다. 날카롭게 소리 지르며 이 악물어 운다.
　"승원아, 준우 머리 때렸어?"
　"아뇨. 그냥 부딪혔어요."
　"준우는 어떻게 생각했어?"
　"승원이가 때렸다고 생각했어요."
　"준우가 오해한 것 같은데, 준우 생각은 어때?"
　"오해했어요."
　"승원이는 부딪히지 않게 조심하면 어때?"
　"예."
　"준우는 속상한 일 있으면 나한테 말하자."
　준우는 불같이 화내며 운다. 상황을 다시 보여 주면 금세 풀린다.
　아이 일상은 역동적이다. 민감한 감정으로 작은 일에 크게 반응하며 울고 웃고 기뻐하고 화낸다. 강한 관심, 솔직, 단순, 직진으로 현재를 껴안는다. 권태로워하는 일이 없고 끝없이 새로운 일을 만들어 온 힘을 다해 놀고 활동한다. 내게는 사소한 일이 그들에게 그 순간, 그 일은 중대한 일이다.
　친구 사이에 문제가 생기면 자기를 알고 관계 공부를 할 수 있는 기회다. 친구가 자기를 존중하지 않고 공격한다 여기며 다툼이 일어난다.

상황을 펼쳐 다시 보면 원인은 무엇인지, 어떻게 풀어야 할지 안다. 서로 부딪히고 대립한 뒤 새롭게 거듭난다. 막다른 곳에서 새 길을 찾는다.

3월 10일 문서가 우선

휴일이다. 업무를 처리하려 출근했다. 학기 초가 되면 숫자 놀음에 바쁘다. 안전 교육, 독도 교육, 통일 교육 따위를 입력하는 일이 중요하고, 교사들은 많은 시간과 에너지를 사용한다. 아이들과 수업보다 서류 제출 기한에 신경이 더 쓰인다.

수업보다 문서가 더 강조된다. 교육과정과 행정에 관한 세세한 규정이 있고, 해석하는 사람의 관점이 더해져 요구는 촘촘해진다. 일일이 지시 받으며 살아온 교육행정가, 관리자, 교사는 관행을 당위로 여긴다. 작은 일 하나도 묻고 시키는 대로 해야 안전하다. '아이에게 필요한 일인가?', 이 기준은 발붙이지 못한다. 규정, 상부 기관, 상사 판단이 중요하고, 교사 일은 자율성, 역동성, 창의성에서 멀어진다. '가짜 노동', 책에서 말하 듯 허위 활동으로 직장 생활하며 소명은 뿌리째 흔들린다.

6학년을 맡게 될 것 같아 겨울방학 동안 역사 공부하며 준비하다, 다른 교사가 6학년을 원하고 나도 개의치 않아 1학년 담임을 하게 됐다. 봄방학 기간에 1학년과 어떻게 살지 이런저런 궁리를 했지만 온전한 그림을 그리지 못했다. 해마다 학년이 바뀌고 담임은 늦게 결정되니 제대로 준비하지 못한 채 아이들을 만난다.

교사가 교육활동에 전념할 수도, 전문성을 키우기도, 역량을 발휘하기도, 존중받기도 힘든 근무환경이다. 교육에의 흥과 아이에 대한 애정은 스스로 돌보고 가꾸지 않으면 메말라 죽기 십상이다.

"교육 성과의 핵심 기반은 교사이다. …… 핀란드에서는 국가는 교육의 목표만 설정하고, 교육의 내용과 방법을 어떻게 할 것인지는 철저히 교사에게 맡기고 있다. 그래서 핀란드에서는 국정교과서도 없다." _『왜 핀란드 교육인가』, 234쪽

3월 12일 소외되는 아이

피카소 그림에 색칠하는 책을 샀다. 손힘과 색에 대한 감각을 키우기 위해서다. 아이에 따라 다르게 칠하면 달라지는 그림을 보는 재미도 있다. 성정이 급한 아이가 많아 얼른 칠해 버린다. 제대로 마무리한 아이가 없어 당황스럽다. 차분히 정성 들여 칠하는 연습을 해야겠다.

운동장으로 나갔다. 괭이로 달팽이를 그려 놀이를 했다. 가슴 내밀고 환히 웃으며 달리는 아이를 보니 내가 선물이라도 준 양 기쁘다. 운동장은 맘껏 달릴 수 있다. 아이들이 안전하고 거리낌 없이 놀 수 있는 장소는 흔치 않다. 시골 마을 작은 길도 자동차가 차지했다. 놀고 난 뒤 대화 나눴다.

"달팽이놀이할 때, 주연이가 길을 잘못 찾으니 화냈어요. 왜 그럴까요?"

"짜증이 나요."

"친구가 글자 틀리면 짜증 나나요?"

"아뇨."

"그런데 놀이 못하면 짜증 내요. 그래도 되나요?"

"안 됩니다."

"나도 못하는 친구 보면 답답해요. 그 친구는 미안하고 더 힘들 거예

요. 잘 못하는 친구 이해하는 연습을 해 봅시다. 그 연습을 잘하는 게 공부입니다. 마음공부라고 합니다."

주연이가 말했다.

"친구가 괴롭혀서 학교 오고 싶지 않았어요."

친구 관계가 뒤틀리면 위축되고 불안하다. 공부에 마음 붙이지 못하고 학교생활 전체가 흔들린다.

주연이 말과 행동, 교제법을 친구는 싫어한다. 주연이는 친구가 왜 싫어하는지 모른다. 자기를 배척하는 사람을 상대하는 건 어른도 감당하기 힘든 일이다. 소외되고 무시당하는 주연이 처지를 생각하니 무겁고 막막하다.

> "뇌스캔으로 보면 신체적으로 해로운 자극에 통증 중추가 자극을 받아 켜지듯 사회적인 따돌림에도 이 중추가 똑같이 반응한다."
> _『괴롭힘은 어떻게 뇌를 망가뜨리는가』, 22쪽

3월 13일 자기 확언

"우리 급식소 가서 물 마시고 오자. 주연이는 오지 말고."

효민이를 불러 부탁했다.

"효민이는 한글 공부 잘하고 그림도 잘 그리지. 주연이와 다은이가 어린이집 다니다 학교 와서 적응하기 힘드니 도와주면 어떨까? 생활 공부도 잘하는 효민이가 되면 좋겠다."

'봄' 공부로 목련 꽃망울을 관찰했다. 꽃봉오리를 따려니 마음이 편치 않아 하나만 땄다. 껍질에 작은 털이 송송 나 있다. 모두 만져 보았다.

"이게 뭘까요?"

"씨앗이에요."

"콩이에요."

한 겹 한 겹 벗겼다. 단단한 껍질 속에 하얀 꽃잎이 겹겹이 쌓여 있다.

"뭐 같아요?"

"꽃잎이에요."

목련꽃 사진을 보여 주었다.

"작은 꽃잎이 이렇게 커집니다. 껍질에 털은 왜 있을까요?"

"겨울 동안 추운데 나무에 달려 있어서요."

"우리 학교 운동장에 있어요. 쉬는 시간에 찾아보세요."

자음 공부를 했다. 한 명 한 명 확인하다 지아가 집중하지 않아 혼내고 나니 마음에 걸린다. 지아는 자존심이 강하다. 틀린 걸 고쳐 주면 화내며 야무지게 말한다.

"아니에요."

오늘은 따끔하게 혼냈다. 선호도에 따라 집중도가 확연히 다른 아이다. 싫은 걸 마지못해 하며 흥미가 떨어질까 봐 조심스럽다.

학교 공부 시작하는 1학년이 무심코 만든 감정으로 싫어하는 교과와 활동이 정해지지 않도록 조심한다. 그림을 잘 그리는지 물어보면 대부분 못 그린다 한다. 그런데 집중해 그리도록 하면 잘 그리지 못하는 아이는 거의 없고 자기 그림에 만족한다. 무심히 받아들여 하다 보면 잘하고, 잘하면 좋아하게 된다. 잘할 수 있는 것을 한두 번 경험으로 못한다며 단정한다. 가능성과는 점점 멀어진다. 싫고 못한다는 기억을 강화해 당연한 사실인 양 여긴다. 인식은 착오와 불합리의 연속이다. '나는 공부 못해', '글 못 써', '그림 못 그려', 오류에 의한 규정을 의심하지 않으며 자기 확언을 반복한다. 그림을 더 이상 그리지 않는다. 기회를 외면한다. 반복하고 고정되어 실제 그런 이가 된다. 타인의 작은 비난이나 지적엔 크게 반발하고, 스스로에게 가하는 거대한 부정엔 무디다.

"많은 경우 성적이 나쁘면 아이들은 자신을 바보 같다고 느끼게 된다. 하지만 이는 사실과 다르다. 마찬가지로 성적이 좋은 아이들은 자신이 잘났다고 생각하는데 이 역시 사실이 아니다. 그렇지만 아이들이 이렇게 생각하는 순간 모두가 서로 경쟁하고 비교하기 시작한다." _『뇌과학을 적용한 개별화수업 2』, 122쪽

3월 14일 다양한 욕구

"잘 읽고 잘 쓰는 공부를 잘하면 어때요?"
"좋아요."
"마음공부도 잘해 마음이 좋은 사람이 되면 좋겠습니다. 친구 마음이 상하는 말에는 어떤 말이 있나요?"
-돼지, 멍청이, 바보, 가운데 손가락질, 발로 차기.
"이런 말 들으면 어때요?"
"기분 나빠요."
"내가 들으면 기분 나쁜 말, 친구에게 하면 안 되겠지요."

처음으로 다 함께 청소했다. 아이들은 흔쾌히 응해 쓸고 닦았다.
"얘들아, 그만하자."
"안 돼요. 더 해야 돼요."
책상을 거꾸로 뒤집어 물걸레질하는 아이도 있다. 학교에서 처음 보는 광경이다. 그만하자 해도 계속하는 1학년다운 모습이 귀여워 지켜보았

다. 아이의 자연스럽고 당연한 행동을 귀엽게 여기는 건 왠지 실례인 듯
하다.

모든 어린 생명이 그렇듯 아이는 사랑스러운 몸짓으로 사람을 끌어당
겨 보호와 도움을 받으며 자란다.

"저 흙, 언제 해요?"

교실 귀퉁이에 도자기 흙을 두었다. 아이들이 발견하고 먼저 제안할
때까지 기다렸다. 우리 교실이 유익하고 다양한 욕구가 만들어지는 곳
이길 바란다.

흙으로 만들기를 했다. 친구와 이야기 나누며 이것저것 만드는 데 빠
져든다. 못하겠다며 걱정하거나 쭈뼛거리거나 눈치 보지 않는다. 손과
입, 흙과 친구가 하나 되어 움직인다. 그 무엇도 끼어들 여지 없는 몰입
이다. 몰입은 명상 상태와 같다. 생각이 비워져 가볍고 맑고 환해진다.
건강한 에너지가 모아져 솜씨는 한껏 발휘된다. 가뿐한 마음으로 유익
한 경험을 한다. 내가 가장 좋아하는 순간이다.

학교는 아이의 관심거리를 만들고 흥미를 장려하는 곳이다. 관심거리
에 열중하면 할 일이 없어 무료해하며 영상이나 게임에 빠지지 않고 재
미 삼아 친구를 집적거리지 않는다. 집중력은 다른 활동으로도 옮아 선
순환구조가 장착된다.

색칠하기를 했다.

"선생님, 피카소란 사람은 겁쟁이인가 봐요? 울고 있어요."

'준우가 저리 밝고 민감한 눈을 지녔구나.'

학교는 반짝이는 감각보다 진득한 엉덩이를 가진 사람이 유리하다.
산만함으로 준우 전체가 부정되어 창의성을 피우지 못하는 건 아닌
지…… . 알아주는 눈이 있고 끈기 힘을 기르도록 북돋워 주는 손이 있

으면 준우 재능은 탄탄하게 자랄 것이다.

특정 분야에 자질이 있지만 관심이 떨어지는 교과가 있는 학생은 전체 성적이 우선시되는 학교에서 자신을 과소평가한다. 재능 있는 분야도 평가 절하되고 묻히기 쉽다. 전 교과를 무난히 소화하는 학생은 시험에 맞춰 지식을 암기해 성적이 우수한 학생에 그치고, 개성을 발견해 갈고 닦으며 성장하기는 어렵다. 그렇게 모두 바른 자세로 달리지 못한 채 뒤뚱거리며 기나긴 학창 시절을 보내고 인생살이를 하는 건 아닐까? 삶은 한계, 굴곡, 뒤틀림, 절벽 위에서, 향 짙은 꽃을 피우는 일인지 모른다.

3월 15일 관찰공부

산수유 꽃망울을 관찰했다. 몇 번 만에 익숙해져 이제 곧 잘한다. 꽃망울을 하나씩 나눠 주었다.

"꽃 안에 하얗고 조그만 게 있어요."

"꽃이 흘러 떨어져요."

"끈적끈적해요."

"산수유나무가 우리 학교에 있습니다. 운동장에 나가 찾아보세요."

관찰로 관계는 맺어진다. 목련 나무에 관심이 가 그 앞을 지나치지 않는다. 목련꽃을 보면 산수유와 벚꽃이 궁금해진다. 나무와 꽃이 친구가 되어 일상을 함께한다. 마구 대하지 않고 존중하며 화목과 평온을 누린다.

관찰로 새 마음이 생긴다. 하얀 목련을 보면 정갈하고 맑아진다. 벚꽃을 관찰하면 환하고 명랑해진다. 자연미에 매료되고 경외심이 인다. 사람을 깊이 보면 이해하고 연결된다. 더 예쁘고 사랑스러워 보인다.

관찰로 지성은 성장한다. 천천히 보면 호기심이 생긴다. 만지고 냄새

맡으며 어떻게 자라는지 궁금하다. 깊은 응시로 이치를 터득한다. 세계의 그늘을 주시하며 원만과 지혜를 얻는다.

관찰은 공부의 기초다. 초점을 맞춰 있는 대로 보려는 과학적 태도를 기르는 일이다. 스쳐 지나가며 보는 것이 아니라 멈춰 앉아, 흙탕물이 가라앉은 뒤 만나는 것이다. 껍데기를 보다 속을 보고, 앞을 보다 뒤를 본다. 시각 위주에서 촉각, 후각, 청각 등을 사용해 다방면으로 살피며, 가장 잘 보이는 지점을 터득한다. 관찰은 사유 이전 텅 비워진 무의 상태에서 충분히 보려는 것이다. 선입견에 힘을 빼고 유연하고 열린 태도로 만나는 일이다. 고요와 느린 호흡으로 참된 인식에 다가간다. 공부는 관찰과 탐구로 '실제'를 드러내는 일이다.

그림을 그렸다. 눈 온 날 시작해 세 번째 작업이다. 다시 보면 더 손댈 곳이 보인다.

"무엇이 상상되나요? 물감 칠 위에 색연필이나 사인펜으로 더 그려 보세요. 친구 그림에 더 넣고 싶은 건 뭔가요?"

-무지개, 나뭇가지, 이상한 거울, 눈보라, 착한 마녀.

대화 나눈 뒤 각자 생각에 빠져 그리기 시작했다.

"선생님, 다 했어요."

"이야기를 더 만들어 보세요. 우진이처럼 크게 그려 색칠을 천천히 해 보세요."

완성했다고 여기던 아이도 친구 그림 보며 아이디어를 얻어 완성도를 높인다. 친구 솜씨가 옮겨져 자기 것이 된다. 모방으로 배운다.

떠오르는 구상이 흡족한지 도화지를 지긋이 바라보고 미소 지으며 손을 움직인다. '아하!' 하며 친구에게 달려가 기발한 착상을 전하기도 한다. 기쁨으로 한껏 다정하고 상냥하다.

작은 장치로 좋은 작품이 되었다. 장치는 다음과 같다. 첫째, 흰 크레용으로 눈을 칠한다. 그 위에 다른 색 물감을 칠해 눈이 쉽게 표현된다. 둘째, 비구상이라 형태 그리기가 서툰 아이도 어렵지 않게 그린다. 셋째, 물감 위에 크레용으로 덧칠해 색의 풍미가 더해지고 형태 변화도 있어 다채로운 맛이 난다. 넷째, 한 번에 완성하지 않고 며칠 뒤 새로운 실마리를 얻어 보완한다. 작품이 한결 좋아지고 미술 활동에 호감을 보인다.

형태감을 살리지 못하고 기능이 서툰 아이도 추상화같이 자유롭고 멋스러운 작품을 완성했다. 안내에 따라 척척 해내는 아이들 솜씨가 놀랍다. 작품에 눈이 머물고 아름다움이 가슴에 스미어 감동이 인다.

"아름다움과 연동되는 …… 뇌 영역이 활성화되면 인간을 기분 좋게 만드는 신경전달물질인 도파민이 급격히 증가한다. …… 예술 작품이나 경탄이 터져 나오는 자연의 미적 경험은 로맨틱한 사랑에 견줄 만한 기쁨을 불러일으킨다."

_『자연이 우리를 행복하게 만들 수 있다면』, 128쪽

동희가 엉엉 운다.
"동희가 속상한 점이 뭘까요?."
"준우가 우유 뺏었어요. 서준이는 기분 나쁘게 김치라고 했어요."
"동희 마음이 어땠을까요?"
"슬퍼요."
"짜증 나요."
"깨질 것 같아요."
"준우와 서준이는 어떻게 하면 좋을까요?"
"미안해하고 사과해요."
"다시는 안 그럴게, 해요."

"준우, 서준이 앞으로 나오세요. 사과할 때는 존댓말을 사용하고 허리도 숙이세요."

몸을 굽히니 동희가 대접받는 느낌이 드는지 미소 지으며 금세 밝아진다. 마음이 스르르 풀리고 언짢음은 오간 데 없어진다. 사과도 화해도 흔쾌히 받아들인다. 준비하고 있은 양 마음은 금방 열린다. 아이들 특기다. 내 말은 잔소리나 압력이 되기 쉽지만, 친구 의견엔 쉬 잘못을 인정하며 행동을 바꾼다.

여론 힘은 강하다. 당사자끼리는 방어와 공격으로 더 어긋날 수 있다. 삼자가 말하면 뻗대지 못하고 수긍한다. 자기를 반추한다. 피해자 바람은 응징보다는 잘못 인정과 사과다. 더 나아가 우정 유지다.

3월 16일 삶을 환대하는 아이

〈옹달샘〉과 〈아기 염소〉 노래를 불렀다. 아이들은 갑자기 일어나더니 웃음을 터뜨리며 춤춘다. 두 팔 들어 마구 흔들고 부둥켜안고 장난친다. 발랄한 돌풍이 일고 나도 영향을 받아 기분이 상큼하고 기운이 솟는다.

친구와 온몸을 뒤엉켜 논다. 말로 전하지 못한 마음은 몸으로 표현한다. 깡충깡충 뛰고 다리 걸고 어깨를 부딪치며 친구와 현재를 맞이한다. 이 순간과 친구, 놀이가 어른에겐 삶의 일부지만 아이들은 전부다. 지금 여기에 빠져 신체적 감각도 사라져 추위와 배고픔을 잊는다. 기쁨의 흥으로 꽉 찬다. 그조차도 알지 못한다. 무아지경이다. 그리 놀 수 있는 찬란한 무지개는 나이 들며 점점 옅어진다. 하지만 희미한 빛으로 깜빡이며 일생을 비춘다. 그 빛을 볼 수 있으면, 아이처럼 단순하고 순수하게 사람과 작업에 열중한다. 그의 인생엔 무지개가 뜬다.

동민이를 부르니 아랑곳하지 않고 흘낏 보곤 하던 걸 계속한다. 몰두할 땐 주위를 의식하지 못하고 세계는 무음이 된다. 사람과의 교감보다는 자기 활동이 더 편한 아이 같다. 학교는 관계 속에서 영위되므로 개인 처지보다 전체가 우선이기 쉽고, 관계가 중시된다.

선생님, 선생님, 이리 많이 들을 줄이야. 모두 자기를 보란다. 자아가 끝없이 팽창하는 시대인 듯하다. 모든 사람은 존중받아 마땅하지만 지나치게 강조하면 자기는 고립되고 상대는 힘들어 등 돌리고 싶어진다.

1학년 담임에 적응하느라 정신없다. 시비 걸고 싸우는 아이, 교실 안팎을 돌아다니는 아이, 시도 때도 없이 소리치는 아이……. 잘 때 가위눌리고 방과후학교 업무를 놓쳤다. 교감 선생님이 도와주셨다.

그래도 아이들이 사랑스럽다. 잘 웃고 밝고 마음이 곱다. 귀여운 손을 꼼지락거리며 청소도 재미나 하고 나의 작은 농담에 크게 웃는다. 1학년만의 반응에 신선한 재미를 느낀다.

교사의 친밀함과 사랑을 갈구하는 아이들 마음을 놓치지 않는 것, 주요한 과제다.

> "사랑에 대한 뿌리 깊은 갈망에도 불구하고 사랑 이외의 거의 모든 일, 곧 성공, 위신, 돈, 권력이 사랑보다도 더 중요한 것으로 생각되고 있다. 우리들의 거의 모든 정력이 이러한 목적에 사용되고 거의 모든 사람들이 사랑의 기술을 배우려고 하지 않는다."
>
> _『사랑의 기술』, 12쪽

3월 19일 친구 덕분에

동백꽃을 관찰했다. 지난 주말 여행지에서 주워 왔다. 무수히 떨어진

꽃을 보니 아이들 생각이 났다.

"어, 노란 가루가 나와요."

"말랑말랑해요."

"개나리 같아요."

"물에 넣어 볼래요."

한 명이 일어나 싱크대로 가니 너도나도 바람처럼 뒤따른다. 물에 꽃을 넣어 휘저었다.

"선생님, 좋은 향기가 나요."

아이들은 순식간에 바람을 일으킨다. 한 사람이 노래를 시작하면 모두 약속한 듯 따라 한다. 한 아이가 뛰면 따라 달린다. 본능적으로 보고 물들며 교감하고 배운다. 서로가 서로의 환경이다. 보는 족족 흡수하므로 사람과 경험이 곧 그가 된다.

"눈 감고 상상해 봐요. 우리 반 친구들이 다른 학교로 가고 혼자 있다고 상상해 봅시다."

잠시 고요히 있었다.

"어떤 마음이 드나요?"

"심심할 것 같아요."

"나 혼자 장난감 갖고 놀 수 있어요."

"슬퍼요."

"외로워요."

"친구와 다투기도 하지만 친구 없이 혼자 살 수 있을까요? 친구를 함부로 대하는 사람이 있어요. 자기 행동을 잘 살펴보세요. 모르고 그런 행동 하면 내가 말해 주겠습니다.

오늘 비가 오지요. 누가 비를 먹을까요?"

"나무요. 꽃이요."

"예, 맞아요. 땅에 있는 새싹과 씨앗들도 물 마시고 배부르겠지요? 우리는 이렇게 친구 덕분에, 비 덕분에 살지요. 따라 해 보세요."

"친구 덕분에 삽니다."

"비 덕분에 삽니다."

3월 20일 아침 의식

아침 의식, '덕분에 삽니다'를 한다. 수업 시작 전 매일 하고 있다. 먼저 3분가량 눈 감고 호흡한다. 그런 뒤 함께 소리 내어 말한다.

"자연 덕분에 삽니다."

"가족 덕분에 삽니다."

"친구 덕분에 삽니다."

"선생님 덕분에 삽니다."

"1학년 덕분에 삽니다."

감사 의식은 마음을 환기한다. 작년 일 년 동안 해 보니 감사한 마음이 자리 잡아 환해지는 듯했다. 간단한 의식으로 흐트러진 마음이 정돈되고 열려 공부하기 싫은 기분이 사라진다.

나는 나 외의 것에 의해 형성된다. 태양, 자연, 가족, 이웃에 의해 구성되고 생존한다. 이들에 대한 감사는 주의를 기울이지 않으면 햇살 받은 아침 이슬처럼 사라진다.

새것 구하기에 골몰하느라 이미 지닌 것은 알지 못한다. 욕심엔 밝고 감사엔 어둡다. 커다란 감사도 작은 불만에 맥 추지 못한다. 행복은 만족하는 것이다. 불평불만에 지배받지 않는 것이다. 감사는 불만을 만족으로 바꾸는 힘이 있다.

감사는 쉽사리 잊는다. 내면화를 위한 지속적인 주의가 필요하다. 5분기도로 감사가 내면을 두드리고 뿌리내린다. 교실은 보금자리인 양 포근하다. 마음의 밥, 감사를 매일 먹으며 삶은 윤택해진다.

동물 모형을 구입했다. 눈으로 보고 손으로 만지며 동물 형태에 익숙해진다. 그림 그리거나 만들기 할 때 도움이 될 것이다. 아이들은 시간 날 때면 만지며 무어라 혼자 말하며 논다. 아이는 대화 상대가 많다. 동식물, 물건을 가리지 않고 말을 건다.

동화 『까마귀 소년』을 들려줬다. 친구를 마구 대하는 아이가 있어 소중하지 않은 사람은 없음을 느끼게 하고 싶어 고른 책이다.

책 읽은 뒤 눈 감고 주인공 '까마동이'와 대화해 보자 했다. 잠시 조용히 있었다.

"공부 열심히 잘해."

"집에 잘 가."

더 이상 나오지 않았다. 처음 하는 독서 토의라 어떻게 할지 모르는 듯하다. 질문을 다르게 했다.

"이야기 듣고 어떤 생각이 들었나요?"

"슬펐어요."

"소리 내는 것이 신기했어요."

"불쌍하고 착해 보였어요."

"여러분도 까마동이처럼 친구 말에 속상한 적 있지요? 다은이 말해 보세요."

다은이는 친구가 놀려 학교 오기 싫다고 한다. 어머니가 말해 주셨다. 부담스러운지 말을 꺼내지 못했다.

"다은이 용기 내서 말하면 좋겠다."

"돼지라고 놀렸어요."

다은이 말을 낚아채 덩달아 말했다.

"승원이가 저 글자 모른다고 놀렸어요."

"상욱이가 유치원 때 때렸어요."

"친구가 놀리면 기분이 어때요?"

"나빠요."

"내가 싫으면 친구도 싫습니다. 친구한테 함부로 하면 안 됩니다."

차곡차곡 쌓아 둔 말이 터져 나온다. 우리는 타인의 말에 대한 반응으로 선택한 상처, 화, 실망, 답답함 등을 귀중품인 양 보관하고 있다. 슬프고 속상한 마음을 나누며 이해받기 바란다. 하소연할 데가 없으면 응어리는 더 커진다. 강한 감정은 많은 생각을 만든다. 화낼 이유는 더 늘어난다. 있는 대로 받아 주면 체한 마음이 내려간다.

교사의 공감으로 마음은 풀리고 관계는 회복된다. 아이들의 억울함에 귀 기울인다. 들어주기만 해도 오염물로 고이지 않고 흘러가 정화된다.

질문 뒤엔 잠시 침묵 시간을 갖는다. 안개 속에 가려져 있던 말들이 나타나 고요한 가운데 모양새를 다듬는다. 기존 기억 창고의 정보와 통합되어 새로운 지식을 창조한다.

> "침묵한다는 것은 …… 나를 나 자신에게서 멀어지게 하는 모든 활동을 포기하는 것이다." _『무엇이 삶을 예술로 만드는가』, 114쪽

교사의 직설적인 지도나 요구는 강요하는 듯해 거부감이 인다. 동화책은 재미있는 이야기에 녹아들고 마음이 쉬 열려 도덕적 교훈을 쉬 수용한다. 궁지에 몰린 주인공을 안타까워하며 응원한다. 따돌림에 대해 문제의식을 느끼며 그런 행동을 하지 않겠다며 다짐한다. 주인공은 학급에서 가장 소외받지만 꿋꿋이 자기를 지키며 산다. 그 모습에 존경과 애정을 느끼며 사람의 존엄성을 자각한다. 고난을 보며 자기 처지에 안도하고 삶의 고통을 수용한다. 자기를 돌아보며 고인 의식을 깨쳐 새로

운 가치를 얻는다. 감동으로 고양되고 삶을 음미하며 나아갈 방향을 모색한다. 독서로 교실엔 정신의 진향이 퍼진다.

3월 21일 교육은 예술이다

과학의 날 행사로 스피너와 팽이를 만들었다. 반기며 재미나게 만들거라 예상했는데, 유치원에서 이미 해 본 아이가 많았다. 새로운 걸 해볼 기회를 놓쳐 버렸다.

아이들이 활동에 집중하지 않을 때, 관심이 없는 건지 어려운지 파악하지 못한 채 지나치기 쉽다. 걸림돌을 없애거나 북돋아 주지 못해 의미있는 경험을 하지 못한다. 나의 무지와 무신경으로 기회를 놓친다.

교실은 다음 순간을 예측할 수 없다. 아이가 어떤 상태에 처할지, 수업이 어떻게 전개될지 알 수 없다. 교사의 태도에 따라 활동에 관심이 멀어지고 수업에 활기가 없어진다. 혹은 한 계단 올라서고 비약한다. 교육은 순간의 무형 예술이다. 교사는 시시각각 변하는 상황에 걸맞게 판단해야 한다. 땅을 걷듯 줄 위를 걷는 곡예사처럼, 소의 살과 뼈 사이 빈 공간을 찾아 칼질하는 장자의 백정 포정처럼, 때를 맞추고 맞아떨어지는 지점을 아는 감각을 연마하는 것이 교사의 공부다.

"선생님, 동민이 또 나가요."

이제 아이들도 동민이가 수업 시간에 교실을 나가 돌아다니는 걸 안다. 조금 있다 동민이가 들어왔다.

"동민아, 어디 갔다 왔어?"

"한 바퀴 돌았어요."

"왜 돌아?"

"공기 쐬려고요."

"다음부터는 나한테 말하고 갔다 와."

밖이 궁금한가? 교실이 답답한가? 동민이는 교실에서 생활하는 것이 만만치 않다.

내가 정한 수업에 참여하지 않더라도 학기 초에는 많이 허용한다. 뭐든 하고 싶은 걸 하도록 한다. 그림을 그리거나 집에서 햄스터를 데리고 와 보기도 한다.

다양한 활동을 하다 보면 흥미로운 영역이 생기고, 그것이 계기가 되어 수업에 재미를 느끼며 참여한다. 개별 활동을 허용하되 전체 활동으로 들어올 수 있는 때를 포착하려 살피며 저울질한다.

아침 8시에 집을 나와 저녁 8시에 귀가하는 아이들이 4할 정도다. 학교 수업 마친 뒤 돌봄교실로 간다. 4시 30분에 승합차를 타고 지역아동센터로 이동한다.

여덟 살에 종일 실내에 앉아 있어야 한다. 가는 곳마다 지도교사가 정한 규율에 따라야 하고 교사가 허용하는 범위 안에서 움직일 수 있다. 야외에서 자유롭게 신체활동 하는 경우는 드물다. 편하게 누울 수도, 홀로 상상에 젖을 수도 없다. 종일 타인의 필요에 따라 지시에 따라 살아야 한다. 자기 선택과 자율적 경험은 부족하다.

다음 날 풀리지 않는 피로로 핼쑥해져 등교한다. 수업 시간 집중력은 떨어지고 신체와 정신은 활력을 잃는다.

돌봄 기관 참여는 불가피한 상황에 한해서 선택해야 한다. 교육 정책은 아이들 입장에서 충분히 검토한 후 시행해야 한다. 막대한 예산과 인력을 투입해 오히려 아이 심신의 건강을 해치는 일이 허다하다.

"앉아 있는 행위는 뇌 손상을 유발하며 그 기전은 다음과 같다.

진화적으로 뇌의 성장과 건강을 지키기 위해 분비되는 신경화학물질을 우리 뇌에서 앗아가는 것이다."

_『괴롭힘은 어떻게 뇌를 망가뜨리는가』, 376쪽

아기가 엄마 찾듯 1학년 아이들은 교사 관심을 갈구한다. '선생님, 내 말 들어주세요', '사랑해 주세요' 외치는 소리가 들리는 듯하다.

사회에서 만난 어른과 좋은 사이가 되고 싶은 소망으로 선생님을 부른다. 나는 우정을 나누려는 마음을 눈치채지 못하고 성가시게 받아들이기도 한다.

어린 시절 주린 마음은 각인되어 인생 지반을 약화시킨다. 결핍감으로 외롭고 위축되어 에너지가 방전되고 무기력해진다. 교사 일은 팔이 아프도록 손짓하는 그 손을 잡는 것이다. 정서의 굶주림을 채우는 것이다.

3월 22일 아이들이 궁금하다

칠판에 한글문자표를 붙여 놓았더니 상욱이가 읽고 있다. 반가운 풍경이다. 한글 모른다며 걱정하더니 관심이 생기고 있다.

찰흙으로 만들기를 했다.
"오늘은 동물 만들까요?"
"아뇨, 만들고 싶은 것 하기로 했잖아요."
"선생님, 만두요. 딱딱한 만두예요. 너도 만들어 볼래?"
"나 신비한 거 만들어야겠다."
"애들아, 나 칼 만들고 있다. 권투 장갑 만든다."

할 말이 이리도 많구나. 교실에 말이 꽉 찬다. 속을 몽땅 내놓고 교류하며 공감받으려는 열망이 분출한다.

> "아이들은 끊임없이 어른들과 소통하기를 원하는데, 어른들은 그저 그런 신호를 이해하는 법을 배우기만 하면 된다."
> _『앞서가는 아이들은 어떻게 배우는가』, 97쪽

내 취미는 아이 말 채집하기다. 아이가 궁금하다. 그림 그릴 땐 어떤 생각, 어떤 마음인지, 책을 들려줄 땐 지루하지 않은지, 어떤 말이 나올까?, 기다린다. 그럴듯한 말이 나오면 기쁘다. 즉각 반응하고 공감한다. 아이들은 본인도 미처 예상치 못한 생각을 하며 말하기를 즐긴다.

내 주된 일은 질문하고 듣는 것이다. 경청은 최선의 이해와 대꾸를 위한 민감하고 적극적인 활동이다. 분위기, 말투, 표정 등에 주의 기울여 숨은 뜻까지 온전히 파악하려는 것이다. 말에 맞춰 질문해 생각을 정교화, 구체화하도록 돕기 위함이다. 아이가 주제에 골몰해 있을 때, 놓치지 않고 질문하면 최적의 생각을 얻는다. 우리 교실이 있는 대로 말하고 서로 경청하며 우정을 쌓고 성장하는 곳이면 좋겠다.

> "사랑의 첫 번째 임무는 경청이다." _『인생의 발견』, 60쪽

3월 23일 존경하는 사람

그림 동화책 『강아지똥』을 들려줬다.
"놀려서 불쌍했어요."
"어떻게 생겼는지 궁금해요."

"똥아, 꽃에 잘 들어갔어."

말이 쉬 이어지지 않았다. 이야기 들으며 생각하고 말하기가 아직 서
툴다. 권정생 선생에 관해 들려주고 살던 집을 보여 주었다. '강아지똥'
노래를 불렀다.

모두가 '위'를 바라보며 높이 오르려는데 선생의 눈은 언제나 낮은 곳
을 향한다. 사람들이 외면하는 소외된 곳을 가장 소중히 여긴다. 지극한
연민의 눈길로 순수한 생명애로 명작은 탄생했을 것이다.

존경하는 고귀한 사람이 있다는 건 기쁨이고 행운이다. 지친 정신이
기대고, 흔들리는 세상을 바로잡아 줄 듯한 든든한 의지처다. 그가 있어
삶이 희망차 보인다. 동일시하고 싶은 사람의 부재에 갈증을 느끼며, 미
로를 헤매는 인생길에서 등대처럼 바라보며 따르길 염원한다. 선생의 깊
고 날카로운 언어, 고매한 정신, 철저한 실천력을 기리노라면 이 세상은
살 만해진다. 가장 큰 가르침을 주는 건 사람이다. 선생을 흠모하며 헛
짓하는 건 아닌지 바르게 사는지 살펴본다. 그의 길을 따르며 나의 길을
낸다.

학교생활을 돌아본다. 강한 아이가 네 명이다. 친구에게 거친 말을 계
속한다. 피해 보는 아이가 생기므로 분명히 짚어야 한다. 마음이 무겁고
편치 않다. 어떻게 풀어야 하나? 아이들 부정성을 어떻게 봐야 하나? 쉽
게 무시하고 거부하는 건 아닌지.

자기를 좋아하는 사람 말을 듣는다. 주고 싶지 않더라도 미운 아이에
게 떡 하나 더 주는 수밖에 없다. 미움받으면 미운 짓 하고, 사랑받으면
사랑스럽게 행동한다. 아이가 스스로 돌아보며 건강한 심성을 회복하도
록 하자. 아이를 수용하며 해결 방안을 찾으니 가뿐해진다.

사람을 부정하고 굳이 그럴 일이 아닌데 싫으면 가시가 걸린 양 편치
않다. 나는 '마음의 평화'가 매우 중요하다.

주말 저녁, 아무 일도 만들지 않고 정신없는 학교생활을 정리했다. 차

분히 앉아 있으니 이런저런 아이디어가 떠오른다. 계획 세우며 실행할 걸 상상하면 기쁘다.

3월 26일 목련 나무

주말에 있었던 일에 대해 한 명씩 말했다.

"다른 친구가 말할 때 잘 들으세요. 말하는 사람은 모두 들을 수 있는 목소리로 크게 하기 바랍니다."

동민이가 말했다.

"아빠가 배를 만들었어요."

"동민이 말에 질문해 보세요."

"어떻게 만들었어?"

"모든 재료를 사 와서 만들었어."

처음으로 친구 말 듣고 질문해 보았다. 한두 번 나오고 이어지지 않았다.

산수유와 목련 나무를 보러 운동장으로 나갔다.

"와! 여기 있다."

목련꽃 봉우리가 조금 더 벌어져 있어 반가웠다. 아이들은 목련 나무로 떼 지어 달려들었다. 홀로 고아하게 피어 있던 꽃이 북새통에 정신없을 듯하다. 산수유나무로 갔다. 왁자하더니 별안간 나무를 타기 시작했다. 한바탕 놀이판이 벌어졌다. 노란 꽃과 아이 얼굴 뒤로 하늘이 새파랗다. 하늘은 평소보다 더 푸르고 깊어 보인다.

떨어진 산수유 꽃을 주워 교실로 와 꽃을 그렸다. 어려울 듯한데 느낌을 살려 잘도 그렸다.

효민이가 주연이를 힘들게 한다. 효민이 강한 욕구를 조금 채워 주고 싶어 효민이 그림을 내 카톡 프로필에 올려 보여 주니 수줍어하며 웃는다.

3월 27일 교사의 현명함

동민이가 교실을 돌아다닌다. 수업 시작이 늦어지고 나는 목소리를 높인다. 수업이 늦어지는 것보다 현명하게 대처하지 못하는 내가 더 큰 문제다.

주연이가 큰 소리로 계속 말한다. 이제 주연이가 그러면 못마땅한 마음이 다빡 올라온다. 주연이에 대한 마음을 가다듬자.

몸살 기운이 있으니 힘들고 평정을 잃어 경솔하게 처신한다. 나를 제대로 단속하지 못해 아이들이 수난이다. 한 번 더 생각하면 억울하게도 언제나 내가 문제다. 교사의 현명함은 아이의 중요한 환경이다.

상욱이가 나를 보며 웃는다. 지난 주말 맘먹은 대로 강한 상욱이 반응을 받아 주고 친구와 다투면 대화로 풀게 했더니 마음이 편한가 보다.

담임이 자기를 온전히 수용하지 않는다고 느끼면 어떨까? 아이 전체를 보면 이해·수용하지 못할 일도 아니건만 좁은 견해에 따라 얼른 판단해 싫어한다. 아이는 긴장하며 압박을 느낀다. 작은 흠에 꽂혀 숱한 긍정과 빛나는 별을 놓친다. 한 생명의 무게보다 내 기분 한 줌을 더 중히 여기기도 한다.

> "어떤 확신이 '정상적인' 것으로 혹은 '제정신이 아닌' 것처럼 보인다 해도, 그것은 언제나 가설에 불과하다는 것이다."
>
> _『제정신이라는 착각』, 19쪽

교실에서 나와 대화를 많이 나누는 아이는 어떤 아이인가? 너그럽고 배려를 잘하는 아이한테 마음이 기울어져 나도 모르게 가깝게 지낸다. 친화력이 좋거나 적극적인 아이는 먼저 다가와 말을 걸므로 자주 접한다. 말수 적은 아이는 수업 시간 공적인 접촉 외엔 한 번의 교류도 없는 날이 있다.

3월 28일 설득하기

"효민이가 그네 타고 있는데 지아가 타고 싶어 짜증 내고 있었어요. 그네를 어떻게 이용하면 좋을지 의논해 봅시다."

"가위바위보 해요."

"기다리는 친구가 있으면 어떻게 할까요?"

"'나도 탈래', 말해요."

"양보하지 않으면요?"

"일 분씩 타요."

"시간을 못 재는데 어떻게 하지요?"

말을 잇지 못했다.

"잠시 생각해 보세요."

의견이 없어 내가 정리했다.

"왔다 갔다 오십 번 헤아리며 타세요. 이렇게 해 보고 문제가 있으면 다시 의논하겠습니다."

바른 자세로 앉으라는 말이 아이들 귀에 들어가지 않는 듯하다. 되풀이해 말해도 소용없다.

"선생님, 바로 앉으세요, 라고 말해 보세요."

아이들이 말하면 바로 앉지 않고 삐딱하게 있었다.

"내가 바로 앉지 않으니 어떤 마음이 드나요."

"화나요."

"선생님, 저 보세요, 해 보세요."

"내가 말할 때 여러분이 제대로 하지 않으면 어떤 마음인지 알겠지요. 여러 번 말해도 듣지 않아 힘듭니다. 말하면 들어주세요. 잘 부탁합니다."

이유와 고충을 충분히 말하며 이해를 구하지 않으니 설득되지 않는다. 리모컨을 누르면 작동하는 기계처럼 내 말을 따르길, 나만 알고 아이들은 모르는 걸 알아서 척척 하길 기대한다. 야단맞으면 긴장하고 움츠러들며 보호막을 친다. 부탁하면 부담 없이 듣고 받아들인다. 두려움이 없어야 느긋하게 되돌아본다.

3월 29일 인성 공부의 어려움

친구를 때리는 아이가 있다고 어머니 두 분이 말해 주셨다. 강한 아이가 많아 자잘한 다툼이 잦지만 그런 아이는 없을 텐데 싶었다.

"자기가 친구를 때렸거나 무시한 일이 있으면 말해 봅시다."

아무 말이 없다. 다시 설명하고 곰곰이 생각해 보자 했다.

"말할 사람 있나요?"

아무도 손들지 않았다.

"내가 먼저 할게요. 우리 반 친구 두 명한테 잘못한 게 있습니다. 주연이와 동민이를 자주 혼내서 미안합니다. 이제 그러지 않도록 하겠습니다."

조금 무리수를 두며 말했다.

"하진이, 할 말 있지요."

"상욱이가 꼬집고 준우가 차고 우진이가 때렸어요."

하진이가 부담스러울까 봐 조심스러웠는데 수월하게 말했다. 별 생각 없이 한 행동이라 그런지 당사자들은 모른다 한다.

"왜 자기가 한 걸 모를까요?"

아무 말이 없다.

"가나다라 잘 읽으면 공부 잘한다고 하듯 자기 행동을 잘 아는 것도 중요한 공부입니다."

교사의 시야 안과 밖에서 아이들 행동은 다르다. 내 앞에서는 조심하며 혼날 듯한 행동은 하지 않는다. 나는 직접 본 테두리 안에서만 판단하며 사각지대를 놓친다.

인성 공부는 아는 것에 그치지 않고, 행동으로 옮겨야 된다. 흔쾌히 잘못을 인정하고 진심이 움직여야 한다. 먼저 교사가 중요하게 여기고 몸으로 보여야 한다. 여유와 끈기로 일관성 있게 지속해야 한다. 가장 어려운 과제다.

학교 공부의 성공 기준은 성적이다. 지덕체를 균형 있게 갖춘 전인 형성은 등한시되기 쉽다.

그림판을 만들어 교실 뒤에 두었다. 가로 삼 미터 세로 이 미터 정도 된다. 친구가 그린 걸 보며 이어 그리면 공동화가 된다. 그림으로 교류하며 놀 수 있다.

오늘은 그곳에 물감을 붓고 판을 들어 이리저리 흔들었다. 여러 물감이 뒤엉켜 나온 화려한 무늬는 각양각색 꽃이 만개한 듯하다. 장난삼아 판을 움직였을 뿐인데 특이한 그림이 되었다. 이보다 더 즐거운 일은 없는 양 떠들썩하게 웃었다. 판을 드는 게 그리 재미난 일인지. 그림판 하나로 교실에 폭죽이 터진다. 나는 흥취 가득한 아이들이 마냥 신기하고 감탄스럽다.

하진이가 주연이를 못마땅해하더니 이젠 아예 외면한다. 하진이를 안고 말했다.

"하진이, 누가 이리 예쁘게 머리 묶어 줬을까?"

"할머니요."

"와, 할머니 솜씨 좋으시네. 우리 하진이 주연이하고 잘 지내면 안 될까?"

"싫어요."

단호하다. 하진이는 성정이 부드럽다. 다정하고 친절하고 조용하게 조곤조곤 말한다. 주연이에 대해 몇 번 실망하고 어이없어하더니 마음을 단단히 닫았다.

3월 30일 야외학습

"오늘 야외학습 나갈 건데 걱정이 있어요. 뭘까요?"

"나뭇가지에 걸려 다칠 수도 있어요."

"예, 맞아요. 그리고 멋진 곳에서 사진 찍고 싶은데 힘이 들어요. 어떤 점일까요?"

"옆으로 도망쳐요."

"우리 사진 찍는 연습 한번 해 볼까요?"

학교를 나가 10분 정도 걸었다. 논과 밭이 있고 멀리 산이 보인다. 봄볕은 포근하고 바람은 부드럽다. 한참 놀다 교실로 돌아왔다.

"뭘 봤지요?"

-지네, 개미, 목련, 개나리, 꽃잔디, 산수유.

"어땠나요? 소감 말해 보세요."

"개미가 우글우글해서 징그러웠어요."

"지네 다리가 주황색이었어요."

"개미가 배고플까 봐 바나나 줬어요."

밖으로 나가니 나무와 꽃, 곤충이 예기치 않게 즐비했다. 흥분해 목소리가 높아진다. 하나를 보면 연관되는 경험이나 지식이 말 잇기 놀이처럼 꼬리 물고 나온다. 수업 마친 뒤에도 이야기가 이어진다. 가슴에 새바람이 들어온다. 자연에는 생동하는 공부거리가 널려 있다.

> "자연과의 접촉은 아이들의 인지 능력이나 정서 발달에도 도움이 된다. 특히 집중력과 상상력을 발달시키고 스트레스와 불안은 줄여 준다." _『자연이 우리를 행복하게 만들 수 있다면』, 182쪽

　교사와 학생 사이엔 무언의 정의가 있다. 서로가 정신의 유익함을 추구하기 위한 만남이란 걸 안다. 한 해 동안 같은 공간에서 같은 공기를 마시며, 마음을 나누는 우리는 서로가 행복의 필수조건이다. 이해관계가 일치하는 셈이다. 맞선 보는 남녀처럼 잘 보이고 싶어 한다. 우호적인 관계 맺기가 이토록 수월한 사회 단위는 찾기 어려울 것이다. 사랑은 어릴수록 더 많으므로 언제나 교사가 더 이득을 본다.

　흐린 날 고요한 꽃도 예쁘지만, 꽃은 햇살을 받아야 최고로 아름다운 색을 낸다. 우리는 햇빛이 되어 서로를 완성시킨다.

4월

옥수수 씨앗을 심었다

벚꽃, 윤지아

4월 2일 말하기 공부

"주말에 가족과 함께 쑥 캔 것에 대해 말해 보세요."

"가위로 이렇게 들고 싹둑 잘랐어요."

"집 앞 마당에서 캤어요. 엄마가 제가 쑥 캐는 것 멋있다고 했어요. 동생도 캤어요."

"알밤도 주웠어요."

말하기가 자연스러워지고 있다. 부모님들이 바쁠 텐데 쑥 캐기 숙제를 한 가정이 많다. 지난가을에 떨어진 알밤도 주웠나 보다. 사진도 보내왔다. 쑥 캐는 아이들이 평화롭고 예쁘다. 자연 속에 있으면 그리 보이나 보다.

말로 자기를 전달한다. 말이 없으면 각자의 섬에 고립된다. 말하기 성패는 심리가 결정한다. 마음이 거북하지 않고 편할 때 속속들이 말한다.

수업 시간 말하기는 대부분 한마디 정도로 짧다. 수업을 진행하며 사이사이에 질문하면 아이는 대답한다. 부담 없이 어렵지 않게 할 수 있다. 자리에 앉아서 한마디 하므로 자주 발언하는 아이도 말이 능숙해지지는 않는다. 교사는 아이가 말을 잘하는지 못하는지, '말하기' 자체에 대한 파악은 놓칠 수 있다. 일어서서 혹은 교실 앞으로 나와 친구 보며 말하면 간단하게나마 조리 있게 하는 아이가 드물다.

월요일 1교시는 주말에 쉬다 다시 학교생활로 들어서는 관문이다. 근육은 늘어져 있고 마음은 수업을 향해 열려 있지 않은 상태다. 주말에 있었던 일 나누기는 말하기가 목적이지만, 학교 공부를 시작하기 위한 몸풀기 운동이기도 하다.

초기엔 부담스럽고 어색하다. 무슨 말을 해야 할지 막막하고 할 말이 없다. 눈은 아래를 향한 채 한두 문장 재빠르게 말하고, 끝나기 전에 몸은 자기 자리로 가기 위해 움직인다. 나올 때와 달리 민첩하기 그지없다.

몇 번 하며 자리 잡는다. 어떤 이는 친구들이 재밌어하는 지점을 알고 웃기는 재주까지 발휘한다. 말할 주제를 주말에 미리 정해 오기도 한다. 삼사월 지나 유월이 되면 자세하게 묘사하고 설명할 여유가 생긴다. 말이 길어지는 아이가 있어 시간제한을 두기도 한다. 일 년의 시간이 쌓이며 말하기는 능숙해진다.

한글 공부를 했다. 지아와 준우는 수업 시간엔 집중도가 떨어지더니 수업 마치고 개별로 하니 잘한다. 숨을 데가 없어 꾀부리지 못한다. 자기만 보고 있으니 긴장감이 있고 관심받아 기분이 좋은 듯하다.

온전한 교감은 둘이 있을 때 잘 일어난다. 자기한테만 하는 말은 흘려보내지 않고 신경 써 듣는다. 귀가 쫑긋 열리고 의식을 집중하므로 교사 한마디가 기억에 저장된다. 말의 무게와 의미가 높아져 마음이 움직인다. 두 사람 사이에 고리가 연결되고 비밀을 공유한 듯 내밀한 소통을 느끼며 기쁨으로 에너지가 상승한다.

학생 수가 적어도 개별보다 전체 수업이 대부분이다. 개인은 전체에 묻히기 쉽다. 개인만이 실제 하는데, 개인은 간과되고 전체가 존재하는 듯한 착시가 일어난다.

개개인의 학습과 심리 상태에 따라 격려와 위로 혹은 자제와 단호함이 필요하다. 개별 수업과 대화, 대응하려는 의도적인 시도가 필요하다. 한 아이를 바라보는, 탐구하는 시간을 늘려야 한다.

4월 3일 취약한 학교 건물

운동장으로 나갔다. 지난주에 화사하던 매화꽃이 지고 있다. 자연은 한순간도 쉬지 않는다. 분주하지도 않다.

"얘들아, 이 나무가 왜 이럴까? 꽃이 없어졌어요."

"벌이 꿀을 너무 많이 먹어서 그래요."

"비가 안 와서 그래요."

아이들은 꽃이 피면 진다는 걸 미처 생각지 못하는 듯하다. 당연한 걸 물으니 뭔가 다른 이유가 있을 듯해 그리 말했을 수도 있다.

정자로 갔다. 앉거나 누워 산수유나무를 그렸다. 조용히 꽃 그리는 아이들 모습을 보니, 아이들도 꽃인 듯하다.

산수유, 김하진

운동장 놀이를 다녀온 아이들이 자리에 바르게 앉아 있다. 어제 부탁한 효과가 나타났다.

"와, 모두 잘 앉아 있네요. 너무너무 감사합니다."

"선생님, 상욱이가 복도에서 뛰었어요."

"서준아, 상욱이 잘못한 거 자주 이르면 상욱이 기분이 안 좋을 것 같은데, 뛰지 말라고 직접 말해 줄래?"

말하지 못하는 아이는 마음이 여리고 약자인 경우가 많다. 부당한 대우를 받았을 때 기댈 수 있는 사람은 교사다. 친구를 고자질하는 품격 없는 행동으로 폄하하지 않는다. 서준이 입장에서는 바르지 못한 행동에 대한 문제 제기다.

교실은 소리에 취약하다. 다닥다닥 붙어 있어 옆 반 수업에 방해될까 봐 조용히 하라는 말을 달고 있다. 소리 높여 노래 부르면 걱정되고, 흥 넘치는 대화도 제재한다. 음악에 맞춰 춤추거나 요리할 땐 옆 반에 소음이 들릴까 봐 신경 쓰인다.

쭉 뻗은 복도에 서면 아이들은 뛰고 싶다. 복도에서 뛰는 이유는 어른은 급한 일이 있는 경우지만 아이는 뛰는 자체가 목적이다. 뛰어야 할 정도로 에너지 넘치고 시급한 일이 많다. 부딪혀 다치기도 하고 다른 사람에게 방해되므로 못 뛰게 하지만, 6년이 지나도록 몸에 배지 않는다.

복도가 있는 건물은 흔치 않다. 교실이 단독 주택처럼 분리되어 있으면 어떨까? 서로에게 방해되지 않는 한 어떤 말이라도 제지당하지 않고 할 수 있다. 노래도 춤도 한껏 즐길 수 있다. 함성을 지를 수도 있다. 문 열면 마당이 있는 가정집처럼 교실과 운동장이 바로 이어지면 복도에서 뛰지 말라는 말을 반복해 듣지 않아도 된다.

학교 건물은 아이를 염두에 두지 않고, 최소 비용으로 많은 인원 수용을 주된 목적으로 지은 듯하다. 아이들이 살 집을 그들의 입장과 필요를 고려치 않고 설계한 곳에서, 아이는 몸에 맞지 않는 옷을 입은 듯 불편하게 산다. 학교가 아이에게 맞추지 않고 아이가 학교에 맞춘다. 학교 건물이 만들어 내는 숱한 규칙과 요구, 획일성과 일방성은 아이를 재단하고 가둔다. 움직임, 상상, 언어의 범위를 제한한다. 호방한 웃음과 씩씩한 기상, 풍부한 미의식의 소유자로 성장하기 어렵다. 가장 민감한 시기에 변변찮은 건축물에서 살며 원치 않는 영향을 받는다. 아이의 정신 작용은 보이지 않으므로 쉬 무시된다.

학교는 아이들이 오랜 세월 자기실현을 위해 몸과 마음을 다해 연마에 공들이는 곳이다. 공부하고 싶고 머물고 싶고 심성과 사고를 북돋우는 공간이 되어야 한다.

아름다운 공간에 머물면 그 분위기가 몸으로 스며든다. 공간미를 음미하며 희열에 젖는다. 정신은 산뜻하게 고양되고 창조에의 의욕이 샘솟는다. 생명력이 돋워지며 아름답게 살고 싶고 마냥 행복해진다.

> "정서적 행복감과 사회적 상호작용, 심지어는 신체적 건강까지도
> 크든 작든 그 사람이 사는 장소에 영향을 받는다."
>
> _『공간 혁명』, 48·376쪽

4월 4일 별명 만들어요

승원이가 언짢아하며 교실로 들어왔다.

"선생님, 상욱이가 팽이로 때렸어요."

"애들아, 승원이가 속상한 일 있다 하네. 함께 의논해 보자. 상욱이를 혼내려는 게 아닙니다. 같이 잘 해결해 봅시다. 승원이부터 말하세요."

"상욱이가 장난감으로 제 얼굴을 쳤어요."

"상욱이도 설명해 보세요."

"팽이 돌리다 승원이 얼굴에 맞았어요."

"이럴 때 어떻게 하면 될까요?"

"팽이를 잘 보고 돌려야겠어요. 승원이한테 미안하다고 말했어요."

승원이가 화내지 않고 담담하게 불만을 말했다. 상욱이도 긴장하지

않고 차분하게 설명했다. 한 달 동안 함께 살며 갈등이 일어나면 대화로 풀어 왔다. 그새 성숙하고 여유롭게 처신해 놀랍다.

감정이 격하면 갈등이 커진다. 통찰이 어렵다. 감정 전달력은 인성과 사회성 형성에 중요하게 작용한다. 불편한 감정은 느긋하게 다루면 옅어진다.

봄나들이 사진을 보았다. 쑥, 지네, 개미, 제비꽃, 벚꽃, 목련, 산수유나무 등이다. 그 속에 있는 아이들은 새싹인 듯 싱그럽다. 피고 지는 꽃 보느라 강아지처럼 여기저기 튀어나오는 귀여운 연록 잎 보느라 바쁜 봄이다. 사진 속 꽃 하나를 골라 그렸다.

"지아, 그림 근사하다!"

"선생님, 꽃이 나무 위에서 비처럼 떨어지는 것 같죠."

수업 시작하려니 효민이가 말한다.

"선생님, 우리 별명 만들어요."

"그래, 들으면 기분 좋은 별명 짓자."

여러 별명이 나오고 다시 바꾸느라 한 시간이 흘렀다.

한동안 왁자하게 별칭을 만들어 불렀다. 나는 '예삐'로 했다.

"우리 집 강아지를 보면 '예뻐야'란 말이 절로 나옵니다. 그 강아지처럼 여러분을 예뻐하고 싶어 예삐로 정했습니다."

아이들이 정한 별칭은 다음과 같다.

-유니콘, 꽃, 공주, 고양이, 강아지, 잠자리, 레드아이, 앤드 드레곤, 팬다, 보석, 봄봄봄, 봄토끼.

나를 '예삐샘'이라 부른다. 쑥스럽지만 개의치 않기로 한다. 들을 때마다 기분이 좋다. 별칭을 사용하니 부르는 아이도 듣는 아이도 싱글벙글

한다. 웃으며 말문을 여니 이어지는 대화가 밝고 순조롭다.

가까운 관계일수록 조심성이 없어지기 쉽다. 숨 쉬듯 판단하므로 나쁜 면이 부각되어 불만이 생긴다. 별칭은 예기치 않게 들리는 새소리처럼 기운을 돋운다. 교실이 상큼한 공기로 환기되는 듯하다. 별칭, 아침 의식, 노래, 놀이, 웃음, 농담 등으로 친구 관계는 다정하고 산뜻해진다.

효민이 제안을 따르니 뜻밖에 단비가 내린다. 작은 낚싯대로 큰 고기를 잡은 듯하다. 효민이는 얼굴이 환해진다. 자기 의견이 수용되면 또 다른 궁리를 한다. 아이들 말에 맞장구치며 따르면 유익한 즐거움을 얻을 때가 많다.

제안한다는 건 학급 주인으로 관심과 책임감이 있다는 것이다. 주인은 소작료를 내지 않으므로 뿌린 대로 모두 자기 수확물이 되듯, 주인 의식이 있을 때 말, 글, 행동은 자기화된다. 자기 자리가 잡히면 에너지가 흩어지지 않고 모여서 높은 효과를 거둔다. 지식 습득, 기량 연마 등의 노력이 소모되지 않고 열매 맺는다. 나는 아이들이 높은 담을 넘을 수 있도록 두 팔을 한껏 올려 받쳐 주고 싶다.

생활 구석구석에서 자립성을 높일 수 있는 거리를 신경 모아 찾는다. 개인용 빗자루와 쓰레받기를 구비해 교실을 직접 청소하고, 수시로 책상 속과 사물함을 정리하도록 한다. 수업 시간엔 아이들 스스로 하되, 모르는 부분과 힘든 부분만 도와준다. 어린 시절을 품고 있는 학교에서 주인으로 살며 인생의 주체성과 독립성을 획득한다. 즐거운 창조자가 된다.

4월 5일 개미 수업

'봄' 수업을 했다. 개미 생태에 관해 들려주고 일생을 동영상으로 보았다.

"선생님, 제가 전에 개미굴을 막았어요."

"숨 막혀 죽을 수도 있잖아."

"돌은 안 막고 모래만 사용했어."

"여왕개미는 어떻게 태어났어요?"

"모르겠네요. 연구해 봅시다."

"개미알이 청포도 같았어요."

"어떻게 개미집 속을 찍었어요?"

"개미가 크면서 행복해지는 것 같아요."

개미가 성장하는 과정이 잘 나타나 있다. 알에서부터 자라는 모습에 관심이 쏠린다. 야외학습 때 개미집 막으며 장난치던 아이가, 영상 본 뒤 죽을 수 있다며 조심한다. 개미한테 마음이 갔나 보다. 생명을 자주 보고 잘 알면 소중히 여긴다.

어제오늘 비가 내린다. 아이들은 야외에서 놀지 못해 몸이 근질거리는지 꼼지락거린다. 마침 비가 그쳐 운동장으로 나가 달팽이놀이를 했다. 목소리가 한껏 높아지고 몸은 날렵하다. 아이들 몸에선 뛰어도 뛰어도 사라지지 않는 에너지가 있다. 하루 지나면 오 센티미터 커지는 오이처럼 쑥쑥 자란다. 생명의 힘을 실감한다.

나는 아이들이 운동장에서 맘껏 달리며 노는 모습을 좋아한다. 땅을 힘차게 밟고 달리며 바람의 진미와 속력의 쾌감을 즐긴다. 건강하고 행복해지는 것 같다. 무한히 비상할 수 있을 듯하다.

"선생님, 노래해요."

다은이가 자주 하는 말이다. 제안은 언제나 반갑다. 자기 욕망을 알고 세상을 향해 요구할 줄 아는 것, 소중한 능력이다. 자기다운 인생을 살 수 있는 토대다. 말이 수용되면 자기가 상승하는 느낌이 든다. 자의식이 건강하게 자란다. 편하고 자연스럽게 행동한다. 교실에서 안전하게 뿌리내려야, 작은 성공의 경험을 축적하며 성장할 수 있다.

수학을 했다. 몇몇 아이가 진도보다 더 하려고 해 허락했다. 지아는 시간만 나면 책을 펴 문제를 푼다. 한글 공부엔 시큰둥하더니 수학은 재밌나 보다. 재미있으면 난관이 문제가 되지 않는다. 나는 수학으로 한글 공부할 요량을 못 하고 있었구나.

아이들 의견은 특별히 문제 되지 않으면 허용한다. 두세 번 되풀이하며 자발성을 경험하면 학습 의욕이 높아진다. 자발성은 학습과 삶을 추동하는 강한 엔진이다. 교사 역할은 자발성의 스위치를 켜는 것이다. 자발성 싹이 한파에 얼지 않도록 보호하는 것이다. 아이들은 스스로 점화해 인생을 밝힌다.

"부모의 개입으로 글과 수학을 배운 집단은 입학한 첫해에는 다른 아이들보다 우수했지만, 3년 뒤부터는 그런 우위를 점하지 못했다. 반면 혼자서 읽고 계산하는 법을 배운 아이들은 1학년 때부터 줄곧 뚜렷한 우위를 유지했다. 이것이 말해 주는 바는 뚜렷하다. 학습에서는 내적 동기, 즉 자발성이 굉장히 중요하다는 말이다."

_『우유보다 뇌과학』, 177쪽

4월 6일 화전 만들기

진달래가 이 산 저 산 피고 있다. 아침 교실이 떠들썩하다. 기다리고 기다리던 화전 만드는 날이다. 아이들은 평소보다 일찍 등교했다.

들어가는 재료를 칠판에 쓰고 함께 읽었다. 나는 찹쌀가루를 반죽하고 아이들은 내 주위를 둘러싸 목을 빼고 본다.

"선생님, 저 많이 만들 거예요."

이런 중대한 일엔 공명정대해야 한다. 반죽을 조금씩 떼어 골고루 나눴다. 납작하고 둥글게 만들어 그 위에 진달래를 붙인다. 하얀 반죽 위에 분홍 꽃을 얹으니 교실은 꽃밭이다. 반죽을 빚는 아이들 웃음도 붉다. 찰흙처럼 만지며 잘도 만든다. 입술은 즐거이 움직이고 몸 세포는 쌩쌩하다. 동작은 한 점 늘어짐 없이 민첩하다. 웃음의 강이 흐르고 용서못 할 일이 없을 듯 상냥하고 싱그럽다. 전을 부치고 그 위에 꿀을 조금 바르니 간이 맞고 깊은 맛이 난다. 각자 접시에 담아 먹었다. 교직원분들도 들락거리며 먹었다.

"와, 맛있다!"를 연발했다. 모두 먹고 정리한 뒤 대화 나눴다.

"꽃 붙이는 게 재미있었어요."

"찹쌀가루가 부드러웠어요."

"쫀득쫀득 엄청엄청 맛있었어요."

"꽃이 왜 분홍색인지 궁금해요."

"진달래가 불쌍했어요."

나도 진달래에게 미안해 꽃을 딸 때, 전을 부칠 때 마음이 조금 불편했다. 혼자 하면 이런 떠들썩한 흥취가 일까? 여럿이 만드니 소속감이 생기고 기쁨은 배가되고 음식 맛은 더 좋다. 오가는 대화는 흥겨운 노랫말이고, 화전 만드는 손놀림은 춤이 된다. 교실엔 환희의 유성이 수두룩 떨어진다.

아이들 감정은 절절하다. 크게 기뻐하고 크게 실망한다. 음식 만들 날을 받아 놓으면 목이 길어지도록 기다린다. 운동장에서 놀 때면 끝없이 더 놀고 싶어 한다. 체육 한 시간 하지 않는다는 말은 날벼락이 되어 펄펄 뛴다. 나무줄기 속 애벌레에 소리친다. 지극하고 약동하는 생명 에너지로 현재를 산다. 강한 중력으로 삶에 돌진한다.

그러다 조심성이 없이 높이 올라 떨어지기도 한다. 감정의 소나비를 가림막 없이 맞는다. 간절한 만큼 기대가 묵살되면 기가 꺾인다. 뇌는 정지 상태가 되어 말을 잇지 못한다. 교사는 생명력의 향방을 결정할 강한 손을 갖고 있다.

4월 9일 개별 지도

태경이는 종일 조용하다. 먼저 말 걸지 않으면 나와 말 섞는 일이 거의 없다. 친구 일에 관여하지 않고 말없이 자기 일을 한다. 뭘 물으면 말간 얼굴로 느릿하게 말한다. 그런 태경이를 보며 나도 모르게 미소 짓는다. 탁한 기운이 빠져나가고 청정해지는 듯하다.

동희는 활짝 웃는 일이 거의 없다. 어린 나이에 얼굴 근육이 저리 굳어 있다니⋯⋯. 아빠는 돌아가시고 엄마는 일 나가 늦게 귀가한다. 안으면 팔 하나에 허리가 쏙 들어오고 남을 만큼 허약하다. 동희의 가녀린 손가락, 바짝 마른 어깨가 애처롭다.

아이 한 명 한 명에게 할 수 있는 일, 해야 할 일이 있다. 아기 새가 목청껏 짹짹거리며 어미 먹이 기다리듯 나를 보고 있는 듯하다. 공부하라는 엄마 말을 부담으로 안고 있는 아이, 부모의 돌봄이 미치지 못해 라면으로 끼니를 해결하는 아이, 친구에게 말 걸 줄 몰라 관계 속으로 들어가지 못하는 아이, 몸이 피곤하거나 가정에서 혼난 상태로 등교해 수업에 의욕이 적은 아이, 미술 시간, 아이디어 구상 단계에서 머뭇거리는 아이, 한글 공부가 힘든 아이…… 가지가지 상황에서 교사의 다정하고 친절한 만남을 기다린다. 미처 챙기지 못하는 일이 허다하다.

4월 10일 옥수수 심기

아이들을 향해 강하게 말했다.
"손들어."
"지금 마음이 어때요?"
"안 좋아요."
"주연이한테 이렇게 대하는 사람이 있어요. 나한테 하면 안 좋은데, 나는 왜 이렇게 할까요?"
잠시 조용히 있었다.
"마음이 나빠서요."
"주연이를 싫어해서요."
주연이에 대한 비호감이 높아지고 있다. 어떻게 풀지 난감하다. 산길을 걷다 우연히 마주친 나뭇잎 하나가 눈에 띄는 순간이 있다. 더할 나

위 없이 완벽한 형태다. 나뭇잎 하나도 그리 크게 다가오는데 하물며 사람을……. 맘대로 되지 않는 자의식이다.

옥수수 씨앗을 심었다. 옥수수 알을 서너 개씩 나눠 주었다. 종이컵에 씨앗을 심고 자기 이름을 썼다.

"씨앗에게 하고 싶은 말을 생각해 봅니다."

눈을 감고 고요히 있었다.

"햇빛하고 물하고 많이 먹고 잘 자라라."

"옥수수 친구들이랑 잘 살아."

"너 남자니? 여자니?"

"선생님, 밖에 나가 햇빛 보게 두어요."

진지하게 씨앗을 대한다. 교실을 나가 걸을 땐 컵이 가벼운데도 두 손으로 받쳐 들고 몸놀림은 느리고 차분하다. 작은 씨앗이 품고 있는 신비한 창조력을 느끼기 때문일까? 생명 앞에서 우리는 종종 숙연해진다. 그와 교류하며 안정되고 겸허하고 풍부해진다.

쓸쓸한 밤이면 고전을 잡는다. 인류의 스승이 전하는 지혜가 빗방울처럼 또닥또닥 스민다. 사회관계망에서 겪는 소외와 비애가 씻겨진다. '내 잘못이 아니구나', '가던 길로 가면 되는구나', 용기를 얻는다. 인, 사랑, 자비 외 달리 길이 없음을 깨닫는다.

삼천여 년 동안 살아남은, 넓고 높은 정신의 향연에 고취된다. 글귀가 귓가에 소곤거린다. 감동으로 들떠 야금야금 음미한다. 나는 글귀로 채워진다. 마음이 한가로워지고 좋은 사람이 되고 싶어진다. 고전으로 마음을 놓는다.

"뭇 백성을 내 아들과 같이 여기면 백성들이 서로 권면하여 선에 힘쓴다." _『중용』

4월 11일 벚꽃놀이

바람이 분다. 벚꽃이 날아다닌다. 이런 날은 벚꽃과 놀아야 한다.
"야외학습 갈까요?"
"와!"
학교를 나가 조금 걸으면 벚나무가 있다. 그 나무는 봄이 되면 절정이다. 화사한 봄 햇살이 가득하다. 휘익 부는 바람 맞으며 걸었다. 오늘도 뭔가 건강한 창조가 일어날 듯 설렌다. 봄바람에 꽃잎은 앵앵거리는 아기벌 떼처럼 앙증맞게 흩날린다. 떨어지는 꽃잎이 마음을 사로잡는다.

아이들은 두 팔 들고 흩날리는 꽃잎 잡겠다며 뛰어다닌다. 쉼 없는 탄성과 몸의 열정이 흘러나온다. 꽃잎을 한 움큼 잡아 하늘로 날리면 이파리는 허공을 날아다니다 아이들 웃음 위로 내려앉는다.

교실로 돌아와 대화 나눴다.

"꽃이 바람처럼 날아가서 예뻤어요."

"하늘에서 눈이 오는 것 같았어요."

"눈꽃을 뿌리니까 봄꽃이 눈처럼 뽀송뽀송한 것 같았어요."

"사진 찍고 눈 뿌리고 하니 기분이 좋았어요."

"벚꽃이 온 세상에 많이 많이 왔으면 좋겠어요."

"어제 심은 옥수수에 꽃을 꽂아 두면 옥수수가 잘 자랄 거예요."

벚나무가 우리를 초대하고 우리는 그 풍랑에 빠진다. 이파리 하나의 경이로움을 발견한다. 벚꽃은 공간을 가득 채우고 하얀 감탄사를 퐁퐁 터뜨린다. 나를 사로잡은 꽃이 아이들도 홀렸다. 꽃잎이 허공 가득 흩날

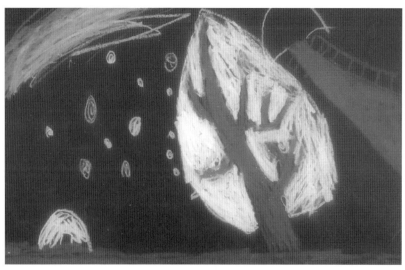

벚나무, 안동민

리면 우리는 지상의 매듭에서 풀려나 천상의 향기에 취해 하늘하늘 춤춘다. 우리는 자연을 만나 손 맞잡고 반가워한다.

자연은 무한 포용한다. 아무리 가까이 있어도 아무리 자주 만나도 물리지 않고 새롭다. 변함없이 영원할 듯 곁에 있다. 편치 않던 마음은 말없이 거두고 정기를 준다. 우리는 풀처럼 나무처럼 자연의 일부가 되어 온전해진다.

4월 12일 관찰이 먼저다

쑥전 부쳐 먹는 날이다. 아이들이 캔 쑥으로 한다. 밀가루, 찹쌀가루, 된장, 당근, 쑥을 넣고 저었다. 아이들은 초집중해 바라보며 직접 하고 싶어 했다.

"된장도 넣네."

"멍청아, 어제 넣는다고 말했잖아."

"상욱이가 한글 못 읽을 때 '멍청아, 그것도 못 읽어'라고 해도 돼?"

상욱이 말을 듣는 아이가 상처 받을까 봐 다급해진다. 말이 튀어나가 버린다. 상처받는 아이에 대한 우려보다, 내 귀에 거슬리는 부분이 더 우선이지 않았을까?

한 명씩 쑥과 가루를 뒤섞어 저었다. 돌아가며 전을 뒤집었다. 기다리는 아이는 얼른 하고 싶어 손가락을 꼼지락거리며 손이 오르내린다. 그리도 하고 싶을까? 나는 얼마나 자주 저 손을 놓칠까?

"선생님, 꾸리한 냄새나요."

아쉽게도 된장 양이 조금 많다. 진달래 화전에 비해 먹는 손이 느릿느릿하다.

수업 시간에 동민이가 돌아다니고 주연이가 소리 지른다. 또 저런다 싶고 이맛살이 찌푸려지며 골이 난다. 상욱이가 친구 잘못을 이르면 곧 이곧대로 들리지 않는다. 먼저 집적거리곤 상대를 탓한다.

관찰이 먼저인데 내 식대로 판단한다. 성급함에는 무지, 파괴, 후회가 내포되어 있다. 해결 실마리를 다각도로 찾으며 연구하지 않고 아이를 몰아세운다. 몇 마디 말로 얼른 성과 보려는 공짜 심리가 있다. 파브르가 나나니벌을 뙤약볕 아래서 다섯 시간 동안 관찰하듯, 말하기 전에 충분히 살펴야 한다. 심판자 역할을 멈추고 과학자가 되자며 되뇌다, 한순간 놓치고 내 판단의 맹신자가 되고 싶은 욕망에 굴복한다.

4월 13일 틀려도 괜찮아

다은이 어머니가 걱정이 많으셨다. 다은이가 어린이집에서와는 달리 가까운 친구가 없다며. 다은이는 친구를 다정하고 살갑게 대한다. 다른 아이들은 무뚝뚝한 편이다. 마음결이 맞는 친구가 없어서일까?

우리 학교는 학년에 한 학급만 있어 전학 오는 경우가 간혹 있지만, 같은 구성원들이 6학년까지 변화 없이 죽 올라간다. 깊은 정을 나누며 형제 같은 사이가 되어 졸업 후에도 인생 친구가 될 수 있다. 그러나 관계가 틀어지면 상처 입고 정서와 정신은 억압된다. 작은 학교는 친구 사이를 주의 깊게 살피고 맞추며 조율하는 공부가 중요하다.

소꿉놀이 도구를 두 세트 샀다. 매개체에 따라 활동이 달라진다. 이것으로는 어떻게 놀지 궁금하다. 운동장으로 들고 나갔다.

"엄마, 친구 데려왔어."

"어서 와. 아줌마가 맛있는 거 만들어 줄게."

말문이 열려 흥 넘치는 대화가 오가고 즉석 연극이 시작되었다. 재밌게 놀더니 도구를 마구 던지며 다퉜다.

교실로 들어와 대화 나눴다. 서로 상대가 먼저 시비 걸었다며 목소리 높인다.

"먼저 두 개 잡았는데 너희만 두 개냐 했어요."

"선생님이 공평하게 하나씩 가지라고 했잖아."

"상욱이 생각에는 하나씩 갖는 게 공평하다 싶어 화냈고, 상욱이 말에 지아도 언짢아져 다퉜네요. 다음에 이런 일이 있으면 어떻게 하면 좋을까요?"

"……"

"화내면 듣는 친구도 화가 나 들어주고 싶지 않지요. 화내지 말고 하나 주면 좋겠다고 말로 해 보세요."

『틀려도 괜찮아』란 동화책을 들려주었다.

"학교는 틀려도 괜찮은 곳입니다. 틀리고 잘못하기 때문에 공부하는 겁니다. 부끄러워하지 마세요."

'친구보다 못하는 건 부끄러운 일이야.' '나는 못할 거야.' 자기 심판으로 시도 전에 포기한다. 친구는 알고 자기는 모르면 눈치 본다. 학교생활 시작 단계에서 비교하며 문제없는 것을 문제로 여긴다. 작은 무지와 실수를 특별한 과오로 느낀다. 과도한 자존심을 걸어 자기를 소진하고 열등하게 느낀다. 자기 그물에 갇혀 사고와 활동, 삶의 반경을 좁힌다.

학교에서 중요하게 평가하는 몇몇 재능, 기능, 자질로 자기를 재단한다. 긴 시간 좌절을 거듭하며 자존감은 너덜너덜해진다.

나는 아이 상황은 충분히 고려하지 않고 내가 정한 내용과 방법을 모두에게 적용하며 수업한다. 학급당 학생 수가 많다는 핑계를 대 왔지만 적어도 달라지지 않았다. 학교와 내가 정한 울타리 안에 들지 못한 아이는 날개의 근력을 키울 수 없다. 그렇게 학년이 올라가며 자신의 날개는 본래 허약한 줄 아는 슬픈 신념을 갖는다.

4월 16일 회장 뽑기

다은이가 급히 다가왔다. 눈을 동그랗게 뜨고.

"선생님, 동희 아빠가 돌아가셨대요."

동희가 듣고 있어 당황스럽다. 무슨 말을 해야 할지 몰라 가만히 있으니, 또 말한다.

동희 아빠는 작년에 사고로 돌아가셨다. 어젯밤 어머니들 모임에 다녀온 다은이 어머니께서 말해 준 듯하다. 아빠 부재를 상상조차 할 수 없는 다은이는 몹시 놀란 모양이다.

"우리 동희, 아빠가 돌아가셔서 안 계시니 용기 가지면 좋겠다."

나는 무슨 말이라도 해야 할 듯해 말했다. 맞는 말이 아닌 듯하다.

"아, 슬프다."

승원이가 말했다.

아빠 자리가 비어 있는 동희 가슴에 큰 구멍이 나 있을 듯하다. 여덟 살 나이에 직면한 고난이 가혹하다. 동희 눈에 눈물이 고였다. 우리도 함께 글썽거렸다. 한동안 침묵이 흘렀다. 동희 볼에 엷은 미소와 온기가 퍼졌다. 우리 진심은 말하지 않아도 동희에게 스며들었나 보다. 온정은 슬픔을 달래고 일어날 수 있도록 부축해 준다.

어린 시절의 골골엔 섬세한 안전장치가 필요하다. 일시적 고통이 인생을 삼킬 수 있다. 아이를 포옹해 줄 한 사람이 있으면, 고통은 확대되지 않는다. 숨 쉴 수 있다.

"부정적인 경험은 부모나 여타 보호자들의 사랑을 통해서 제거되지 않을 경우 뇌에 영구히 남을 수도 있다. …… 펜그린유아교육센터에서 아이들의 존재감과 소속감을 최우선으로 하는 이유 중 하나도 바로 그런 부분이었다."_『앞서가는 아이들은 어떻게 배우는가』, 96쪽

"회장 할 사람?"

"저요! 저요!"

모두 자기가 하겠다며 엉덩이를 들고 반쯤 일어서서 손들어 외친다. '선생님, 저도 있어요.' 알아 달라는 외침이다. 회장하고 싶은 욕망은 활화산 같다. 조심스레 다루지 않으면, 열정은 도미노처럼 무너진다.

회장을 뽑으면 한 명 외 나머지 아이의 간절한 마음이 뭉개진다. 차마 그럴 수 없어 주 단위로 돌아가며 하기로 했다.

"회장은 어떤 일 할까요?"

"친구가 싸우면 말려요."

"거짓말 못 하게 해요."

"우유 갖고 오고 책꽂이도 정리해야 합니다."

서로 먼저 하려 해 제비뽑기로 정했다.

교실은 교사 위주로 운행되기 쉽다. 내 입장에서 단정하거나 조종하지 말자. 아이가 중요하게 여기는 것에 주의 기울이자. 앞장서 끌지 않으며 한걸음 뒤에서 적절한 때 밀어 주자. 막힌 길을 터고 응원가를 불러 주자. 그러면 아이들은 덩굴식물처럼 교사를 타고 올라 높이 난다.

4월 17일 동민이의 발견

현장체험학습을 갔다. 목공예 체험장으로. 산과 계곡이 있어 경관이

일품이다. 체험 시설이 깔끔하고 공예용 재료의 품질이 좋다. 놀이터도 있어 만족스럽다. 놀이터에서 실컷 놀다 간식 먹고 공예품을 만들었다. 나무 판에 다양한 모양의 나무 조각을 붙여 꾸미는 것이다. 제법 시간이 걸려 힘들 듯한데 진득하게 해낸다. 나는 손이 느린 아이를 격려하고 대견해하며 지켜보았다. 작품을 마무리한 뒤, 자리를 옮겨 도시락 먹고 계곡 옆길을 걸었다.

이번 소풍의 큰 수확은 동민이에 대한 재발견이다. 동민이는 호기심이 넘쳤다. 놀이터에서 놀 때 혼자 이곳저곳 돌아다녔다. 미로를 찾아, 가자며 권해 함께 가서 놀았다. 싹둑 전지한 은행나무를 보곤 폭력 나무라 하고, 나뭇가지는 한자 같다 한다. 고택이 있으니 들어가자 한다. 동민이만의 특별한 시선으로 사물을 해석하고 비유하며 느낌을 표현했다.

교실에선 돌아다니며 할 일 제대로 하지 않는다고 자주 혼났다. '동민이의 특성을 모르고 싹을 누르고 있었구나.' '사람은 하늘처럼 알 수 없는 오묘한 존재구나.' 저녁에도 동민이를 떠올리며 들뜬 상태로 보냈다.

사람을 안다는 건 탐구를 게을리하지 않는 것이다. 협소한 정보로 단정하려는 오만을 경계하며, 그의 동굴을 볼 수 있는 등불을 켜는 일이다. 내 인식은 언제나 불완전함을 아는 일이다. 끝내 마음을 닫지 않고 열린 의식을 지키는 것이다.

4월 18일 마음공부

"우리가 국어, 수학, 봄 공부를 하는데, 마음공부도 중요한 공부입니다. 지금부터 마음공부를 하겠습니다. 학교에서 듣는 좋은 말, 예쁜 말에는 어떤 것이 있나요?"

"같이 놀자."

"철봉 안 무서워, 괜찮아."

"학교에서 듣는 좋지 않은 말, 언짢은 말에는 어떤 것이 있나요?"

"못생겼다."

"가운뎃손가락 올렸어요."

"같이 놀기 싫어."

좋은 말은 어렵게 몇 마디 나오더니 좋지 않은 말은 줄줄 나왔다. 유치원 다닐 때 들은 말도 했다. 생선 가시처럼 넘어가지 않고 걸려 있다.

"효민이와 상욱이 이름이 많이 나왔네요. 어떤 생각이 드나요?"

"마음이 안 좋아요."

상욱이가 말했다.

"남자아이들이 먼저 저 보고 돼지라고 놀렸어요."

"으응, 효민이가 속상했구나. 효민이가 먼저 잘못한 친구한테는 어떤 말 하고 싶어?"

"미안해요."

효민이는 독해력·이해력·수리력이 뛰어나다. 사람에 대한 관심과 배려는 서툰 면이 있다.

"이제, 좋은 말 한마디씩 생각하세요. 앞에 나와 친구 이름 부르며 말해 보세요."

"서준아, 괴롭혀서 미안해."

"동희야, 재미있었어."

평소 하지 못하던 말을 하니 쑥스러운가 보다. 부끄러워하면서도 환하게 웃는다. 악의적인 말이 어색해야 할 텐데, 우리는 호의적인 말을 어색해한다. 승원이가 말했다.

"아, 갑자기 눈물 날 것 같아."

승원이 가슴이 말랑말랑하다. 우리가 쉬 드러내지 않는 속정을 말해 가면을 벗겨 주고 정직하게 우정을 맺는다. 아이들은 쉽게 손 내밀며 진심에 닿는다. 선한 본성이 드러나 따뜻함을 느끼고, 친구 사이가 친밀하고 고와진다. 유대감과 온기로 수업에 깊이를 더해 준다.

어제 소풍 후 동민이가 다른 사람으로 보인다. 같은 아이에 대한 관점이 하루 만에 바뀌다니, 어리석음으로 일희일비하며 나와 아이를 힘들게 한다. 내가 옳다고 철석같이 믿는 순간, 아이를 원망한다. 평화와 원망은 자리다툼한다. 선택은 자기 몫이다. 내가 변해야 아이도 변한다. 닫힌 문을 열면 집착은 종이 딱지처럼 가볍게 뒤집어진다. 아집이 엷어지면 지혜와 사랑이 깃든다.

사람의 정신과 관계하는 일은 간단치 않고 정답이 없다. 다만 섣불리 결론짓지 않으며 그의 깊이에 다가가려는 여유가 필요하다. 내 기대에 힘을 빼고 모두에게 이로운 지점을 찾으려 한다.

"이 세상에는 편견과 편향이 존재한다. 그것은 우리의 두뇌가 적은 정보를 가지고 빨리 결정을 내리기 위해 정형화된 방식으로 반응하도록 진화해 왔기 때문이다."_『애착교실』, 199쪽

4월 19일 선의의 함박눈

아침 의식을 한다. 회장이 사회 본다. 이 역할을 좋아한다. 부담스러워하면서도 잘 해내고 싶어 한다. 목에 힘을 주어 또박또박 말하며 진행한다.

오늘도 한 명씩 앞에 나와 친구 이름을 부르며 말했다.

"하진아, 사랑해."

"동희야, 예뻐."

쑥스러운지 남자애들은 책상 밑으로 들어가 장난친다. 아이들 몸은 의자 위에 올라가기도 책상 밑에 들어가기도 하며 자유자재로 움직인다.

아이들도 욕심부리고 나쁜 행동을 한다. 그들의 욕심은 솔직하고 악행은 쉬이 무너진다. 그 자리에 선의를 꽃피운다. 선의의 저장고는 기회가 있으면 준비한 듯 열린다. 그들의 월등함이다. 친구를 부축해 주고 공부 가르쳐 주고 과자를 나눠 먹는다. 있는 대로 주고받으며 연대의 기쁨을 누린다. 선의는 학습의 바탕이 되어야 한다. 재능은 사회 안에서 발현되므로, 선의가 부재한 재능의 힘은 해악이 될 수 있다.

교육은 마음결을 아름답게 조각하는 일이다. 교사가 선의에 스타카토를 찍으며 주의를 기울이면 아이들은 반기며 선의의 함박눈을 내린다. 교사 가치는 교실의 주요 가치가 되어 아이들에게 스민다.

벚꽃을 그렸다. 먼저 꽃이 바람에 흩날리는 모습을 영상으로 보았다. 허공 가득 흩날리는 무수한 꽃잎 따라 마음도 한들거린다.

"바람에 날리는 벚꽃이 뭐 같아요?"

– 팝콘, 비, 눈, 개미 떼, 벌 떼.

잠시 얘기 나눈 뒤 그렸다. 검정 종이에 하얀 크레파스로 칠하니 하얀 꽃이 산뜻하게 드러난다. 나는 어떻게 표현할지 막막한데 아이들은 잘도 한다. 완성된 그림을 칠판에 붙여 감상했다.

"그림에 제목을 붙여 봅시다."

-벚꽃 동굴, 기타 나무, 벚꽃 팝콘, 눈 나무.

"친구 그림 보고 어떤 생각이 떠오르나요."

"혼자 서 있는 외톨이 나무 같아요."

"꽃을 다 나눠 줄 것 같아요."

"보석이 떨어져서 나무에 달려 있는 것 같아요."

돌아가며 세 번 말하고 더 하고 싶어 한다. 볼거리가 있어 감상하는 재미가 있으니 쉴 새 없이 말한다.

미술 작품은 정신의 물질화다. 생각과 감성이 실물이 되어 눈앞에 펼쳐진다. 우리는 성취에 대한 확연한 증표가 필요하다. 자기 긍정으로 정신이 다져지고 튼실해진다. 도전할 수 있는 기개를 얻는다. 예술의 능력이다.

"선생님, 할 말 더 있어요."

말 못 할까 봐 걱정이다. 작품을 보면 말이 떠오르고 말하는 것, 듣는 것이 즐겁다. 상상이 떠올라 신난다. 꼭 전하고 싶다. 간절한 만큼 말해야 직성이 풀린다. 상상은 표현해야 제 임무를 다한다.

문득 떠오른 한마디, 호기심 어린 작은 질문을 기꺼이 들어주는 사람이 있으면, 자기를 한층 더 드러내고 싶다. 자기만의 말을 창작하며 묵직한 기쁨이 일고, 그 맛을 잊지 못해 또 한다. 소비자에 머물지 않고 생산자가 된다. 생산할 수 있을 때 소비도 내실 있게 품격 있게 할 수 있다.

> "지도자와 스승의 역할을 맡은 기버는 먼저 재능을 찾으려는 유혹에 빠지지 않는다. 기버는 누구나 재능을 꽃피울 수 있음을 알고 동기를 부여하는 데 초점을 맞춘다."
> _『기브앤테이크(Give and Take)』, 177쪽

4월 23일 감성의 힘

수선화 차를 만들었다. 그동안 모아 두었던 꽃잎을 덖었다. 쑥떡과 함께 차를 마셨다. 흙, 고구마, 방귀, 단맛이 난다고 한다. 노랗게 우러난 빛깔이 예쁘다.

"선생님, 병아리색이에요."

"선생님, 더 마실래요."

서너 잔 마시는 아이도 있고 마시지 않는 아이도 있다. 교실이 훈훈하고 정다워진다. 음식을 나누면 마음도 나눠진다. 마음은 나눌수록 더 넓고 맑고 기품 있게 된다.

화병에 꽃을 꽂아 둔다. 요즘은 수선화를 두었다. 아이들이 오가며 꽃을 본다. 그에 대해 묻고 이야기 나눈다. 꽃잎과 모양을 자세히 보고 암술과 수술을 찾는다. 꽃 한 송이가 교실 분위기를 바꾼다. 고개를 돌려 꽃이 보이면 심장과 얼굴이 펴진다. 나는 꽃으로 채워진다. 하늘을 보면 하늘 같고 바다를 보면 바다 같아진다.

감성은 삶의 풍향을 결정짓는다. 우연히 형성된 관심 하나가 일생의 과제가 된다. 파브르는 어린 시절 곤충에 마음이 가 평생 곤충을 연구한다. 어떤 이는 꽃이 좋아 수십 년을 뙤약볕 아래서 흙 파며 식물원을 일군다. 아픈 사람을 보면 치료해 주려는 좋은 의사가 되게 하고, 괴로운 사람을 보면 평화를 주고 싶은 종교인이 되게 한다. 이순신 장군은 백성에 대한 연민으로 백의종군을 마다하지 않으며 목숨 바쳐 이 땅과 백성을 지켰다.

"선생님, 얼굴이 활짝 폈어요."

승원이는 표정을 잘 살핀다. 동민이를 혼내고 난 뒤 내 말이 부드러워지자 바로 알아챈다.

"승원아, 내가 동민이 혼내면 너 마음이 좋지 않나 보다."

"예."

승원이가 예민하니 혼낼 일이 있으면 머뭇거린다. 아이들 눈은 나를 따라다니고, 목소리나 표정에 따라 불안하기도 밝기도 하다. 나는 아이들의 행복여탈권을 쥐고 있는 셈이다. 부담스럽고 조심스럽다.

"한 아이를 꾸중할 때 반 아이들 앞에서 하면 다른 아이들도 같이 꾸중을 듣는 느낌이 든다. 잘못한 아이는 꾸중 듣는 것을 어느 정도 받아들이기라도 하겠지만 다른 아이들은 자기가 하지 않은 일로 스트레스를 받는다. 이런 일이 잦으면 아이들 마음은 늘 불안하다."_『어른들은 모르는 아이 세계』, 220쪽

4월 24일 옥수수와 대화

아침에 아이들과 인사 나누며 농담을 건다.
"어디서 왔어요?"
"어디서 왔긴요. 집에서 왔지요."
"누구세요?"
"누구긴요. 동희지요."
곧이곧대로 대답한다. 몇 번 되풀이하니 말없이 웃는다. 웃음을 나누며 정신에 신선한 바람이 들어간다.

옥수수 모종이 무럭무럭 자란다. 옥수수를 책상 위에 놓았다.
"두 손으로 컵을 잡고 새싹을 보세요. 조용히 대화 나누는 시간을 갖겠습니다."
3분 정도 지난 뒤 물었다.
"어떤 대화 나눴나요?"
"옥수수야, 너 왜 이렇게 안 자라니?"
"옥수수야, 목도리로 따뜻하게 해 줄게."
동민이 것은 싹이 없다. 갑자기 책상 위에 컵을 뒤집더니 흙을 쏟았다.
"선생님, 밑에 뿌리가 길게 나왔어요."

씨앗이 어떻게 됐는지 궁금했나 보다. 하얀 뿌리가 가득 차 있다. 생명의 실핏줄 같다. 살려고 바둥거리다 끝내 죽었다. 물을 많이 주고 시시때때로 만지더니, 과잉 돌봄으로 죽었나 보다. 동민이는 풀이 죽었다.

비가 조용히 내린다. 우산 쓰고 운동장을 나가 걸었다. 비의 소중함을 공부하며 분위기를 즐기려 했는데, 아이들은 물 고인 곳에서 첨벙거리며 장난친다.

4월 25일 반응은 천천히

그림 연습용 책을 한 권씩 샀다. 사람의 다양한 자세가 선으로 나타나 있다.
"선생님, 어려워요."
힘들어하던 아이도 거듭 연습했더니 익숙하게 그린다.

점심시간에 급식소로 갈 때 동민이는 줄 서지 않고 먼저 간다.
"동민이가 줄 서지 않고 혼자 가지요. 그때 어떤 마음이 드나요?"
"혼자만 뛰어가니까 짜증 나요."
"새치기하는 느낌이 들어요."
"동민이는 왜 그러나요?"
"뛰어가는 게 좋고 참지 못해서요."
"자기가 좋으면 그래도 되나요?"
"넘어질 수도 있어요."
"2학년 누나 공부하는 데 피해 줘요."
동민이는 얼른 가고 싶어 답답할 수 있을 듯하다.

동민이가 자기 문제를 시인하고 미안해한다. 내가 혼내면 아이가 스스로 반성할 기회를 뺏는다. 그 순간은 방어로 잘못을 인정하기 어렵다. 간섭으로 받아들이고 반항심이 생기기도 한다. 지적은 가능한 한 상황 종료 뒤 한다. 부드럽게 말하면 배려받는 느낌이 들어 교사에게 고마워하기도 한다. 교사는 하는 것 없이 대접받을 수 있는 명당에 사는 셈이다.

"좋은 일을 하나씩 하면 좋겠습니다. 매일 실제로 할 수 있는 일 찾아보세요."

"장난감 어지럽힌 것 정리할 거예요."

"친구와 사이좋게 놉니다."

"어떻게 사이좋게 놀 건지 생각해 보세요."

"친구 물건이 떨어졌을 때 주워 줄 겁니다."

"책꽂이 정리해요."

"친구가 못하는 것 도와줘요."

"선생님을 도와줘요."

"오늘 여러분이 말한 걸 직접 한 뒤 다음에 이야기 나누겠습니다."

춤을 추었다. 여자아이들 관심이 많다. 시선을 의식하지 않고 몸동작을 크게 하며 즐겁게 춘다. 몇몇은 어색해하며 춤에 빠지지 못한다. 자주 하면 편해질 것이다. 남자아이들은 흥분해 서로 몸을 들이박으며 소리 질렀다.

동민이가 오랜만에 줄 서서 급식소로 갔다. 아침에 얘기 나눈 효과가 나타났나 보다. 이렇게 금방 마음 돌린다. 고맙고 대견하다.

4월 27일 학부모 전화

'아침 의식' 시간이다. 허리를 쭉 펴 바른 자세로 앉아 3분 정도 호흡한다. 반듯하게 앉으면 마음이 정갈해진다. 뭔가 해야 할 듯 의욕이 생긴다.

"오늘은 '덕분에 삽니다'를 여러분이 만들어 보세요."

이 아이 저 아이 끊이지 않고 말한다.

-과일 덕분에 삽니다, 우리 마을 덕분에 삽니다, 수학 덕분에 삽니다, 우리나라 덕분에 삽니다, 경찰 덕분에 삽니다, 공책 덕분에 삽니다, 형 덕분에 삽니다, ……

반달만 본 사람은 보름달은 있을 리 없다고 확신한다. 보름달이 있다면 거부하고 싫어하고 혐오하기까지 한다. 자기 말이기 때문에 옳고, 자기와 다르기 때문에 그르다 여긴다.

감사하는 마음 내기는, '자기 기준'에 힘을 빼는 의식 유연화 작업이다. 상대를 인정할 수 있는 여유 공간이 생겨 보름달을 인정한다. 정신은 속박에서 유유히 풀려난다.

> "감사는 일과 학문 등 삶의 다양한 영역에서 성공과 연계되어 있다. …… 감사하는 학생일수록 학점이 높은 경향이 있었다."
>
> _『감사의 재발견』, 65쪽

승원이가 우진이를 때렸다 한다. 우진이 아버지가 승원이 어머니에게 알렸고, 승원이 어머니는 나에게 전해 줬다. 자식 잘못을 알려 준 어머니가 큰사람으로 느껴졌다.

"누구를 혼내려는 게 아니고 대화 나누려 합니다."

우진이가 승원이더러 2학년 형 줄넘기를 못 만지게 했다. 승원이가 화가 나 우진이를 때렸다 한다.

"누가 잘못한 것 같나요?"

"제가 잘못했어요."

둘이 악수하며 승원이가 사과했다.

우진이 부모님 입장에서는 언짢았을 것 같다. 승원이가 거친 면이 있는데, 나는 승원이를 예뻐하고 좋게 여겨 알아채지 못한 듯하다. 한 아이의 장점이나 단점에 쏠려 균형 감각을 잃는다.

승원이 엄마는 아이들에게 집중하고자 하는 나에게 사기를 불어넣는다. 사람에 대한 믿음을 준다. 어머니를 생각하며 한동안 멍하니 있었다. 웅혼한 자연 풍경이 펼쳐진 듯 감동이 퍼진다.

자기 자녀를 무턱대고 감싸지 않고 잘못을 시인하는 바른 처신을 귀하게 경험하는 시대가 되었다. 우리 반을 뒤흔드는 학부모가 없어, 우리는 서로 판단할 수도, 용서할 수도, 문제 해결법을 결정할 수도 있다.

다른 아이도 귀한 줄 아는 학부모의 자녀를 보면, '좋은 가정환경에서 잘 자랐겠구나' 싶다. 과민한 학부모는 악감정을 교사에게 풀며 자녀에 대한 사랑으로 오인한다. 아이들, 교사, 학교, 사회에 악영향을 끼치고 자기 자녀에게조차 나쁜 결과를 초래한다. 공익을 해치는, 공동체 안녕을 훼손하는 행위에 좀 더 엄격한 잣대를 적용해야 한다. 경기도 남한산 초등학교 학부모회는 모임 시작 전에 함께 제창한다고 한다. '내 아이만 보지 않는다. 모두의 아이를 본다.' 모든 아이가 공정하고 소중하게 대접받을 때, 내 아이도 안전하고 유익한 환경에서 자랄 수 있다.

가정에서 부모와의 관계가 원만하지 못하거나, 부모의 지나친 간섭과 억압으로 스트레스가 많은 아이일수록, 이해와 배려가 부족하고 친구를 공격적으로 대한다. 친구 호응을 얻지 못하고 교우관계가 원만하지 않다. 가해자가 되더라도 자기 잘못을 모르거나 오히려 상대를 탓한다. 부모가 자녀의 건강한 성장에 되레 걸림돌이 되는 것이다.

"아이가 육체적으로나 정신적으로 고통스러워하면, 부모는 견디기 힘들다. …… 어떻게든 아이를 구제하고 싶어 한다. 그래서 교장에게 전화를 걸고 담임교사에게 큰소리를 치며, 감히 내 아이에게 상처를 준 아이의 부모에게 항의를 한다. …… 부모가 이런 반응을 보이게 되면, 아이는 자신의 고통은 물론이고, 다른 사람의 고통도 견디기 힘들어한다.

아이가 감정을 잘 다스리기를 바란다면 …… 자기감정을 있는 그대로 경험하도록 북돋워 주는 것이다."_『깨어 있는 부모』, 104쪽

4월 30일 힘이 센 지식

"와!"

월요일 아침, 교실로 들어서는 아이들이 소리친다. 주말 동안 옥수수 싹이 쑥 자랐다. 새싹은 맹렬히 자라고 있다. 무심코 심었는데 경이로운 사건이 펼쳐진다. 새 생명을 만나 그에게 마음을 주며 예기치 못한 행복을 맛본다.

손으로 심고 물을 주며, 성장 모습을 보고 느끼며, 놀라워 목으로 탄성이 나온다. 온몸을 통과해 터득한 지식은 힘이 세다.

야외에서 보았던 애기똥풀을 그렸다. 검정 종이에 노랑 크레용으로 칠하니 노란 꽃 빛이 선명히 드러나 예쁘다. 어려울 듯한데 작은 꽃이 어우러지는 특징을 살려 그렸다. '표현력이 좋구나.' 감탄한다. 동민이는 보라색을 들고 있다.

"선생님, 이 색으로 그려도 돼요?"

"그럼, 동민이 생각대로 하면 돼."

애기똥풀, 이태경

"동민이 뭐 그렸어?"

"이상한 숲속이에요."

"왜 이렇게 그렸어?"

"대충 그리고 싶어서요."

특별한 뜻이 있나 궁금했는데, 그리기가 내키지 않은 듯하다.

나는 잘못에 민감하다. 아이들한테 화내거나 언짢게 말하면 좋은 말로 하면 될 걸 하며 책망한다. 크게 잘못한 걸로 느껴지면 안절부절못한다.

얼른 편해지려고 이런저런 방법을 쓴다. 심리학, 철학, 종교 관련 책을 보거나 유튜브를 듣는다. 자연 속에서 산책하거나 멍하게 있는다. 몸을 움직여 일하기도 한다. 그 과정에서 마음의 모순을 터득하고 상황을 이해한다. 엉킨 마음이 정돈된다.

"너의 일상이 초라해 보인다고 탓하지 말라. 풍요를 불러낼 힘이 없는 너 자신을 탓하라." _『일상』, 7쪽

5월

"선생님, 행복해 보여요"

계란꽃, 김동희

5월 1일 작물 심기

어린이날이 다가온다. 소박하게 기념하려 쿠키를 만들기로 했다. 쿠키 가루를 반죽해 조금씩 떼어 주었다. 꽃, 동물, 도형 등 갖가지 모양으로 잘도 만들었다. 하진이가 말했다.

"선생님, 엄마가 세 개 갖고 오라고 했어요. 쿠키 주세요."

가족에게 주고 싶어 지어낸 말 같다. 엄마가 농담으로 한 말을 하진이가 곧이곧대로 들었을 수도 있다. 나눠 먹으려는 마음이 예쁘다. 옆 반 2학년 아이들이 먹고 싶을 것 같아 한 접시 주었다.

"바삭바삭하고 부드럽고 맛있어요."

"선생님 정성이 들어가서 맛있어요."

"다음에는 초콜릿 들어가게 만들어 봐요."

우진이가 바라는 걸 말한다. 지금까지 좀처럼 속내를 드러내지 않았다. 날이 밝았는데도 노래하지 못하는 새처럼 움츠려 있다, 마침내 날갯짓한다.

재미난 활동과 맛난 음식에 괜히 기분이 좋아지고 화기애애하다. 정을 내고 오가는 말이 향긋하다.

봄이 깊어졌다. 봄기운으로 겨우내 언 땅이 모두 풀어졌다. 사방은 녹색으로 채워지고 있다. 이제 서리가 내려 식물이 얼어 죽는 일이 없을 것이다.

학교 텃밭에 작물을 심었다. 작물 선정 기준은 손이 많이 가지 않고 벌레가 생기지 않고 수확하는 재미가 있는 것이다. 토마토, 감자, 고구마다.

"제가 심을 거예요. 제가요."

모종을 서로 잡으려 팔을 내민다. 텃밭이 떠나갈 듯 소리 지른다. 쨍

쨍한 목소리가 모종에 꽂히는 듯하다. 시범을 보이며 심는 방법을 설명했다. 하나씩 골고루 나눠 심었다. 심각한 표정으로 씨감자 놓고 흙을 덮는 손이 신중하기 그지없다. 한바탕 대사를 치르고 교실로 돌아왔다.

"더워서 목마르고 땀이 났어요."

"심어서 뭐 해요?"

"고구마 튀겨 꿀 발라 먹어요."

"토마토 샐러드 만들어 먹어요."

"감자전 해 먹어요."

심는 날 먹을 궁리로 바쁘다. '수확물로 맛난 음식 해 먹을 거다.' 상상만으로 기쁘다. 내일 마침 비가 온다. 물을 주지 않아도 돼 일을 덜었다. 비에는 영양 성분이 많다고 한다. 흠뻑 내려 잘 자라면 좋겠다.

5월 2일 교사의 자율성

"한 아이가 우유 가지러 가는데 친구가 따라가니, '오지 마', 하고 혼자 갔어요. 어떻게 생각하나요?"

"나빠요."

"마음이 안 좋아요."

상욱이 행동을 보고 한 말이다. 상욱이 얼굴이 굳어진다. 직접 말하지 않고, 여론의 힘으로 핀잔주고 싶은 건 아닐까? 상욱이는 잠시 부끄러울 뿐 마음은 움직이지 않을 듯하다.

아이 말이 거슬리는 순간 내 의견의 정당함에 초점이 맞춰진다. 아이 상황은 보이지 않는다. 시간이 지나면, 강한 생각은 바싹 마른 낙엽처럼 바스락 부서진다.

상욱이가 취약점을 조절하는 데 도움이 되려면 나의 창이 넓어야 한다.

교사의 일은 철저히 자율적이다. 외적인 강제를 할 수 없다. 결과가 눈에 드러나지 않고 성과의 정도를 측량할 수 없다. 교실을 지켜보는 사람은 없다. 교사는 홀로 일하고 홀로 평가한다. 교사가 일에 부여한 열정과 진심, 역량의 정도는 측정하기 어렵다. 그 깊이를 가늠할 수 있는 건 그의 양심뿐이다. 그래서 교사의 일은 정직하고 성스러워지기도 한다. 일신우일신(日新又日新), 정성으로 날마다 새로워질 뿐이다.

보는 이 없어도 홀로 완벽한 형상으로 피어 있는 꽃처럼, 교사는 스스로 만족한다. 자족(自足)은 타인의 칭찬에 비할 바 아니게 시원한 자유를 맛볼 수 있다. 진정한 주인으로 살 수 있다.

> "교육자는 고독한 존재일세. 누구에게도 칭찬을 받거나 노고를 위로받지 못하지."_『미움받을 용기 2』, 137쪽

"조금 더 하고 싶어요."

우진이는 미리 해 놓는 걸 좋아한다. 수업 시간에 해야 할 분량이 줄어, 자유 시간이 느는 걸 즐기는 듯하다.

5월 3일 회의, 왜 할까요?

운동장에서 놀던 준우가 울면서 들어왔다. 상욱이가 때렸다 한다. 관계 공부를 할 기회다.

"누구를 혼내려고 하는 게 아닙니다. 회의를 왜 할까요?"

"마음공부 하려고요."

"말로 하려고요."

어찌 된 일인지 확인했다. 준우가 운동장에서 들어오며 상욱이가 들어올 수 있도록 문을 열어 줬다. 상욱이가 그 문에 부딪혔고, 화가 나 준우를 때렸다 한다.

"준우 마음이 어땠을까요?"

"슬프고 울고 싶었을 것 같아요."

"상욱이 마음은 어땠을까요?"

"속상했을 것 같아요."

"다음에 또 이런 일이 있으면 준우는 어떻게 하면 좋을까요?"

"사람이 있는지 없는지 살펴보고 문을 열어요."

"상욱이는 어떻게 하면 좋을까요?"

"못된 행동을 했어요. 말로 하면 좋겠어요."

"옆에서 본 친구들은 어떻게 하면 좋을까요?"

"'때리지 마'라고 말해요."

"'울지 마, 괜찮아'라고 해요."

상욱이와 준우가 악수하며 화해했다.

상욱이한테 단호하게 말했다.

"상욱이는 지난주에는 우진이를 때렸지요. 또 친구 때리면 혼낼 겁니다."

교실엔 삼자가 있다. 상황을 비추어 보며 관조할 수 있다. 극한 대치에서 양자를 소용돌이에서 벗어나게 한다.

갈등은 대부분 오해에서 비롯된다. 다시 보면 자기가 섣불리 판단한 부분과 친구의 의도를 안다. 자기 생각에서 벗어나 상황에 맞는 행동을 깨닫는다. 관계는 바른 이해로 지속가능하다.

회의는 해방의 시간이다. 공공의 시간엔 배척의 공포에 은미하게 숨겨 놓은 말을 내놓아도 안전하다. 갇혀 있던 말은 풀려난다. 공동체는 압력으로 작용해, 날뛰던 자의식을 잠재운다. 의견이 달라도 말할 수 있고, 유쾌하지 않아도 듣는다. 이치에 맞게 주장하고 수용하는 법을 배운다.

"갈등은 집단의 창의성에 불을 붙이는 것이다." _『다른 의견』, 106쪽

5월 4일 이해한다는 것

어린이날 기념 체육대회를 했다. 전 학년을 합쳐 조를 짜 여섯 마당을 돌아가며 놀이를 했다. 6학년 따라다니며 열성을 다하는 아이들이 대견했다. 행사 내용이 많아 늦게 마쳤다. 햇살이 무척 강했다. 마칠 땐 아이들 얼굴이 해쓱해졌다. 나도 아이들도 힘들지만 즐거웠다.

아이들한테 가장 큰 선물은 무엇일까? 온전한 이해가 아닐까? 이해받고 싶고, 이해받으면 두려움으로 움츠러들지 않는다. 교실이 편안하고 소속감을 느낀다. 자연스럽게 말하고 행동하며 자기를 표현한다.

이해는 그의 모습대로 받아들이는 것이다. 내 식대로 바꾸려는 욕망을 접고, 그는 그다, 그의 독립성을 인정하는 일이다. 흑인사회를 연구하기 위해 흑인으로 분장해 산 사회학자처럼, 그의 땅에 서는 것이다. 이해는 질문하는 것, 온전히 듣는 것, 시간을 들이는 일이다. 이해하려는 욕망이 있을 때, 고른 호흡이 있을 때 이해에 닿을 수 있다.

사람을 안다는 건 앎은 완전하지 않음을 수긍하는 것이다. 오랜 관계도, 자신조차 모르는 것이 더 많다. 안다는 확신을 내려놓으며 기억을 초기화해 바르게 보기 위한 숙고 과정이 있을 뿐이다.

한편, 이해는 용납되지 않아도 배척하지 않고 포용하는 것이다. 인식의 치우침과 한계를 인정하는 것이다. 이해하지 못하면 통할 수 없고 통하지 않으면 암담한 고통을 받는다. 이해는 타인과 연결될 수 있는 통로다.

교사가 피곤하고 예민할 땐 균형감을 잃고 이해도가 떨어진다. 일면의 부정성이 과장된다. 교사가 쇠 같은 아집을 녹여 청정한 본성으로 관용의 이해에 다가가면, 아이들은 평화롭고 기쁜 일상을 누릴 수 있다. 교사도 바른 이해가 바탕이 될 때, 애정 어린 소통을 하며 성장과 보람을 맛본다.

> "관계가 애정의 수준일 때 비로소 최고의 인식이 가능해집니다."
> _『담론-신영복의 마지막 강의』, 279쪽

5월 8일 아이들과 행복하기

삼일 연휴가 끝났다. 아이들이 궁금하다, 학교에 오니 그들의 성화와 숱한 사건에 힘들고 정신없는 하루를 보냈다.

"선생님, 자주 웃네요."
상욱이가 말했다.
웃으려 노력한다. '아이들과 행복하게 살기', 뭇 별들이 북극성을 중심으로 돌 듯, 이를 목표로 하루를 산다. 아이가 행복하면 나도 행복하다. 아이가 즐겁게 공부하고 노는지 눈여겨본다. 대체로 나의 하루는 충만하다.
교사생활 중반까지 아이들은 좋아했지만 학교생활은 행복하지 않았

민들레, 이서준

다. 어떻게 하면 이곳을 벗어날까? 다른 곳을 두리번거렸다. 사회와 나의 불협화음 아래서 힘겹게 걸어온 듯하다.

학교장은 학교평가에 매달려 수많은 전시용 문서 작성을 요구했다. 교사들은 수업 시간에, 퇴근 후 밤에, 주말에 평가용 서류 만드는 일에 매진했다. 예산을 쓰지 못하게 하곤, 연말에 추경해 본인이 아는 업체에서 물건을 잔뜩 구입하기도 했다. 아이들 이름도 익숙지 못한 삼월 첫주, 방과후학교 강사와 계약하느라 수업 중 수시로 교장실을 들락거리고, 교감은 모든 일을 교사들한테 미루었다.

나는 시정을 위한 현명한 행동보다 감정의 반발에 치우쳐 에너지를 소모하며 살았다. 괴로움에서 벗어나는 일이 시급했다. 남 탓하다간 평생 억울할 것 같은 위기감이 몰려왔다. 행복하고 싶었다. 다른 길은 없었다. 아이들에게 집중하는 것뿐이었다. 아이들 앞에선 이유 없이 웃으려 했다. 교실에 들어갈 땐 칙칙한 기분을 홀홀 털고 굳어진 얼굴 근육을 몇 번에 걸쳐 이완한 뒤 문을 열었다. 즐겁게 수업했다. 아이들의 환대와 밝은 웃음소리는 곤두선 신경을 누그러뜨리고 도전을 지속할 용기를 주었다. 교실은 피난처이자 활력 충전소였다.

"선생님, 행복해 보여요."

아이 말이 한동안 가슴에 머물며 감격스러웠다.

학교는 많이도 바뀌었다. 교사 업무를 줄이려 종일 컴퓨터 들여다보고, 교직원들 챙기려 동분서주하는 교감, 예산을 투명하게 사용하고 교사들이 수업에 집중할 수 있도록 애쓰는 학교장, 교사의 사무업무를 줄이고 전문성을 높이기 위해 일하는 교육지원청의 모습을 자주 본다. 학교 구성원의 인식 고양과 민주적 시스템 정착 등으로 인함이다.

여전히 자기 이익 추구에 교사 기력을 소진하는 관리자도 없지 않지만, 이젠 오롯이 교사인 내가 주인이 되었다. 수업에 충실치 못한 것, 아이들을 제대로 챙기지 못하는 것의 책임은 황송하게도 나에게 왔다. 무엇보다 현재 근무하는 학교 여건이 좋은 덕이 크다.

하지만 학교는 여전히 어수선하고 집중하기 힘들다. 각종 공모 사업, 행사, 공문서, 분노에 찬 학부모 민원, 상처 입은 아이들의 아우성…….

의식을 아이들한테 모으고 수업에 집중했다. 그럴수록 교실로 빨려드는 중력이 느껴지고 외적 조건은 구름 흩어지듯 옅어졌다.

감정의 태풍이 지난 뒤 열정의 무모한 마모를 알 수 있었다. 두근거리던 심장은 안정되었다. '실행'에 초점을 둘수록, 행복할 이유와 소재가 속속 나타났다. 아이들 탐구에 전념하며, 나만 아는 비밀 장소엔 수시로 노다지가 쏟아졌다. 수업 시간, 아이들 입에선 별빛 같은 말이 쏟아졌다.

'아이들과 행복하게 살기', 대견한 선택이었구나. 하루하루 애쓴 만큼 행복은 성큼 들어 왔다. 관점이 삶을 결정지었다. 아이들 편에서 끝내 '나다움'을 잃지 않음에 감사한다.

"아무런 감사도 인정도 받지 못하면서, 내적인 만족마저 못 느끼면서도 희생을 한 적이 있는가." _『일상』, 49쪽

5월 9일 대화의 재미

이팝나무 꽃을 관찰했다.
"선생님, 신기한 거 따 오네요."
"돋보기가 있으면 재미있을 것 같아요."
"지금까지 본 꽃과 다른 점은 뭔가요?"
"수술이 겁나 작아요."
"연구하면 이상한 물질이 있을 것 같아요."
"우리가 본 꽃보다 잎이 가늘고 길게 생겼어요."
운동장으로 나가 하얀 이팝 꽃을 보았다. 목련과 산수유도 보았다. 꽃은 지고 잎이 나왔다. 나무들이 변신하는 모습이 빠르게 느껴진다. 그 모습을 보여 주려 했는데, 나무 위에 올라가 놀기 시작한다. 나무를 보면 기어올라 놀 궁리부터 한다.

동민이가 과학 잡지를 갖고 와 개미가 사는 집을 보여 주었다. 개미에 대해 이야기를 나눴다. 말하고 싶은 게 있으면 친구보다 나한테 먼저 온다. 친구를 좋아하지만 잘 어울리지 못한다.

나는 아이들과 대화 나누길 좋아한다. 대화는 말하는 재미와 듣는 재미가 있어야 한다. 듣는 사람은 경청하고 말하는 사람은 독점하지 않아야 한다. 대화의 성공은 듣는 태도에서 결정된다. 아이들은 훌륭한 대화 상대다. 소통에의 커다란 열망이 있고 마음을 다해 진심으로 대화에 임

한다. 자기 신념과 관점으로 상대 뜻을 왜곡하지 않는다. 온몸으로 공감해 온전히 수용되는 느낌이 든다. 연결감과 신경동조로 기쁨이 인다. 정서의 만족도가 높고, 사랑으로 연결되고 싶은 욕구가 충족된다. 사랑은 받으면 주고 싶어진다.

질문에 대해선 담백하고 진지하게 답한다. 상대가 어떻게 받아들일까 계산하지 않는다. 말이 겉돌지 않고 의미가 변색되지 않아, 긴장감이 일지 않는다. 진솔한 대화로 즐거움과 충만함, 우정을 나눌 수 있다.

대화는 놀이다. 공을 주고받듯 말을 공유하며 즐긴다. 아이들은 교감의 본능으로 말하길 무척 좋아한다. 서로 하려 해 나는 끼어들기 어렵다.

> "두 사람 사이의 훌륭한 의사소통은 상대방의 인격을 존중하는 능력에 좌우됩니다. 우리는 모두 사랑에 대해 공부해야 할 것입니다." _『만남, 대화 그리고 치유』, 133쪽

물감 놀이 시간이다. 커다란 물통에 마블링 물감을 떨어뜨렸다. 물감이 퍼진다. 그 위에 도화지를 놓으면 갖가지 색이 어우러져 무늬가 나온다.

"와, 공룡이다!"

"와, 꽃이다!"

예상치 못한 문양이 나온다. 탄성이 나오고 동공이 확대된다. 한 번 더 하고 싶어 해 두 장씩 했다.

아이들은 놀람과 기쁨의 존재다. 환호성으로 신선하고 기운차진다. 몸은 분주하고 눈동자는 이리저리 굴리며 삶을 달린다. 신명으로 인생의 강은 바다에 닿는다.

나는 두통이 있고 몸이 무거웠다. 흥분하며 좋아하는 걸 보니 통증이

사라진다. 뭔가를 시도해 아이들이 유익하고 신나는 경험을 하며 정신이 영글어지는 듯하면, 그만으로 바랄 게 없다.

"어떤 학교에서 한 아이가 나무에 올라갔는데 옆에 있던 친구가 '야, 저리 비켜'라고 했어요. 어떻게 생각하나요?"
"힘들게 올라갔는데 마음이 아파요."
"자기가 왕도 아닌데 그렇게 말하면 안 돼요."
"같은 친구잖아요."
"친구한테 부탁은 해도 되는데 명령하면 안 되지요. 말할 때 조심해야 해요."

아이들이 좋으면 나도 좋고 힘들면 나도 힘들다. 음식 만들어 먹을 때, 운동장에서 뛰놀 때, 상상에 빠져 찰흙 만질 때 등 환한 얼굴로 활동하면 나도 기쁘다.
친구에게 억울한 일을 당해 속상해 있을 때, 가정불화나 걱정거리가 있어 처져 있을 때, 공부가 지루하고 어려울 때 등 어두운 얼굴로 있으면 나도 덩달아 무거워진다.

5월 15일 독서의 가치

학부모 공개수업을 한다. 수업을 보이려니 문제점이 보인다. 말하기와 듣기에서 부족한 면이다.
"말할 때 어떻게 해야 합니까?"
"친구가 말할 때 끼어들지 않아야 해요."
"자신 있게 말해야 해요."

"툭툭 소리 내면 들리지 않아요."

모두들 잘 알고 있다.

"유치원 다닐 때 부모님이 오셔서 공개수업을 했지요. 그때 어땠나요?"

"다리가 부들부들 떨렸어요."

공식적으로 자기를 드러내는 일은 부담스럽다. 사람들 앞에서 체면이 손상되면 큰 위기가 닥친 듯 심대한 문제로 느낀다. 관계의 그물망 속에서 사는 사회적 인간의 숙명이다. 적절한 인정욕구는 발전의 윤활유가 된다. 상대를 의식해 행동하므로 대인관계 기술을 높이기도 한다. 지나치면 상대 뜻과 기대에 따라 살며 자기 삶의 운전대를 상대에게 내준다. 타인의 영향력은 거대한 파도가 되어 그의 한마디에 뱃멀미하듯 흔들린다. 그에게 행불행을 맡긴다. 삶의 의미를 타인에게 맡기는 건 위험하고 쓸쓸한 일이다. 삶은 남과 시소 타기다. 둘 사이 균형이 맞아야 재미나게 시소를 탈 수 있다.

옛이야기를 들려주고 대화 나눴다.

"두꺼비 이겨라!"

"당연히 두꺼비가 이기지. 착한 마음 갖고 있는데."

"호랑이가 나빴어요. 두꺼비와 토끼를 힘들게 해요."

"힘이 없어서 자꾸 호랑이 말을 들어줬어요."

독서는 지성과 심성을 북돋워 자기 세계를 창조토록 한다. 아이들은 책을 보며 모르는 글자가 나오면 물으며 한글을 익힌다. 재미로 읽으며 문해력이 향상되고 학습력은 저절로 높아진다. 이야기 속 인물 처지에 기뻐하고 슬퍼하며 사람과 시대 상황을 이해한다. 세계에 대한 호기심이 일어나고 학습의 내적 동기가 형성된다.

감동을 받아 공부와 삶을 인내하고 돌파할 저력이 생긴다. 굳은 사고를 흔들어 탈피와 재탄생으로 이끈다. 글을 곱씹으며 내면과 대화하고 평소 접하지 못하던 자기를 성찰한다. 독서가 취미가 되어 즐길 수 있는 거리가 되면 자립성도 높아진다.

내가 독서를 중요시하는 직접적인 이유는 학습과 인성을 동시에 도모할 수 있기 때문이다. 무엇보다 긴 시간 학생으로 살며 공부를 즐겁게 잘할 수 있는 중요하고도 쉬운 방법이기 때문이기도 하다.

독서지도 관건은 아이가 스스로 읽고 싶도록 하는 것이다. 처음 시작할 때는 재밌는 이야기책을 들려주면 좋다. 아이는 이야기를 좋아하고, 수업 시간에 교사가 읽어 주면 주의 깊게 듣는다. 다른 수업에 비해 재미나고 부담이 적어 잘 집중하는 면도 있다. 특히 옛이야기는 기승전결이 간결해, 이야기가 물 흐르듯 전개된다. 내용이 어렵지 않아 이해하느라 애쓰지 않고 편하게 듣고, 책 내용과 연관된 상상이 잘 일어난다. 상상 자체가 재미를 줘 독서가 더 흥미로워진다.

내가 독서하면 아이들은 곁에 와 무슨 책인지 궁금해한다. 권하면 서로 읽으려 한다. 학급 문고를 수시로 교체해 수업 시간 중 자투리 시간에 읽게 한다. 함께 읽고 토의한다. 습관이 되도록 여러모로 시도하면, 여름방학쯤이면 대부분 자율적으로 읽는 모습을 볼 수 있다.

독서가 아이들 삶의 중심 '축'이 되면, 책과 관련된 대화 양이 많아지고 지적 분위기가 흐른다. 수업에 순풍이 일고 교실엔 생기가 돈다.

"책을 6분 정도 읽을 경우 스트레스는 68% 감소하고, 심장 박동 수는 낮아지며 근육의 긴장이 풀린다고 합니다."

　_『창의성은 없는 게 아니라 꺼내지 못하는 것입니다』, 136·137쪽

5월 16일 공개수업

학부모 공개수업으로 그림을 그렸다. 물감 흘리기와 물감 찍기, 마블링 한 것을 PPT 화면으로 보았다. 상상되는 장면에 대해 이야기 나누고, 각자 작업해 둔 도화지를 나눠 주었다. 부모님과 함께 상상화를 그렸다. 다 그린 뒤 칠판에 전시하고 작품 제목과 내용을 설명했다.

수업 전, 아이들은 부담스러워했다.

"가슴이 콩당콩당해요."

"부끄러워서 떨려요."

"여러분이 공부하지 않고 부모님을 쳐다보고 있으면 좋아하실까요? 나를 보며 수업 잘하는 걸 좋아하실까요?"

아이들은 후자를 말했고 수업에 야무지게 참여했다. 마친 뒤 소감을 물었다.

"그림을 잘 그렸어요."

"부모님과 같이 그리니까 신나고 즐거웠어요."

아이들은 신경 쓰며 의젓하게 참여했다. 작은 몸이 책임과 임무를 다해내려는 듯 다부진 기개가 보였다. 나는 수업하며 순간순간 감동했고 힘을 얻었다. 아이들은 본능적인 책무감에 따라 자기 역할을 해낸다. 그렇게 한 계단 올라서고 성장하며 홀로 서게 될 것이다. 효민이와 상욱이가 평소와 달리 아무 말도 하지 못했다.

아이들이 교실 뒤편에서 놀고 있다.

"김주연 빼고 놀 거야."

주연이를 좋아하지 못하더라도 무시하지 않는 것도 어려울까? 옳다 그르다, 좋다 싫다로 나눈다. 생각은 이분법을 오가며 이해하고 배려하다 금세 재단하고 간섭한다. 이 친구 손은 잡고 저 친구 손은 잡지 않는다.

달리 보면 단지 다를 뿐, 이분법 범주에 들지 않는 경우가 대부분이다. 현실은 옳고 그름이 나무토막 자르듯 두 동강으로 나눠지지 않는다. 사람은 선하기도 악하기도 하다. 이분법은 전체와 과정을 담을 수 없고 대부분 거짓이다. 한순간, 한 면, 일회성을 대변할 뿐이다. 그 범위에 속하지 않는 모든 것을 소외시킨다. 인류애는 옳고 그름보다 우위에 있다.

내가 다른 사람 뜻대로 살지 못하듯, 주연이도 마찬가지다. 그의 역사로 형성된 자기로 느끼고 생각하고 행동한다. 모든 사람은 자기 향기대로 최선을 다해 산다.

5월 17일 갈등의 원인

주연이 문제에 대해 의논했다.

"주연이 어머니와 통화했어요. 주연이가 친구가 없어 학교 오기 싫어한대요. 이 일을 어쩌나 고민입니다."

"주연이가 자꾸 자기 마음대로 해요. 안 그러기로 약속했는데 자꾸 거짓말해요."

"주연이와 친구 되기 싫어요."

"근처에 가면 나 잡아봐라 해요."

"같이 놀고 싶어 그러지."

"동민이는 놀리는 걸로 알죠."

"자기 머리를 자기가 때려요."

"병원놀이 할 때 같이 안 하고 혼자 논다고 해요."

"그럼, 우리가 주연이한테 잘못한 것은 무엇일까요?"

마구 쏟아지던 말이 뚝 끊기고 조용하다. 상대 행동은 잘 보인다. 상대를 문제 삼는 능력은 연마하지 않아도 원하지 않아도 잘도 자란다. 본인 문제는 알지 못하고 알더라도 관대하다.

"생각해 보세요. 내일 얘기 나누겠습니다."

불만을 말하고 나면 후련하다. 그토록 부정할 일인가 싶다. 감정은 고정된 실체가 없고 분위기, 장소, 때에 따라 상황에 따라 돌출한다.

자기 합리화 근거는 넘치고, 상대 이해 정보는 빈약하다. 자기는 현실적으로 이해하고 상대는 이상적으로 기대한다. 기대에 미치는 사람은 없으므로 불만과 갈등은 일어날 수밖에 없다.

5월 18일 자기 성찰

"자기를 알아야, 좋은 사람이 될 수 있습니다. 우리가 주연이한테 잘못한 것이 무엇인지 생각해 봅시다."

"다리를 때렸어요."

"함부로 대했어요."

"못생겼다고 놀렸어요."

"소리쳤어요."

"까맣다고 했어요."

"멍청이, 바보라고 했어요."

"말하고 나니 어때요?"

"속 시원해요."

"미안한 마음이 들어요."

"잘못했다는 마음이 들어요."

"나는 여러분이 솔직하게 말하는 모습이 보기 좋습니다. 감사합니다."

지아가 색종이에 그림을 그렸다.

"주연이를 때리지 말자는 그림이에요."

지아 말이, 가뭄으로 흙먼지 날리던 땅에 내리는 빗소리처럼 반갑다. 주연이가 겉도는 상황이 달라질까? 회의하던 내가 부끄럽다. 아이들은 마음 열고 변화 가능성을 보여 줬다.

상대는 조명을 비춰 보고, 자기는 어둠 속에서 본다. 한 사람의 무한한 정보에서 자기감정에 거슬리는 하나를 잡아 전체로 단정하는 폭력을 행사한다. 자기를 강조할수록 인식은 균형감을 잃고 관계는 단절된다. 사람은 아름다움과 추함이 공존한다. 어느 쪽을 쓰는가는 자기 상태와 선택에 달려 있다.

그때, 그 상황, 그의 입장에서 그의 감정은 정당하다. 그러나 자기와 상대, 모두에게 피해를 주면 조절되어야 한다. 달리 보면 자기도 잘못과 한계가 있다. 자기 어리석음을 알면 상대 어리석음도 포용할 수 있다. 자기 안에 사랑이 있으면 상대도 사랑이 있음을 알아 마음을 연다.

사람 이해, 삶의 원리, 도덕성 등에 관한 앎은 성찰로 터득할 수 있다. 생각 속도를 늦추면 자기와 자기, 자기와 상대 사이 공간이 생긴다. 시야가 넓어지고 조화로운 인식으로 세계와 연결된다. 지혜와 자비의 참된 자기와 만나 기쁨을 누릴 수 있다.

5월 23일 내 거가 최고예요

"선생님, 상추 물 줘요."
"얘들아, 물 너무 많이 주면 곰팡이 생겨."
동민이가 말했다. 옥수수 모종을 죽이더니 이번엔 조심하고 있다.
상추 씨앗을 심었다. 교실에 있으면 자라는 모습을 가까이서 지켜볼 수 있다. 점점이 자라는 새싹을 보는 기쁨은 크다. 작은 싹이 자라 무에서 유가 창조되는 과정에 동참하며 힘을 받는다.

새벽에 비가 와, 흙이 꿉꿉하다. 모래놀이하기 좋아 운동장으로 나갔다. 높다란 성, 길, 화장실을 만들며 이야기꽃을 피운다. 바닥에 머리를 대고 흙을 도닥거려 형태를 만들고 입은 쉴 새 없이 움직인다.

시간 가는 줄 모르고 놀다, 교실에 들어가자고 하면 잠깐 논 것처럼 아쉬워한다. 나는 더 놀고 싶어 하는 뻗치는 힘에 딸려가 연장하기도 하지만, 모르는 척하며 교실로 데리고 온다.

"쉬는 시간 10분은 아이들이 마음 놓고 숨 쉴 수 있는 귀한 시간이다. 아이들이 억눌린 마음을 풀고 생생하게 살아나는 귀한 시간이어서 아이들에게는 목숨과도 같은 시간이다."

_『어른들은 모르는 아이 세계』, 184쪽

상상화를 그렸다. 각자 작업에 쏙 빠져 있다. 고개를 갸우뚱거리며 멈춰 있다 다시 그린다.

"선생님, 정말 잘 그리지 않았어요?"

"제 거가 최고인 것 같아요."

"예술 작품인 것 같아요."

상상 이야기 만들기는 아이들 장기다. 아이들은 어른이 구축해 놓은 현실 세계에 발 들여놓지 않았다. 그림 그리며 소꿉놀이·모래놀이하며 상상의 세계로 들어선다. 어른이 보기엔 상상이지만 아이들에겐 현실이다. 그들 방식으로 세계를 만들어 놀고 즐기며 삶을 익힌다. 예술가가 전력투구하며 할 수 있는 일을, 그들은 가볍게 놀며 창조한다. 아이들 힘이다.

성취감과 자부심으로 얼굴 가득 여유로운 미소를 짓는다. 아이를 따라 나도 고양되어 미술관에 전시될 그림이 탄생한 양 뿌듯해하며 작품을 본다. 자기만족엔 짙은 기쁨이 따른다. 기쁨은 최고의 보상이다. 다른 공부에도 전이되어 인내하려는 의지와 지속할 힘을 낸다. 수업 시간을 기다리고 공부는 할 만한 거란 믿음을 갖는다.

자기가 한 일을 두고 최고로 느끼는 때가 인생에 몇 번 있을 수 있을까? 아이들은 자주 느끼고 그 힘으로 물살을 헤치며 전진한다. 교육은 자기만족의 경험을 만드는 일이다.

다은이는 막막한지 그릴 엄두를 못 내고 있어 원하는 걸 그리게 했다. 다은이 마음이 편치 않았을 것 같다. 다시 설명해, 함께 그리게 했을 걸 싶다. 못한다고 여기면 자신 없고 부담스러워져, 할 수 있는 것도 엄두 내지 못한다.

아이들은 비교와 줄 세우기의 문화에 젖어 간다. '사람마다 재능이 다르다'는 것보다, '잘한다 못한다'로 인식한다. 무한한 자기를 줄 위의 한 지점에 둔다. 어린 시절 일시적 착오로 자기를 규정한다. 그 울타리에 갇혀 성장을 정지하기도 한다. 어디까지 닿을 수 있는지 알 수 없건만…….

학교는 실패가 많다. 개인성을 고려치 않는 일방적 기준이 많은 곳이다. 휠체어에 앉은 사람에게 달리기를 요구한다. 선택과 기회가 한정된 곳에서 자기 탓하며 실패자가 된다. 피어 보기도 전에 꺾인다.

> "교사는 과제와 학생의 능력 사이의 균형을 맞춰서 좀 더 배우고
> 자 하는 욕망과 즐거움을 느끼게 해 주는 어려운 임무를 맡고 있다."
>
> _『창의성의 즐거움』, 211쪽

5월 24일 새로운 리듬

새 책을 구입했다. 생활에 새 가락을 만들려 한다. 갖가지 모양의 로

봇이 있다. 점선을 접어 풀로 붙이면 입체적인 로봇이 된다. 처음 접하니 어떻게 할지 몰라 난감해한다.

"선생님, 어떻게 해요?"

"스스로 연구해 보세요. 곰곰이 궁리하고 먼저 한 친구 것 보며 천천히 해 보세요."

5분 정도 시간이 흐르며 방법을 익히자 안정되기 시작한다.

"와! 선생님, 이것 봐요."

모양이 나오자 들썩인다. 관심거리가 나타나면 불이 켜진다. 흥분쟁이다. 로봇이 말하는 흉내를 내며 친구와 즉석 연극을 한다.

종이로 만든 로봇에 마음이 끌려 풍부한 연상이 일어난다. 이야기를 만들어 교류하며 논다.

교사는 아이를 위해 일한다는 명분이 있어 좋다. 아이에게 도움이 될 때 의미를 느끼고 살맛이 난다. 아이의 건강과 학습, 삶 전체가 신경 쓰인다. 그들의 성공이 내 일처럼 기쁘다. 그 힘으로 출근하고 수업한다.

새로운 아이가 왔다. 인근 초등학교와 통합해서 공부하는 날이라 우리 반에 아이 한 명이 왔다. 며칠 전부터 언제 오느냐며 고대하고 있다. 승윤이가 교실에 들어오니 일제히 시선이 모인다. 두 팔을 책상 위에 모으고 몸을 앞으로 바싹 붙여 친구를 맞이한다.

"새 친구가 오니 어때요?"

"어디서 많이 본 거 같아요."

"그냥 좋아요."

"재미있을 것 같아요."

"승윤이가 스파이더맨을 좋아하는 것 같아요. 옷에도 있고 신발에도 있어요."

"친구한테 궁금한 것 물어보세요."

"누구하고 놀아?"

"3학년 형아랑 놀아."

승윤이가 다니는 학교는 분교다. 1학년은 승윤이 한 명이다.

옛이야기를 들려주고 대화를 나눴다. 승윤이는 어색해하며 토의에 참여하지 않았다. 운동장으로 나가 달팽이놀이를 하고 이어달리기를 했다. 마치고 승윤이는 제 학교로 돌아갔다.

아이들은 새 친구를 두 팔 벌려 환대했다. 승윤이에게 뭐든 주고 싶어하고 궁금해하고 양보했다. 눈은 빛나고 가슴엔 달콤한 바람이 인다. 설렘으로 승윤이를 만나 우정을 나눈다. 아이에게 사람은 지극한 기쁨이다. 삶의 이유다. 경계하지 않고 뛰어간다.

> "주위 사람들의 태도와 행동에 공감하며 감응할 수 있는 유연하고 민감한 능력을 아이들만큼 가진 어른은 드물다."
>
> _『다시 읽는 민주주의와 교육』, 78쪽

5월 28일 교사의 한마디

"선생님, 이 꽃 찾아봐요. 꽃차 만들어요."

상욱이가 등교하며 꽃 한 송이를 들고 왔다. 식물에 대한 애정이 남다르다.

"선생님, 제 책상 봐요. 공부할 준비해 놓았어요."

동민이가 오랜만에 마음을 내 수업 준비를 했다.

아이들은 담임에게 자기 곳곳을 보여 주고 알아주길 바란다. 나와 교류하고 교감하길 바란다.

교사는 아이에게 날개를 달아 준다. 교사의 관심 어린 한마디에 기쁨이 솟고 수업에 집중한다. 교사 말이 자양분이 되어 정신이 자라고 자부심이 형성된다. 세상의 칭찬과 비난에 오르락내리락하지 않을 힘이 생긴다. 교사 인정으로 자기를 인정하고 긍정한다. 그런 교사와 함께 하는 공부가 즐겁다. 교사는 아이의 정서, 가치관, 행동에 커다란 영향을 미친다. 교사 내면은 눈빛, 얼굴 근육, 말투 등에 숨김없이 묻어나, 아이 내면에 눈처럼 조용히 쌓인다.

교사는 아이들이 자력으로 자기를 밝힐 수 있도록 안내한다. 교사가 고목처럼 든든히 서 있으면 아이들은 기대고 힘을 받아 자생한다.

주말에 있었던 일에 대해 말하기를 했다.

"오늘은 친구 말 들으며 어떻게 말하면 좋을지 생각해 보기 바랍니다."

한 명씩 앞에 나와 말한 다음에 평을 했다.

"입을 크게 벌리지 않아요."

"목소리가 작아서 안 들렸어요."

"손을 흔들었어요."

"나는 1학년 때 앞에 나와서 한마디도 못 했는데 여러분은 잘하는 겁니다."

"거짓말이죠? 잘했을 것 같아요."

"오늘 말해 보니 어땠어요?"

"다리가 덜덜 떨렸어요."

"부끄러웠어요."

"어떻게 하면 잘할 수 있을까요?"

"연습을 계속해요."

"숨을 크게 쉬고 말해요."

아이들에게 내 잘못이나 실수에 관한 이야기를 잘하는 편이다. 숨기지 않고 개방하면 친밀감이 생기고 사이가 더 두터워진다. 아이들도 약점을 편하게 드러낸다.

5월 29일 화해

"선생님, 승원이가 동민이 머리 때렸어요."

운동장 놀이 마치고 들어오며 여기저기서 선생님을 연발한다.

"나중에 5교시에 회의하겠어요. 하고 싶은 말, 그때 모두 하세요."

5교시, 회의를 했다. 동민이가 가위바위보 할 때 헷갈리게 해, 승원이가 화났다. 동민이는 가위바위보를 졌는데도 그네를 탔다고 한다.

"선생님, 그네 때문에 계속 싸워요. 다른 규칙을 만들어야 할 것 같아요."

"탈 사람이 정해지면 다른 사람은 기다리지 말고 다른 것 하고 놀면 어때요?"

"그렇게 해요."

"타고 있는데 2학년과 3학년이 뺏어요."

"내가 비켜 주지 말라 했다 하고 그래도 뺏으면 말해 주세요."

비슷한 또래끼리 공동생활하며 다투고 우기고 운다. 반성하고 화해하고 웃는다. 그 과정에서 억지스러운 행동은 조절되고, 고집이 유연해진다.

갈등은 서로가 자기만 고수하고 상대는 인정하지 않는 데서 일어난다. 자기 기준에 상대가 맞추길 바란다. 상대도 그의 잣대가 있는 건 깜빡한다. 관계에서 가장 큰 욕구는 사랑이지만, 자기 관철 욕망에 사랑은 묻힌다. 연결이냐 단절이냐는 기존 습관에 따라 더 익숙한 쪽으로 정해진다. 공생공존에 초점을 맞추면 갈등은 확대되지 않는다.

학교는 다툼이 있어도 회복할 수 있는 안전한 곳이어야 한다. 그러기 위해선 해결 과정이 공정해야 한다. 눈가림, 거짓, 독단, 횡포, 우격다짐이 없어야 한다. 사실대로 드러내고 인정하면 말끔히 풀린다. 모두 승자가 되어 성큼 성장한다. 공공의 장에서 아이들은 거짓으로 사실을 덮으려 하지 않고 망설임 없이 진실에 순종한다. 아이들의 매력이고 품격이다.

> "갈등은 우리가 공개리에 아이디어를 검증하는 역동적인 장이고, 서로를 격려하고 세계 인식을 더욱 폭넓게 해 주는 공동의 노력이다."_『가르칠 수 있는 용기』, 179쪽

5월 30일 개별 만남

"선생님, 야외학습 가요."

오랜만에 텃밭에 갔다. 학교 가까이 있어 다니기 편하다. 지난번에 심은 작물이 많이 자랐다. 토마토는 키가 커 줄기에 힘이 없으니 넘어져 있다. 대를 세우고 줄기를 끈으로 묶었다. 내가 하고 있으니 두 아이가 하고 싶어 해 끈을 줬더니 야무지게 한다. 한동안 놀다 교실로 왔다.

"텃밭에 가서 뭘 봤지요."

-옥수수, 감자, 고구마, 토마토, 수박, 참외, 가지, 고추.

감자 꽃과 토마토 꽃도 보았다. 다른 학년이 심어 놓은 작물도 있어 종류가 많았다.

"가 보니 어땠어요."

"신기했어요."

"우리가 키웠는데 금방 자랐어요. 맛있을까 궁금해요."

"뭔가 아쉬웠어요. 비가 오려다 오지 않아서요."

"선생님, 저 천둥 어떻게 치는지 알아요."

준우가 앞으로 나와 천둥소리를 몸동작으로 표현해 모두 웃었다. 텃밭에 있을 때 마른하늘에 천둥소리가 들렸다. 그 소리가 떠올랐나 보다. 천둥과 어울리는 몸짓을 단숨에 해내는 감각이 놀랍다.

"와! 준우 대단하다."

"준우가 우리 반 배우 같아요."

준우는 화를 잘 내고 수업에 조금 불성실하고 또래에 비해 어리숙한 편이라 여기고 있었다. 긍정적이고 창의적인 면을 살펴보지 않았구나 싶어 미안하다. 발아래 꽃이 피어 있어도 고개 숙이지 않으면 볼 수 없다. 하늘엔 낮에도 별이 있다.

전체를 보며 수업한다. 모두가 공부한다고 여긴다. 한 명 한 명을 보지 않고 이름 부르지 않는다. 개인은 흐릿한 배경처럼 존재한다. 전체에게 하는 말은 무게가 약하고 스쳐 지나가는 말이 많다. 모두를 비추는 빛은 자기 빛으로 지각하지 못한다.

아이들은 개별로 만나고 대화하고 싶어 한다. 아이들 상황은 제각각 다르다. 개별 만남에서 교사의 관심과 뜻이 전달되어, 교감이 잘 이뤄진다. 자기에게 관심이 집중된다고 느낄 때, 교사 말을 새겨듣고 잊지 않는다. 담임과 연결되어 소외감을 느끼지 않고 어색한 이방인이 아니라 편안한 주인으로 생활한다. 전체란 허상에 가려진 실재하는 개인에 주목해야 한다.

5월 31일 지식 생산자

전래동화 『팥죽 할머니와 호랑이』를 들려줬다.
"겨울에 추우니 따뜻한 팥죽을 먹나 봐요."
"호랑이가 너무 나빴어요. 할머니를 잡아먹으려 하고."
"할머니를 도와줬던 알밤이랑 지게가 삼총사 같아요."
그림 동화를 낭송할 때 그림은 보여 주지 않는다. 듣기만 하면 이야기 장면을 자유롭게 상상할 수 있다. 읽은 뒤 그림을 보고 싶어 한다. 그때 보여 주면 자기가 상상한 것과 비교가 된다. 이야기 하나로 두 가지 맛을 보며 이야기가 한결 풍부하게 느껴진다.

나는 아이 생각이 궁금해 질문한다. 아이는 골똘히 궁리해 생각 하나를 길어 올린다. 근사한 생각을 해내곤 흐뭇하다. 내밀한 기쁨은 고요하고도 강력하다. 몇 번 되풀이하며 사유하기는 욕구가 된다. 시간 차이가 있을 뿐 모두 '생각하기'를 즐기고 잘한다. 교육은 성장 욕구를 충족시키는 과정이다. 지성, 도덕성, 예술성에의 성장 욕망이 일깨워지는 때는 아이마다 다르다.

공부는 자기 음악을 작곡하는 것이다. 그러기 위해선 스스로 사고해야 한다. 자기 생각이 없으면 외부 권위에 종속돼 생산자가 되지 못한다. 자기 해석 없는 지식 섭취는 수동성을 강화한다. 받아들일 줄만 알고, 창조 능력은 자라지 못한다. 좋은 음식도 소화되어야 영양이 되듯, 외부 지식은 되새김질해 자기화되어야 쓸모 있다.

자기 사고의 토대가 있으면 새로운 지식 습득이 쉽다. 내외부 지식이 융합되어 상승효과가 일어나고 지성이 힘 있게 확장된다. 자기 공부의 보완점과 방향을 알 수 있다. 자기 곡을 창작할 수 있다.

공부는 스스로 읽고 생각하고 말하고 쓰고 표현하는 것이다. 생각한다는 건 한 번 더 본다는 것이고, 좀 더 온전한 인식에 이르기 위한 노동이다. 자기 생각이 있으므로 토의, 글쓰기, 말하기에 능숙해진다. 자기말을 하고, 자기 글을 쓴다. 자기만의 흥취로 자기 노래를 부른다.

지금까지 봄 공부하며 찍은 사진을 훑어보았다.

"선생님, 꽃이 나무에 어떻게 매달렸을까요? 너무 예뻐요."

"친구들이 예쁜 척 멋진 척하며 사진 찍어 웃겼어요."

"다시 돌아가고 싶어요."

"봄을 한마디로 하면 뭐라 할 수 있을까요?"

-소풍, 풍경, 자연, 생일, 놀이터, 여행, 집.

"왜 집이라고 했어요?"

"집에서처럼 진달래 화전도 먹고 쑥전도 먹고 차도 만들고 그러니까요."

봄 세상을 주제로 그림을 그렸다.

'한마디로 하면?' 이 질문을 자주 한다. 답하려면 나열된 경험과 생각을 축약한다. 개별 의미들을 하나의 주제로 통합해야 한다. 모든 요소는 취사 선별 과정을 거쳐 핵심으로 요약된다. 그 과정에서 통찰력, 직관력, 추상적 사고력이 발달한다.

봄이 가신다. 따스한 봄 햇살은 투명하게 빛나는 보석이 되어 허공에 쏟아졌다. 봄바람은 하늘하늘 불며 우리에게 달려왔다. 고운 햇살 받은 생명은 여기저기 터져 나오고 대지는 생명 소리로 가득 찼다. 우리는 봄이 주신 세계를 보고 느끼느라 동분서주하며 함께 어울려 만끽했다. 꽃잎이 대지 위에 쌓이듯, '봄'은 차곡차곡 내려앉아 우리와 함께 살아갈 것이다. 아이들 말처럼 봄은 소풍 같고, 생일 같고, 여행 같은 선물을 듬뿍 주고 떠났다. 우리를 물들인 우리의 봄은 다시 올 수 없기에 아름답고 애잔하다.
여름이 온다. 어떤 이야기가 펼쳐질까?

6월

교사는 보이지 않는 교육과정이다

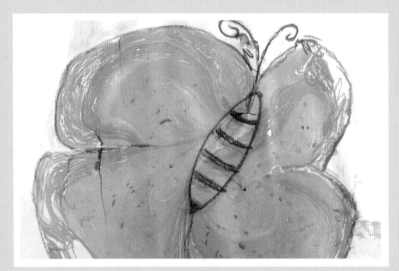

나비, 이서준

6월 1일 두려움

동희가 보름 동안 동남아 외가댁을 다녀왔다.

"동희가 없으니 많이 허전했는데 오니까 좋지요. 기념으로 월요일에 핫케이크 구워 먹겠어요."

박수와 환호성이 나온다. 하진이가 말했다.

"동희가 없으니, 뭔가 심심했어요."

아이가 결석하면 빈자리가 크게 느껴지고 교실이 썰렁하다. 시간이 더디 가는 듯하다. 평소보다 더 유익한 공부라도 하면, 그 아이가 아까운 걸 놓치는 것 같다. 다시 오면 퍼즐이 맞춰지고 왠지 안심이다.

"선생님, 저 못 그려요."

"나하고 같이 할까?"

그리기 시간, 다은이는 형태를 잡지 못하고 있다. 작은 소리로 용기 내 도움을 구한다. 다은이 손을 잡고 함께 그렸다.

"이제 혼자 칠하자."

좋아하며 칠하더니 갖고 와 보여 준다.

친구는 잘하는 것 같고 자기만 서툰 것처럼 느낀다. 기가 꺾이고 도움을 청하지 못한다. 수업이 진행 중일 땐 흐름을 끊는 부담도 있을 것이다. 손 내밀지 못하고 막막한 채 움츠려 있다.

공동체 구성원이 자신을 무능하게 볼까 봐 걱정한다. 한글을 못 쓰고 말을 잘하지 못한다는 갖가지 공포를, 은미하게 품고 전전긍긍한다.

빠르고 느린 걸, 잘하고 잘하지 못하는 걸 구태여 구분하지 않는 허용적인 환경이라면, 못하더라도 개의치 않고 자기 보폭에 따라 해 나갈 것이다. 외부 평가와 자존심을 지키기 위한 방어보다 전진에 힘 쏟을 것이다. 편하게 물어도 됨을 알고 도움을 구하는 연습이 필요하다. 어미

닭이 알을 품듯 지지하고 기다리면, 아이들은 두려움을 깨트리고 부화한다.

> "공부 못하는 학생이라고 믿는다면, 이런 마인드세트는 자기충족적 예언이 되어 스스로 그런 결과를 만드는 행동으로 이끌 수 있다."_『마음챙김 학습혁명』, 140쪽

6월 2일 좋은 수업

"주연아, 너 맘대로 좀 하지 마."

다은이가 혼자 놀고 있는 주연이에게 다가간다. 주연이의 맞아떨어지지 않는 반응을 받아 주며 함께 논다. 나같이 까다로운 사람에겐 만만치 않은 일이다. 다은이 같은 품 너른 아이가 없으면, 그해 학교생활은 외롭고 허전하다. 의욕이 뚝 떨어진다.

차마 외면하지 못하고 내미는, 맞잡은 작은 손의 감촉으로 시든 마음은 살아난다. 그 온기를 느낀 사람은 다른 사람의 손을 잡는다. 그렇게 연결되어 서로가 에너지원이 된다. 미움은 존재를 축소하고 사랑은 확대한다.

심성이 좋은 아이를 보면 마음이 눅눅해지고 활짝 열린다. 그를 떠올리면 기운이 난다. 그 문으로 반 아이 모두가 들어온다. 좋은 사람은 태양처럼 빛과 에너지를 준다. 그를 닮고 배우고 싶어진다.

> "이타적인 사람은 나와 격차가 많이 벌어져서 별 도움이 안 될 것 같은 사람도 와서 질문하게 해 줍니다. 그리고 그들에게 한 번도 받아 보지 못한 질문을 받습니다. …… 그걸 통해 더 진화하고 지혜

로워지는 것입니다."_『창의성은 없는 게 아니라 꺼내지 못하는 것입니다』, 87쪽

지난주에 보았던 6학년 공개수업의 감동이 지금도 남아 있다. 아이들 말이 살아 있는 수업이었다. 아이들한테 쪽지를 보냈다.

'수업 잘 보았습니다. 주체적인 사고 활동으로 내면에서 우러난 말은 예술입니다. 듣는 사람은 감동받고 말하는 사람은 즐겁습니다. 자기만의 귀한 생각, 계속 키워 가세요.'

교사가 주연인 수업을 보면 불편하다. 교사는 갖가지 수업 자료를 제시하고 기술이 세련되고 화려하다. 아이들은 마음 쏟지 않고 기계적으로 참여하는 수업, 활기찬 듯하나 애써 궁리하거나 질문하지 않는 수업, 얕은 재미만 있을 뿐 지적 긴장이 부족한 수업은 아쉬움을 준다.

수업은 교사가 아닌 아이들이 돋보여야 한다. 아이들이 탐구하며 즐거이 참여하는 수업을 선호한다. '어떻게 표현할까?', 곰곰이 생각하고 애쓰며 침묵이 있는 수업, 과제를 해결하려는 열의가 있고 끈기 있게 해내는 수업, '아, 그렇구나. 저렇게 나타낼 수 있구나.' 하며 새로운 이해와 공감, 깨달음이 있는 수업을 좋아한다.

아이들이 수면 위에서 한껏 자세를 취할 수 있도록, 교사는 수면 아래서 힘껏 받쳐 주는 사람이다. 교사는 보이지 않는 교육과정이다. 중요한 것은 보이지 않는다.

6월 5일 부모의 기대

옥수수 모종을 얻었다. 텃밭으로 가니 지난번에 심은 옥수수가 쑥 자라 있다.

"와, 누가 이렇게 키워 놓았어요."

"선생님, 저 잘 심죠. 선생님, 저 농부 같죠?"

작은 씨앗은 큰 힘과 많은 이야기를 품고 있다. 햇빛과 비, 공기의 작용이 위대하다.

다은이가 식물 재배에 관심이 많다. 좋아하는 것, 마음이 가는 것이 다 다르구나. 80억 지구인이 외모, 성향, 기질, 취향, 기호, 세계관이 모두 다른 건 기적 같은 사실이다. 아빠가 다은이한테 공부 잘하면 좋겠다고 했다 한다. 다은이는 요리와 농사짓기 등 '몸으로 하는' 공부를 좋아한다. 다은이가 부모 기대와 사회 통념에 따라 인생의 우물을 엉뚱한 데 파며 사는 건 아닐까? 괜히 걱정한다. 아이 꿈과 능력이 사회 대세 가치와 맞지 않는 걸 교사는 직감한다. '자기실현하며 행복하게 살지 못하면 어쩌나.' 교사의 슬픔이다.

> "공부를 못하면 엄마 아빠의 사랑을 잃어버릴지도 모른다'라는 생각이 들면 아이의 자기가치감에 커다란 구멍이 생긴다. 내가 소중한 것이 아니라 공부가 더 중요하다는 생각이 드는 것이다."
>
> _『내면소통』, 618쪽

이런 아이가 비호감이다. 거짓으로 친구 사이를 이간질하는 아이, 수업 시간에 말을 독차지하려는 아이, 친구를 무시하고 괴롭히는 아이, 욕심부리며 자기 것만 챙기는 아이, 자기가 잘못하곤 되레 친구 탓하는 아이 등이다. 그 아이가 친구에게 상처 주고 화를 내 학급 분위기가 냉각되고 그로 인해 수업을 중단할 지경이 되면, 스트레스가 차올라 속으로 원망한다. 그러다 몇 분 지나면 이해하는 마음이 든다. 아이가 싫으면 마음이 편치 않아 얼른 이해하는 쪽으로 돌리는 습성이 있다. 이해하려 들면 이해 못 할 일도 없다.

나는 어른을 대할 때와는 달리 아이에겐 무조건 관대해진다. 제동 걸어야 할 때를 놓치기도 한다. 자기 뜻보다 환경 영향을 크게 받는 시기라, 현재 모습에 전적인 책임을 물을 수 없다. '그렇게 행동할 수밖에 없는 성장 과정이 있을 테지.' '가정에서 그 아이의 주된 감정은 무엇일까?' 상상한다.

역설적이게도 비호감 행동 뒤에 숨은 신호는 관심과 애정 갈구다. 그런데 오히려 지지받지 못하고 외롭고 고통스럽다.

그 아이가 나와 갈등 상태가 되고 내가 지나치게 반응한 듯하면 사과한다. 또 아이 스스로 내면을 살필 수 있는 계기를 만든다. 비호감이 지속되면 농담·장난을 걸거나, 카페에서 단둘이 데이트하며 사적 대화를 나누는 등 정을 쌓고 다가가려 한다. 나에게 사랑받는다는 느낌을 받고 나를 지지자로 여기길 바란다.

6월 7일 관계는 어렵다

"아이고 허리야."

한 아이 말에 주연이가 받아 말한다.

"나도 허리뼈 부러졌어."

친구 말에 끼이고 싶어 지어낸 말이다. 친구들은 오히려 싫어한다. 혼자보다 친구와 노는 것이 더 재미있으니 어울린다. 놀 때는 말이 중요해, 삐걱거리지 않고 순조롭게 오가야 즐겁다. 주연이는 맞아떨어지기는커녕 걸리는 말을 반복한다. 상황에 맞게 행동하는 사회성은 가정에서 밥 먹듯 자연스럽게 형성된다. 주연이는 제대로 배우지 못했고, 마찰이 끊이질 않는다. 하나하나 설명하고 가르쳐야 한다. 하지만 주연이가 선택하지 못한 환경이다.

삶의 모순은 어린 시절 형성된 한계와 감정으로 평생 살기도 한다는 것이다. 짧은 어린 시절을, 긴 시간 인내하고 책임지며 산다. 삶은 고통과 동행하며 숨겨진 찬가를 발견하는 일인지 모른다. 삶을 살아내는 모든 사람은 칭송받아 마땅하다.

아이들이 아침 교실에 들어오며 말한다.

"선생님, 오늘 도자기 하러 가죠?"

"그 집에 개가 새끼 낳았는데 보고 싶나요?

"예."

주의할 점을 말하려는데, 개와 관련된 말이 둑 터지듯 나온다. 끊을 수 없어 한동안 얘기 나눴다. 개와 강한 애착이 형성돼 있으니 할 말이 많다.

"엄마 개는 사람이 강아지 해칠까 봐 예민해져 있습니다. 조심해야 합니다."

"숨만 쉬며 볼게요."

공방에 도착했다. 입에 손가락을 대고 서로에게 쉬쉬하며 뒤꿈치 들고 걸었다. 강아지들은 통통 뛰어다니고, 아이들은 좋아라 입이 크게 벌어졌다. 소리 하나 내지 않고 보았다. 지금 이 순간 강아지 보는 일은 세상에서 가장 중요하다.

좋아하는 찰흙에 묻혀 작업하고 돌아왔다.

6월 9일 교사의 권태

주말, 쉬고 있는데 괜스레 산란하다. 인간성 문제에 부딪히면 길이 막힌다. 나아갈 수 없다. 갑갑하다. 나를 비하한다.

도덕 지식이 많아도 도덕성은 발달하지 않는다. 감흥이 일어 의미가 부여되면 그 길로 가려는 의지가 생긴다. 더디고 쉽지 않은 일이다. 그러기에 값진 일이다. 비도덕적으로 처신하면 양심이 편치 않다. 사람은 천사인지 모른다.

중용 문구를 느끼며 가만히 앉아 있는다.

"천하의 지성(至誠)이라야 화(和)할 수 있다."

"치곡(致曲), 소소한 사물에 이르기까지 모두 지극하게 정성을 다한다."

노력 없이 달콤한 열매를 바라고 있었다. 지극한 정성! 불빛이 보이니 할 일이 보인다.

교사 일은 건성으로 할 수 없다. 신경을 곤두세워 아이들 상태에 따라 수업 흐름을 조절해야 한다. 그러기 위해선 심신 상태를 조율하며 여유와 활력을 유지해야 한다.

같은 일의 되풀이는 타성에 젖기 쉽다. 꽃노래도 매일 하면 재밌지 않다. 인생의 달콤한 사탕이 어딘가 있을 거란 막연한 기대로 살았다. 그러나 아이들을 만나고 수업하는 일상이 반짝이지 않고 빛바래 보였다. 기대치는 높고 실행력이 낮으면 권태가 스멀스멀 찾아온다. 멋지게 살고 싶지만 조건이 받쳐 주지 않는 듯하다. 권태는 일의 의미를 상실하고 싫증 난 상태다. 의무로 일하며 재미없고 힘 빠진다. 교사 생활에서 가장 힘든 점은 매일 성실하게 살아야 하는 것이었다. 무서운 천적인 권태는 오랜 시간 되풀이되었고 벗어나려 애쓰며 살았다.

지루하다는 생각에 속지 않기로 넘어지지 않기로 했다. 싫다 좋다는 생각을 멈추었다. 하루에, 아이에게, 나에게 집중하는 연습을 했다. 옥토는 없었다. 발아래 땅을 일궈야 옥토가 된다. 이상을 근무환경 속 일상에 녹여내지 못한 채 긴 시간 방황한 나에게 연민을 느낀다.

'생각을 비우고 현재에 집중'해 사는 하루가 전부임을 깨달으며, 과잉 생각 없이 오직 움직이기만 하자며 수업에 몰두했다. 그 시간이 축적되어 권태의 올가미에서 해방될 수 있었다. 의미는 기다려도 오지 않는다. 직접 실행하며 작은 목표를 설정해 이루고, 알찬 시간이 쌓여 탄력이 붙고, 일정 궤도에 진입하면 권태는 사라진다. 하루만 잘 살면 된다. 돌이켜 보면 삶에 대한 욕심 덕분에 하루에 충실할 수 있는 실천력이 함양되기도 했다.

욕심과 불만은 이미 펼쳐진 삶의 향연에 동참하지 못하게 한다. 기쁨은 지천에 널려 있고 보기만 하면 내 것이 된다. 어느 날 삶의 추는 감사의 세계로 기울어졌다.

"의욕이 없어도 일단 시작해 본다. …… 그러면 뇌가 점차 활성화되면서 자신도 모르게 의욕이 생겨난다. 이것을 작업 흥분이라고 한다." _『삶이 흔들릴 때 뇌과학을 읽습니다』, 75쪽

6월 11일 자연 공부

비가 오신다. 차 마시기 좋은 날이다. 민들레를 따뜻하게 우려내 잔에 따르고 한 잔씩 나눠 주었다.

"노란 물이 예뻐요."

"마음이 차분해져요."

"마음이 따뜻하고 좋아요."

"선생님, 텃밭 가 봐요."

"토마토 어떻게 됐을까요?"

텃밭에 갔다. 예기치 않게 수박과 참외까지 기다리고 있다.

"와! 수박이다."

"와! 참외가 초록색이다."

놀라워하며 날렵하게 뛰어다닌다. 텃밭은 갈 때마다 커다란 선물 바구니를 터트린다. 아이들은 자주 보는 작물이지만 처음 만난 듯 신기해한다. 오랜만에 만난 정다운 친구처럼 반갑다. 평범한 식물에 열광한다. 한바탕 잔치를 치른 뒤 교실로 왔다.

"수박이 너무 작아 귀엽고 만지고 싶었어요."

"빨리 자라 먹으면 좋겠어요."

"토마토가 많이 자라 주황색이 되었어요."

"상욱이가 찾은 꽃이 예뻤어요."

"동민이가 감탄을 잘하는 것 같아요."

꽃에 관심 있는 상욱이 눈에는 꽃이 들어온다. 동민이가 감탄 잘하는 걸 하진이가 알아본다. 작물은 하루가 다르게 변신한다. 놀랍고 신비해 탄성이 나온다. 아이들 마음에 자연이 자리 잡았다. 자연과 친구 되어 기쁨과 위안, 평안과 힘을 받으며 살길 바란다.

우리는 자연이 주는 무한한 은총으로 은혜로워진다. 사월, 연두 잎과 하얀 꽃으로 덮인 나무엔 희망찬 봄이 깃든다. 부드러운 바람이 얼굴을 스치면 쌓인 열이 내려가고 돋친 가시가 누그러진다. 꽃향기로 가슴은 상큼하고 설렌다. 비는 내면에 날리는 먼지를 말끔히 씻어 준다. 잡음은 사라지고 고요한 평안이 자리 잡는다. 무한한 하늘을 보면 바윗덩이 같은 집착은 옅어지고, 근심은 사그라진다. 자연은 무심히 다투지 않으므로 함께 있으면 무중력 상태인 양 편안하다. 방황하는 마음이 제 둥지를 찾는다. 자연을 좋아하면 매일 보는 나무, 산, 하늘도 심드렁하거나 지루하지 않다. 볼 때마다 새롭고 경이롭다. 자연만으로 정서는 다채로워지고 빛난다.

자연 공부 목표는 자연이 주는 축복을 듬뿍 받을 줄 아는 것이다. 이파리 하나에 관심과 느낌을 보이는 것이다. 자연에 몸을 맡겨 자연이 전하는 이야기를 들을 줄 아는 것이다. 삶은 지금 눈앞에 펼쳐진 산해진미, 자연과 만나는 일이다. 자연과 사랑에 빠지는 일이다.

자연미 범위는 무한대다. 자연 미술관엔 환상적인 작품이 펼쳐져 있다. 아름다움에 매료되어 그 속에 머물고 말하고 상상하고 표현하고 싶다. 쉬이 감각이 열리고 예술성과 창의성이 용암처럼 뿜어져 나온다. 자연만으로 삶은 그지없이 화려하다.

"뇌가 외부 세계와 내적 표상 사이의 조화를 감지하는 순간, 인간은 아름다움이 우리 안에 있으며 우리를 아름답다고 느낀다."

_『자연이 우리를 행복하게 만들 수 있다면』, 130쪽

6월 12일 감정 습관

주연이는 친구가 좋아하지 않는 것을 어그러지게 계속한다. 주연이가 특별히 피해를 주는 건 아니다. 그런데 못마땅해하고 싫어하며 오히려 주연이보다 더한 문제행동을 한다. 주연이는 마음이 안정되지 않고 흔들려 수업에 삶에 집중하지 못한다. 해낼 수 있는 것도 배우지 못한다.

주연이에 대해 이야기를 나눴다.

"강아지를 때리고 무시하고 그러면 되나요?'

"안 돼요."

"우리는 왜 사람인 주연이한테 함부로 대할까요?"

"자기 멋대로 해요."

"말을 계속해요."

"화장실에 들어가서 놀려요."

"그렇다고 괴롭히면 되나요?"

"내가 주연이라고 상상해 봅시다. 마음이 어떨까요?"

잠시 조용히 있었다.

"속상할 것 같아요."

"슬퍼요. 친구가 없어서 외톨이예요."

"불쌍해요. 심심할 것 같아요."

"주연이가 학교 안 오면 좋겠나요?"

"아뇨."

이제 한발 물러나 자기를 볼 줄 아는 역량이 생겼다. 상대가 싫을 때, 그 순간 그것만이 진실인 듯하다. 확증편향 블랙홀에서 의식은 굴절된다. 싫음을 부풀린다. 정당화하다 절대화한다. 정당성을 뒷받침하는 이유 모으는 수고를 마다하지 않는다. 확신하고 공격하며 지성은 추락한다.

자아 강화 욕망은 크다. 특정 언행을 문제로 보는 해석 틀이 있고, 그 틀에 걸리면 문제가 된다. 틀 자체의 문제는 쉬 놓친다. 그 틀은 취향에 따라 선택한 하나의 관점일 뿐이다. 스스로 촘촘히 심어 놓은 가시에 자기가 긁힌다. 내 마음에 들어야 할 사람은 없다.

부정의 바탕엔 염원이 있다. 재미나게 사이좋게 놀고 싶은데 친구가 받쳐 주지 않는 듯하다. 미처 몰랐던 상황을 보여 주면, 지각없는 행동을 경계하며 스스로를 교육한다. 연결에의 욕망도 크다. 자기 해체의 지혜로 사람과 이어질 수 있다. 상대를 귀히 여길수록 자기도 귀해진다.

교실은 각자 욕망을 주장하며 상처 입고 아물며 조화를 이뤄 함께 사는 곳이다. 우정으로 삶은 상큼한 매력을 더한다.

"우리의 확신이 가설이라는 것은 그것이 언제든 틀릴 것으로 드러날 수도 있다는 뜻이다. 절대적으로 확실하게 알 수 있는 것은 아무것도 없다."_『제정신이라는 착각』, 306쪽

"주연이한테 바라는 것 말해 보세요."

"말 따라 하지 말아 주세요."

"자꾸 웃지 않으면 좋겠어요."

"이번엔 주연이가 친구들한테 하고 싶은 말 하세요."

"미끄럼틀 타고 같이 놀면 좋겠어요."

"주연이에 대한 불만을 모두 훨훨 털어 버리고, 아이클레이 할까요?"

신나서 '예' 한다.

"내일은 카페에 빙수 먹으러 가겠습니다. 빙수 먹으며 주연이에 대한 마음을 시원하게 바꾸면 좋겠습니다."

"와!"

사랑과 미움을 주고받으며 산다. 삶은 미움의 감정 덩이를 해체하는 과정이다. 자기를 조율해 아름다운 곡을 연주하는 것이다. 하얀 눈길 위에 사랑의 발자국을 남기는 일이다.

6월 15일 카페 나들이

"선생님, 텃밭 가 봐요. 가서 물 줘요."

승원이는 원하는 게 있으면 바로 말한다. 눈치 보지 않고 스스럼없이 행동한다. 모두 텃밭으로 갔다. 수박이 조금 더 커졌다. 가지와 참외도 잘 자라고 있다. 작물이 귀엽고 예쁘다.

"선생님, 토마토가 빨갛게 익었어요."

주황색이던 토마토가 사흘 만에 빨갛게 되었다. 작물 밟을까 봐 잔뜩 조심한다. 뒤꿈치 들고 빈 땅을 골라 밟으며 뛰어다녔다. 오늘도 텃밭 여기저기서 함성이 터진다.

텃밭을 거쳐 들판으로 나갔다. 모내기한 논 근처에 가서 꽃을 볼 작정이었다. 망초가 피어 있다. 계란꽃이라며 아는 아이가 있다. 벌써 올챙이가 있다. 올챙이를 보더니 갑자기 흥분한다. 꽃 보러 갔는데 뜻밖의 친구를 만났다.

"선생님, 올챙이 교실에 갖고 가 키워요."

"키울 자신 없어. 죽으면 어떡해. 다시 와서 보자."

토마토와 수박, 참외와 올챙이가 건강하게 팔딱인다. 그들과 함께 있으면 텁텁한 마음이 정갈해진다. 비는 이 나무에는 내리고 저 나무에는 내리지 않는 일이 없다. 자연은 구분 없이 무한정으로 준다. 아무리 받아도 부담스럽지 않다.

기다리던 빙수 먹으러 학교 밖 카페로 갔다. 걸어서 10분 정도 걸린다. 가는 길에 기분이 좋아져 노래가 나온다. 과일빙수와 초코빙수를 주문했다. 빙수가 나오니 싱글벙글이다. 공평하게 나누느라 시간이 걸렸다.

태경이와 지아의 수다가 이어졌다. 무서운 꿈 이야기, 친구 땜에 속상한 일, 강아지 죽은 사연……. 교실에서 말이 없던 태경이가 얘기를 잘해 반갑다. 장소가 바뀌니 새로운 면모가 나온다. 내면 미로 어딘가에 묶여 있던 끈이 풀어진 듯하다. 교실도 태경이가 편하게 노래 부르는 곳이면 좋겠다. 나는 아이의 닫힌 문을 열 수 있는 열쇠를 갖고 싶다.

관계에서 주된 일은 대화다. 대화를 통해 경험과 생각이 만난다. 서로 연결되고 자극되어, 새로운 생각과 경험을 창조한다. 감정을 자유로이 표출하며 조절하고, 서로를 촘촘하게 알아 간다. 자기를 드러내고 상대가 진심으로 들어주면 묵은 감정은 해소되고 정화된다. 배불리 젖 먹은 아기처럼 만족감으로 해맑아진다. 허심탄회한 대화법을 익히고 친밀감과 소속감을 더한다.

말하기를 강요하지는 않는다. 작은 의견을 외면하지 않고 귀담아듣는다는 걸 느끼길 바란다. 내 마음을 용기 내어 전하고, 잘못에 대해선 사과한다.

우리 교실이 감정과 감정이 만나 긴장하면서도, 신뢰를 쌓으며 교류하고 말할 수 있는 안전한 공간이길 바란다.

"자신의 아이디어, 감정, 혼란, 무지, 편견 등을 자유롭게 말하지 못한다면, 학습 효과는 발생하지 않는다. 사람들이 자유롭게 자신의 생각을 말할 때에만 비로소 적절한 교육 효과를 예상할 수 있다."

_『가르칠 수 있는 용기』, 136쪽

6월 18일 가족 공부

가정 통신문을 보냈다. '가족' 수업에 관한 것이다. 가족과 평소에 잘 나누지 않던 주제로 대화를 나누며 서로의 마음을 방문하는 계기가 되길 바란다. 첫 번째 활동은 '서로에게 고마운 점 다섯 가지 말하기'다.

"가족이 나한테 고맙다고 한 말은 무엇인가요?"

-동생이랑 놀아 줘서 고맙다.

-슬플 때 착하게 대해 줘서 고맙다.

-엄마 아플 때 청소해 줘서 고맙다.

-텔레비전 볼 때 양보해 줘서 고맙다.

"내가 가족한테 말한 고마운 점은 무엇인가요?"

-엄마가 밥해 주고 우리를 챙겨 주셔서 고맙다.

-부모님이 사랑해 줘서 고맙다.

-동생이 마늘 찧어 줘서 고맙다.

-동생이 목욕 잘하고 양치 잘해서 고맙다.

"가족과 대화해 보니 어땠나요?"

-가족 마음을 알았어요.

-말하는 게 재미있었어요.

-가족들이 다 좋은 말을 해서 기분이 좋았어요.

봄부터 가을까지 피는 꽃이 있다. 봄에는 자꾸 눈이 가는데 가을엔 심드렁해진다. 가족은 소중하면서도 홀대하기 쉽다. 가까울수록 가치관과 방식을 통제하려 한다. 사랑의 이름으로. 위안을 주고 고통도 준다. 가족 사이 언어와 감정 교류는, 비슷한 일상을 되풀이하고 긍정적 혹은 부정적으로 상호작용하며 한쪽으로 고착된다. 마음은 경직되지 않아야 전환할 수 있다. 익숙한 관계일수록 새 물을 수시로 공급해야 고통과 상처는 줄고 사랑과 힘을 나눌 수 있다. 새로운 주제로 대화하며, 신선한 마음이 피어나는 오솔길 하나 나길 바라며 가족 공부를 하고 있다.

"가족과 자주 저녁 식사를 하는 아이들은 다음과 같은 측면이 향상된 것으로 밝혀졌다. 가족 간의 대화, 부모의 학교 활동 참여, 학습 의욕, 학교 활동 참여, 숙제하면서 보내는 시간, 자존감, 계획을 세우고 결정을 내리는 능력, 미래에 대한 긍정적인 생각과 태도."

_『모든 교사, 학부모가 꼭 알아야 할 학습과학 77』, 304쪽

"선생님, 올챙이 보러 가요."

학교 옆 논으로 갔다. 논 옆에는 개울물이 흐른다. 모두 신발을 벗더니 당연하다는 듯 말릴 새 없이 물속으로 들어간다. 물은 부드럽고 매끄럽게 몸에 닿아 마음을 풀어 해방시킨다. 신이 나 떠들썩하게 놀고 더 놀고 싶어 했다. 다시 오자며 달래 텃밭으로 갔다.

"와! 수박이다."

"와! 오이다."

"와! 선생님, 해바라기꽃 피었어요."

다은이와 준우는 동물 모형을 갖고 놀며, 혼잣말을 속닥인다. 아이들은 플라스틱 모형, 꽃, 달팽이와 사람처럼 대화한다. 생물과 무생물을 구분하지 않고 경계를 허물어 왕래한다. 나도 아이들을 닮아 가면을 벗고 세계와 통합되는 듯하다.

"선생님, 이거 해 볼래요."
"와! 선생님, 이거 봐요."
이런 말이 들리면 얼른 돌아본다. 아이들이 뭔가를 발견하고 창조하는 순간을 놓치지 않으려 한다. 무엇인지, 어디로 가는지 지켜본다. 나는 기대치가 높고 능력을 최대한 끌어내는 데 관심이 있다.

나를 추월해 스스로 공부거리를 만들어 내면 반긴다. 그들을 뒤따르면 신세계가 펼쳐질 때가 많다. 내가 설계한 수업에 비할 바 아니게 몸놀림과 집중도, 기쁨의 강도는 세다. 학습욕구가 있고 시공간을 잊은 채 궁리한다. 역경을 기꺼이 헤쳐 나간다. 배움의 짜릿한 맛이 세포 구석구석에 새겨진다. 나는 비상하는 아이들 날개에 앉아 더불어 비상한다.

아이들이 만드는 교육과정은 힘이 세다. 그들은 무기력을 활기로, 범속함을 비범함으로 변환한다. 교사는 여린 싹 같은 요구를 뭉개지 않으며 일방적으로 앞지르지 않는 것만으로 행복한 여행에 동참할 수 있다.

"아이가 하려고 하고, 할 수 있는 것을 도전할 수 있도록 도와야 한다. 그러면 아이는 엄청나게 빠른 속도로 무언가를 배운다."
  _『우유보다 뇌과학』, 181쪽

6월 20일 교사의 운명

수학 공부를 하다 주연이한테 화를 냈다. 한심스럽다. 아이들 보기 부끄럽다. 주연이가 스스로 내리고 있는 부정적 예언이 나를 암담하게 한다. 불안하고 조급해지는 듯하다.

어른에게는 조심하던 말이 아이 앞에서는 불쑥 나온다. 솔직하기 이를 데 없다. "뭔 말이 그리 많아. 조용히 해." "너 혼자 다 갖고 가냐?" 조심성 없이 튀어나온다. 아이 처지 헤아리는 데는 둔하고 성질내는 데는 민첩하기 그지없다.

아이들은 나의 부당한 대우에 대항하지 못하는 약자다. 합당치 않게 처신하면 억압하고 상처 준 듯해 신경 쓰이고 마음에 걸린다. 죄책감으로 동요하며 에너지가 소모된다.

현대 사회에서 교사는 하나의 직업으로 선택한다. 대학과 임용고시 등을 통과해 교사가 된다. 옛 시대엔 역량을 갖춘 연후에 자연스럽게 스승이 되고, 스승과 제자는 서로가 원해서 만났다. 학생은 덕망 있는 스승이 있으면 배우고 싶은 열망으로 먼 거리를 마다하지 않고 찾아갔다. 지금 학생은 의무적으로 학교에 다닌다. 자신의 자질, 기호와 관계없는 과목과 시간표, 교사가 외부에서 주어진다. 교사와 학생 모두 자신의 성향, 가치, 선호도와 상관없이 무작위로 제비뽑기하듯 만난다.

교사는 훌륭한 선생과 평범한 직장인 사이의 괴리, 이상과 현실의 간극 위에서 갈등과 죄의식에 흔들리며 심신이 마모되기 쉽다. 외적 조건에 의해 정해진 관계지만, 아이의 정신 건강과 성장에 대한 책임은 교사를 선택한 이들의 피할 수 없는 운명이다. 좀 더 아름다운 선택을 하며, 행하고 행하는 과정의 연속이 있을 뿐이다.

"내 몸에서 실현시키고 사무쳐 남을 다스린다."

_『다시 읽는 조선교육사』, 310쪽

권정생 선생님의 『밥데기 죽데기』를 들려준다. 상상 이야기가 아이들에게 맞을 듯하다. 20분 정도 읽었는데 재밌게 듣는다. 할 말이 많아 중간중간 끼어든다.

"늑대 할머니는 왜 사람이 짐승을 함부로 대한다고 여겼나요?"

"자기 가족을 죽였으니까요."

"사람들이 활을 쏘아 짐승을 죽이니까요."

"할머니에 대해 어떤 생각이 드나요?"

"늑대 할머니 못됐어요."

"상욱이 생각에 대해 어떻게 생각하나요? 생각이 비슷한 사람, 다른 사람 손들어 보세요. 의견을 말해 보세요."

"할머니가 가족을 살리려고 하는데 뭐가 나빠요? 훈련시키고 힘들게 하는 것은 힘세라고 도와주는 건데요."

"더러운 똥통에 빠지게 했잖아요."

"태어나게 하려 그랬고 더러운 세상을 알게 하려고 그랬잖아요."

상욱이는 조금 삐딱하게 다른 각도에서 이의 제기해, 흐름을 돌려 토의가 다각도로 뻗어 나가게 한다. 지아는 핵심을 파악하고 해석이 일품이다. 정확한 발음으로 똑 부러지게 말한다.

나는 아이들이 생각하고 말할 시간을 충분히 준다. 토의에 활기를 더할 기회를 포착하려 한다. 말을 귀하게 대접하며 조금씩 끌어 올리는 데 주력한다. 토의에 빠져 듣느라 내 역할을 잊기도 한다.

친구 의견이 색다르면 귀가 열리고 말이 쏙 박히듯 들어온다. 맛난 음식을 먹을 때처럼 만족과 즐거움이 인다. 자극받아 토의에 도전하고 싶어진다. 등장인물 처지와 친구 의견에 대한 높은 주의력으로 적극 참여한다. 일상에서 흔치 않은 지적 대화로 긴장감이 돌고 정신은 한 계단 올라선다. 토의는 놀이다. 말을 공유하며 즐기려는 욕구가 있다. 즐거움이 있는 유익한 활동은 사람을 매혹한다.

다음 수업에서도 더 말하고 싶어 해 그림을 그리며 듣고, 말하는 아이는 더 말한 뒤 그렸다.

몽테뉴는 "대화는 우리 정신의 가장 유익하고 자연스러운 훈련"이라 했다. 자기 말을 찾아 전달하려 노력하며 논리를 만든다. 창조자는 정신의 짙은 향을 음미한다. 말이 서툰 아이 가정에 문자를 보냈다. 질문하고 대화해 달라고 부탁했다.

"와, 우리 하진이가 글을 썼구나!"

처음으로 혼자 편지를 써 미소 지으며 건네준다. 한글을 조금 깨치면서부터 글자에 관심 보이며 자주 묻는다. 힘주어 누르듯 골똘히 읽고 쓰며 더듬더듬 한글을 익혀 드디어 편지를 썼다.

눈을 초롱초롱 빛내며 애써 배우는 모습이 감동이다. 하진이는 자기 효능감이 높아 잘 해낼 수 있다는 믿음이 있고 목표를 이루기 위한 노력을 지속적으로 할 수 있다. 진지하게 몰두하며 공부하는 하진이의 시간을 나도 즐겼다. 오늘 하진이는 자기표현의 새로운 수단을 획득하며 삶의 한 페이지를 넘겼다.

6월 22일 선결 조건, 안전

대화를 나누면, 적극 참여하는 아이가 있고 어떤 아이는 한 번도 말하지 않는다. 신체 위험에 대한 두려움 못지않게 창피함, 놀림, 자존심 상함, 약점 공개 등에 대한 사회적 공포는 크다. 편안한 상태에서 말 못하는 사람은 거의 없다. 이들이 말할 때쯤이면 학년이 끝난다. 새 학년이 되면 담임과 친구가 바뀌고 그들은 또다시 입을 닫는다.

수학 시간, 주연이를 개별 지도한다. 주연이는 잠깐 이해하다 다음 순간이면 알지 못한다. 주연이가 홀로 할 수 있는 걸 못 하면 화가 올라온다. 가뜩이나 주눅 들어 있는 아이를 몰아대다니, 내 처신이 한심스럽고 부끄러워 기운이 빠진다. 다른 사람을 함부로 대한 듯, 피해를 준 듯, 상처를 준 듯 느껴지면 심장이 두근거리며 흔들린다.

목표는 답답하다고 화내지 않기, 백 번 몰라도 이해에 닿을 때까지 다시 설명하기다. 오늘 미리 다잡아 평정심으로 시작했다. 차분히 격려하며 열다섯 번 비슷한 문제를 함께 풀었다. 드디어 주연이 혼자 풀었다.

"와! 주연아, 성공이다."

우리는 함께 해낸다. 내가 느긋하게 웃으며 해내면, 주연이도 웃으며 해낸다.

주연이가 가정과 사회에서 겪었을 숱한 좌절을 상상한다. 주연이는 두려움으로 이해의 물방울은 생기려는 순간 사라져 버린다. 미리 판단하지 않고 재지 않는 실행할 뿐인 아기 적 특성은 메말라 가고 있다. 나는 주연이가 걱정 없는 무심한 순간을 낚아채 성공 경험을 하나씩 넓히려 한다.

아기는 걸음마를 배울 때 일어서면 성공이라며 좋아하고 앉으면 실패라며 낙담하지 않는다. 수백 수천 행위를 반복하며 걷게 된다. 자라면서 외부 평가의 홍수에 짓눌려 스스로 한계 짓고 포기한다.

내 부족한 반응에 아랑곳하지 않고 주연이는 신뢰와 사랑으로 나를 대한다. 내가 주연이를 이끌어 가는 듯하나 주연이가 우리 관계를 규정하고 있었다.

"안전은 인간이 여러 영역에서 자신의 잠재적 가능성을 최적화하는 데 필요하다. 안전한 상태는 사회적 행동뿐만 아니라 인간의 창조와 생산을 위한 두뇌 구조를 갖추는 데 선결 조건이다."

_『다미주 이론』, 57쪽

6월 25일 가족 대화

이번 주 가족 대화는 '서로에게 좋은 점 말하기'다.

대화가 원활한 가정에서 자란 아이는 말을 잘하고 잘 듣는다. 부모는 아이에게 명령하고 지적하며 일방적으로 대하지 않고 상호 소통한다. 아이는 자기 말을 들으려는 사람에게 지혜와 성숙을 보여 준다. 대화 주제와 관련된 지식이 풍부해지고 다른 지식에도 관심 갖는다. 감정을 잘 표현하고 갈등에 유연하다. 가족 간에 마음을 나누며 이해와 유대감이 높다.

아이들이 겪는 모든 일은 대화 주제가 된다. 강아지랑 논 것, 작물 심은 것, 친구와 다툰 일 등 일상과 그에 대한 생각과 느낌을 나누면 대화가 이어진다. 대화 열쇠는 질문이다. 질문은 대화 문을 열고 활력을 불어넣는다. 질문하는 사람은 경청할 줄도 안다. 먼저 부모가 아이 생활에 관심을 갖고 자기 말을 앞세우지 않아야 한다. 잘 듣고 섬세하게 해석해 질문해야 대화가 이어진다. 부모가 하루 하나씩 질문하는 연습을 하면 좋다. 아이는 듣기와 말하기가 능숙해진다. 대화를 즐기고 이끌 줄 안다.

"부모가 감정을 표현하는 데 많은 단어를 사용하면 아이들도 자신의 감정을 더 잘 표현하며 공감 능력도 더 발전한다.

_『감정의 발견』, 249쪽

올해는 유난히 덥다. 습도도 높으니 아이들은 찌뿌둥해 늘어져 있고, 수업에 집중하지 못한다.

"올챙이 보러 갈까?"

생기가 돈다. 학교 옆 논으로 갔다. 소금쟁이와 개구리가 있다. 반가움에 목청이 높아진다. 다녀와서 개구리 한살이 영상을 보았다.

"저게 알이에요."

"저, 알 본 적 있어요."

"벌써 끝은 아니겠지."

"우리 논에 올챙이 겁나 많아요."

"자세히 보면 귀여워."

"개구리도 수영 잘해."

'뒷다리가 쑤욱~' 노래를 시작한다. 몇몇은 뛰어나와 팔짝팔짝 뛴다. 서준이가 오더니 말한다.

"선생님, 저 토요일에 생일이에요."

"와, 그래. 축하해!"

"개구리 눈, 아기 눈 같아."

"씨앗 같아."

개구리에게 마음이 가 몸은 TV 쪽으로 기울어진다. 의자에 다리를 꿇고 엉덩이를 들어 본다. 영상이 끝날까 봐 조마조마하다. 개구리눈도 보았구나. 알이 신기하고 올챙이가 귀여우니 감정 이입된다. 겪은 일이 쉬 떠오르고 할 말이 많다.

영상은 개구리 성장 과정이 잘 나타나 있다. 알에서 올챙이, 개구리로 변신하는 과정이 신비롭다. 작은 씨앗에서 무성한 잎이 나오는 옥수수를 볼 때처럼, 생명의 창조는 마음을 끈다. 우리는 생명과 연결되고 싶은 열망이 있다.

올챙이 한 마리도 풀 한 포기도 파릇파릇 살아 있다. 자연은 우울하거나 불평하거나 무기력하지 않다. 무심하게 쉼 없이 지극한 성실로 생명 에너지를 발산한다. 우리는 자연의 온전함에 젖어 전하는 말을 가만가만 듣노라면, 평화로이 원기가 회복된다.

환한 햇살과 포근한 흙은 우리를 감싸고, 꽃들은 고운 미소로 맞아 준다. 때가 되면 어김없이 봄바람이 불고 새순은 돋는다. 밤의 어둠은 검은빛으로 세상을 품는다. 가없는 바다, 무한한 하늘은 언제나 우리 것이다. 자연에 머문 시선은 자기에게로 향해 자기를 데워 준다. 나는 달콤한 열매를 찾아 여기저기 기웃거리다, 자연에 의해 그 품에서 천성을 되찾는다.

6월 26일 책상 배치

비가 온다. 옷이 젖지 않을 만큼 살살 내린다. 비 오는 텃밭은 어떨까? 오늘은 조용히 작물을 만나야겠다. 이동할 때면 서로 빨리 나가려 한다. 이 층에서 계단을 뛰어 내려간다. 신발장 앞에선 우당탕거리며 신발을 갈아 신는다.

"빨리 가면 좋은 거 있나요?"

"서로 일등 자리에 서려고요."

'내가 무질서를 조장했구나.'

"그럼 제비뽑기로 순서를 정하겠습니다."

한동안 제비뽑기를 하고 순서대로 줄 서는 연습을 했다.

"비가 오면 돌이 미끄러우니 조심해 다녀야 합니다. 나는 작년에 비 온 뒤 산에서 돌에 미끄러져 손목뼈를 다쳤어요."

내 말을 듣자 너도나도 다친 이야기를 시작한다. 나가지 못하고 들었다. 계단에 굴러떨어졌다. 공에 박았다. 토했다. 미끄럼틀 타다 떨어졌다. 멈출 수 없어 듣고 있으니 동민이가 말했다.

"선생님, 왜 그렇게 말이 많지요?"

텃밭으로 갔다. 한동안 흥분해 쑤시고 다니며 함성을 질렀다.

"선생님, 이것 봐요!"

작물과 부산스레 인사 나눈 뒤 앉아서 3분 정도 침묵했다.

"어떤 마음이 드나요?"

"아기 수박이 귀여워요."

"수박이 5학년이 된 것 같아요. 똑똑하니 소리가 나요."

"봉숭아 보니 너무 예뻐요."

"해바라기랑 얘기하니 기분이 좋고 마음이 따뜻해져요."

자기 손으로 씨앗과 모종을 심고 자라는 모습을 지켜보았다. 재배법을 한눈에 익히고 생명을 돌보는 보람을 맛보고 있다.

오늘도 텃밭은 한 아름의 기쁨을 선사한다. 작물 하나하나의 선율이 엮여 환상적인 하모니를 연주한다. 태양의 막강한 힘으로 생명은 약동하며 폭풍 성장한다. 작물도 아이들을 반기는 듯하다. 경탄하며 가슴은 말개지고 얼굴빛은 명랑해진다. 텃밭 속에 스며들어 비워지고 밝아지며 평화로워진다. 우리도 자연이 되는 영롱한 순간이다.

> "잠시나마 자연에 접촉함으로써 인간은 신체 기능의 재활성화와
> 같은 신체적 혜택, 창의성과 집중력 향상 같은 인지적 혜택, 정신적
> 고통과 불안에서 해방되고 기쁨이 증진되거나 우울증이 경감되는
> 심리적 혜택을 누릴 수 있다."
> _『자연이 우리를 행복하게 만들 수 있다면』, 31쪽

장소를 옮겨 논으로 갔다. 오늘은 달팽이가 있다. 제법 컸다. 교실로 갖고 오고 싶어 해 잠시 그러기로 했다.

"귀엽다!"

"사랑스럽다!"

"힘들겠다."

작은 그릇에 넣어 놓았더니, 그릇 밖으로 기어 나온다.

"떨어질 것 같아. 불안해."

달팽이 옆에 둥글게 앉아 뚫어져라 보고 있다. 모든 눈이 달팽이 움직임에 따라다닌다. 달팽이는 아이들을 만나 각광받으며 특별한 이가 된다. 아이들은 두 번 다시 만나지 못할 듯한 열렬함으로 생명과 교류한다. 풀 위에 앉은 아침 이슬이 햇살을 받아 옥구슬이 되듯, 생명은 아이의 관심을 받아 귀빈이 된다.

책상을 앞으로 배치해 모두 나를 보고 있으면 답답하고 불편하다. 나혼자 모두 응대하며 전체 대화를 이끄는 독단적 위치에 있는 듯하다. 아이는 같은 방향으로 앉아 교사 외에는 눈빛이 연결되지 않는 삭막하고 어색한 풍경에 처한다. 친구는 뒤통수만 보이고 표정이나 반응을 읽지 못한다. 서로 얼굴은 볼 수 없고 목소리만 들린다. 말에 대한 관심과 집중이 떨어지고 친구끼리 배울 수 있는 걸 놓친다. 사람들이 눈을 마주치지 않고 허공을 보며 말하는 곳은 거의 없다.

나는 책상을 디귿 자로 배치하는 걸 선호한다. 나도 구성원 일부가 되고 서로 마주 본다. 모두 앞자리에 앉게 되어 적극적인 위치가 되고, 몸짓을 느끼며 말을 나눈다. 수업 내용에 활발히 반응하고 소통하며 배운다. 정다움과 친밀함으로 토의활동을 자주 하게 된다. 설명식 수업이나 각자 활동할 땐 책상을 앞으로 돌려 각자 앉게 한다. 공간과 가구 구성에 따라 의식, 느낌, 말, 행동은 달라진다.

6월 28일 고요한 집중

백일홍 사진을 보여 주었다.

"미국에서 꽃 그림 그리는 화가가 있는데 작게 그리니 사람들 관심이 없었답니다. 우리 교실 칠판만큼 크게 그렸더니 사람들이 좋아하며 많이 보러 왔다고 해요. 우리도 그 사람처럼 백일홍을 크게 그려 봅시다."

도화지 두 장을 보여 주었다.

"어느 것으로 그릴지 자기가 선택하세요."

모두 큰 도화지에 그린다 한다.

"선생님, 교실 바닥에서 그려도 돼요?"

"그러자."

너도나도 바닥에 엎드려 눕는다. 상욱이는 계속 못 그리겠다 한다. 다른 친구들이 잘하는 걸 보면 비교하며 마음이 흔들리는 것 같다.

"상욱아, 너 지금 잘 그리고 있어."

받아들이지 못한다.

"다른 친구 신경 쓰지 말고 자기만의 그림 그려 보세요."

침묵이 흐른다. 골똘히 빠져 혼잣말을 흥얼거리거나 두 팔을 들며 미소 짓기도, 몸을 좌우로 흔들며 춤추기도 하며 그린다. 쉬는 시간, 조금 있다 그리자 하니 몇몇은 계속한다. 고요한 집중으로 공기 밀도가 촘촘해지는 듯하다.

"침묵은 인간을 자신에게 데려다주고, 마음을 가볍게 만드는 유일한 '소리'다."_『자연이 우리를 행복하게 만들 수 있다면』, 207쪽

사절 도화지는 처음 사용한다. 꽃 한 송이만 화면에 꽉 차게 그렸다. 3, 4교시 두 시간 그리고 5교시에 그림에 대한 대화를 나눴다.

"너무 잘 그린 거 같아요. 서준이가 못 그렸다고 해서 슬펐어요."

"색칠하는 게 힘들었는데 재미있었어요."

"기분이 좋았어요. 뭔가 웃겼어요."

"뭐가 웃겼나요?"

"색깔이 동그랗게 섞여 있으니 궁둥이 같아요."

"욕심부렸어요. 잘할라 잘할라 생각만 해서 선생님 말 안 듣고 하다 보니, 잘못한 거 같아요."

승원이와 상욱이는 마음이 앞서 실력 발휘하지 못하는 일이 종종 있다. 잘하고 싶은 간절함이 느껴진다.

시간과 정성, 개성을 담아 난관을 극복하며 작업한다. 상상을 실제 작품으로 형상화한다. 자기 의도와 다른, 우연이 창조되는 장면도 매력 있다. 도움 없이 오로지 홀로 한다. 수정하고 고뇌하며 다시 다듬는다. 최선의 결과에 최고 행복을 누린다.

내가 선호하는 미술 수업 방향은 기능보다 아이디어를 중시한다. 관심과 집중만 있으면 된다. 뛰어난 기량이 없어도 만족스러운 작품이 탄생하는 경험을 한다. 놀이와 자연에서의 경험과 연관 지어 작업에 마음이 끌리도록 안내한다. 한 주 정도 뒤에 보완한다. 시간이 흐른 뒤 다시 보면 이전 작업에선 보이지 않던 넘어야 할 산이 보인다. 한 번 더 전진하도록 다독이고 격려한다. 마지막으로 성찬을 감상하며 함께 칭송한다. 작품 진가를 알아보며 서로의 표현력에 경이를 느끼고 감동한다. 예술의 창조자이자 향유자가 된다.

"선생님, 수학 해요."

주연이 말이다. 할 수 있게 되고 자신감이 붙으니 재밌나 보다. 주연이 말이 외침으로 들린다. 세상이 자기를 좋아해 주길 기다리지 않고 주연이가 먼저 좋아하는 일이 있음은 단단해질 수 있는 기반이 생겼다는 거다. 사람관계가 힘든 주연이한테 일은 구원이다. 혼자 즐길 수 있어야 관계 의존성이 준다. 수학이 주연이가 가파른 산을 오를 수 있는 단단한 다리가 되길 고대한다.

교육은 좋아하는 것을 찾아, 자기 것으로 만드는 능력을 배양하도록 돕는 일이다.

비가 온 뒤 생긴 물웅덩이에서 놀다 옷을 많이 버렸다. 부모님 두 분이 옷을 갖고 오셨다. 우진이는 교실 바닥에 물을 쏟고는 치우지 않고 있다. 어떻게 해야 할지 모르는 듯하다.

이런저런 일이 많은 하루였다. 급하게 보내라는 공문을 시간에 쫓기며 처리하고 나니 피곤하다. 짜증 섞인 말이 나온다. 아이들이 옆에 와서 쉼 없이 말한다. 힘들고 성가시다.

아이들을 나한테 맞추려니 효과 없이 삐걱거린다. 운동선수가 관리하듯 몸조심해야 한다. 신경이 피곤하고 체력이 달리면 사소한 상황에도 현명하게 대처하지 못한다.

교사의 여유는 가장 중요한 교육환경이다. 교사는 학생과 유기적으로 관계 맺으며 그들 마음을 좌우한다. 교사가 성심껏 일할 수 없으면 막대한 예산과 최고급 기자재를 사용해도 교육 효과는 미미하다.

> "다툼이 많은 날을 잘 돌아보면 선생이 아이들에게 화를 많이 내고 꾸중도 많이 한 날일 경우가 참 많다. 이런 걸 보면 선생님 마음이 평화로워야 아이들 마음도 평화롭고, 선생님이 행복해야 그 반 아이들도 행복하게 된다는 걸 한 번 더 느끼게 된다."
>
> _『어른들은 모르는 아이 세계』, 266쪽

6월 29일 시 외우기

처음으로 시를 외웠다. 외우며 낱말을 유심히 보고 익힌다. 한글 공부를 하고 언어 감각도 높일 수 있다. 어려워하지는 않을까? 염려하며 시 묶음을 나눠 주었다. 저학년 특유의 수용과 집중으로 무척 잘 외웠다. 한 단락이 통과되면 그다음을 외운다. 수업이 끝나도 더 하고 싶다며 졸졸 따라다닌다. 몇몇은 자신 없어 한다. 처음이라 낯설고 힘든 듯하다.

"주말에 집에서 외우는 연습, 해 보면 어때?"

"예, 좋아요."

사람에 이어 동물 그리기 책을 구입해 한 권씩 나눠 줬다. 책을 펼쳐, 이 그림 저 그림을 본다.

"와, 달팽이 있다!"

"고릴라가 왜 이래."

"펭귄, 그리기 쉽다."

갖가지 동물 형태가 선으로 나타나 있어 그리기 연습하기에 좋은 교재다.

"그리고 싶은 동물 골라 그려 보세요."

아이들은 그리기를 좋아한다. 손이 가만히 있지 않는다. 무언가를 그리며 입으로는 혼자 말을 중얼거린다. 모든 아이는 화가가 될 가능성이 있을지 모른다. 교사가 표현 욕구를 자극하고, 아이들이 설득되어 움직이면 혼을 담아 기예를 갈고닦는다. 교육은 본능의 예술화 작업이다.

"예술활동은 다음과 같은 학습능력을 강화하는 것을 확인했다. 과제에 주의집중력을 유지하는 끈기, 여러 양식과 상징을 써서 생각을 표현하는 능력, 좌절과 실패를 극복하는 회복력, 내용에 빠져

학습에 열중하는 능력.”_『세계 최고 전문가들의 학습과학 특강』, 338쪽

운동장 놀이를 나가면 싸우며 들어오는 일이 잦아졌다. 날이 더워지니 예민해져 부딪히는 듯하다. 나까지 보태면 안 될 것 같아 천천히 호흡하며 느긋해지려 한다.

월요일이라 그런지 후덥지근한 날씨 탓인지 아이들이 기운 없이 처져 있다. 성실치 못한 학생이 문제니 나는 수업 참여를 당당히 내세운다. 다시 보면 맥락을 읽지 못해 적절히 대응하지 못한 부분이 보인다. 억울하게도 언제나 내 책임이다. 많은 상황을 조절하고 결정할 수 있는 내가 제대로 운전하면 교실은 순항한다. 내게 부과된 자율과 책임이 끝없는 망망대해 같아 부담스럽다.

집에서 찍어 온 강아지 동영상을 보여 주니 눈빛이 순식간에 살아난다.

7월

우리는 서로 물든다

수박나라, 김승원

7월 3일 아이를 키우는 운동장

"이순신 장군과 세종대왕은 좋은 일을 매일 했기 때문에 훌륭하게 됐습니다. 우리도 따라 하면 좋겠습니다. 나는 오늘 주연이 그네 타는 것 밀어 줄 겁니다."

"주연이랑 모래 쌓기 놀이할 거예요."

"쓰레기 줍겠어요."

"친구를 놀리지 않겠어요."

쉬는 시간 운동장으로 나갔다. 나도 뒤따라 나가니 아이들이 주연이 그네를 밀어 주고 있다. 처음 보는 광경이다. 본받음이 그림자와 산울림보다 빠르다더니…….

그네 미는 마음이 하얀 눈이 되어 소외와 거부를 포근히 덮는 듯하다. 친구 등에 손이 닿는 순간, 생기롭고 사랑스러운 본성이 되살아난다.

칸트 말처럼 인간성을 수단으로 취급하지 않고 목적으로 대하면, 아이들은 대립보다 화목 쪽으로 기운다. 교사는 아이들 도덕성과 지성의 향방을 좌우하며 교실사회의 중심을 잡는다.

"타인과의 경쟁이 아니라 협력을 우선으로 생각할 것. 만약 자네가 반을 협력원리에 따라 운영한다면, 학생들은 '사람들은 내 친구다'라는 생활양식을 배우게 되겠지." _『미움받을 용기 2』, 153쪽

수박 사진을 보며 그림 그렸다.

"수박 속에 무엇이 있을지 상상해 보세요."

"선생님, 어제 엄마가 수박 샀어요."

"선생님, 수박나라예요."

"선생님, 저 좋은 생각 떠올랐어요."

선생님, 선생님 하며 오늘도 말 둑이 터져 폭포가 흐른다. 부름의 의미를 알아채는 감각, 차마 등 돌리지 못하는 인류애가 필요하다.

붉은 수박을 도화지 화면에 꽉 차게 그렸다. 흉내 낼 수 없는 기발한 상상으로 실마리를 잡아 잘도 구현한다. 자기 솜씨가 어떠한지도 모른 채 물 흐르듯 유려하게 실력을 발휘하고 있다.

비가 온다. 밖에 나가지 못하니 갑갑해 몸을 들썩인다. 비가 멈춘 틈을 타 얼른 나갔다. 20여 분 운동장을 휩쓸며 뛰어다니다 들어왔다.

우리 학교 운동장은 엄청 넓다. 아이들 눈엔 내가 보는 것보다 몇 배는 더 크게 보일 것이다. 운동장에 서면 학교 건물 뒤로 멋스러운 산이 펼쳐져 있다. 눈 오거나 비 내릴 때면 오래된 나무와 어우러진 운동장 풍광에 매료된다.

많은 학교가 도로 가에 있다. 좁은 건물과 운동장에서 수백 명이 산다. 수업하는 교실에 자동차 매연이 들어오고 소음이 들린다. 햇빛 한 조각 들지 않는 교실도 있다.

운동장은 좁아 정상적인 체육 수업을 할 수 없고, 축구를 하면 공이 차로에 나가기도 하는 위험한 곳이다. 아이들은 어떤 환경인지 인식하지 못하고 아무런 요구도 하지 못한다.

운동장은 아이들 마음에 평생 살아 있다. 내 어린 시절, 운동장에서의 추억은 정겹게 저장되어 띄엄띄엄 살아난다. 화단에서 보았던 너무 예뻐 꺾고 싶던 붉은 장미는 심미안을 터 주었다. 해거름까지 놀던 기억이 떠오르면 지금도 정겹고 행복하다. 함께 놀던 친구들은 인생의 동반자로 남아 있다.

아이들은 운동장에서 맘껏 달리며 에너지를 발산하며 놀아야 한다. 그럴 때 마음의 오염물과 장애물은 해소되고 심신은 건강하게 생동한다. 살랑이는 바람의 촉감을 즐기고 꽃들의 축제에 동참하며 넓디넓은 창공을 향해 날아오를 수 있다.

시를 외웠다. 신경림 동시집 시로 짤막하다. 네 줄 정도씩 외우고 확인한다. 이제 모든 아이가 기꺼이 잘 외운다.

"와! 통과다."

"선생님, 더 할래요."

1학년은 싫은 것과 못하는 것에 대한 기억의 골이 깊지 않다. 갖가지 실패에 매여 할까 말까 망설이지 않는다. 거리낌 없이 덥석 잡아 세찬 기세로 곧장 나아간다. 그 힘으로 예상을 뛰어넘는 놀라운 면모를 발휘한다. 나는 맞장구치며 기쁨에 겨워 찬미한다.

"자신이 무언가를 잘한다고 느낄 때는 그 일에 집중하기가 훨씬 수월하고, 자신이 무능하다고 느낄 때는 집중력이 소금에 전 달팽이처럼 쪼그라든다." _『도둑맞은 집중력』, 391쪽

7월 4일 공부의 주인

교실에 들어서니 아이들이 쪼르르 달려온다.

"선생님, 주연이가 사탕 갖고 왔는데 우리 안 주고 집에 가져간대요."

우리 반은 먹을 것을 가져오면 모두 나눠 먹는다. 나누는 기쁨을 느끼는 기회로 삼는다. 주연이는 친구와 먹으려 많이 갖고 와서는 주지 않겠다고 어그러지게 말해, 결국 주고도 좋은 소리 듣지 못한다.

운동장 놀이 시간이다. 하진이와 동희는 수학 익힘책을 꺼낸다.

"저는 공부할래요."

스스로 공부한다는 말은 언제나 반갑다. 원해서 하면 커다란 힘이 생겨 잘 이해되고 끈기 있게 한다. 소음과 친구들 놀이가 공부를 방해하지 못하며 문제로 여기지 않는다. 끝없이 더 하고 싶은 운동장 놀이조차 관심 밖이 될 정도로 끌려든다. 그 힘으로 자기 광산에서 보석을 발견한다.

학교는 공부를 시키는 곳이 아니라 공부 맛을 터득하도록 돕는 곳이다. 가르침은 배움의 자발성이 있을 때 존립한다. 배움 없는 가르침은 가짜 노동이다.

저녁이다. 별로 한 것이 없는 듯하고 못한 것이 많은데, 벌써 방학이 다가온다. 언제나 벌써. 방학 때까지 성실하게 집중하자.

신영복 선생의 『담론』을 읽었다. 따뜻하고 지극한 마음이 느껴진다.

"사람의 마음이 가장 아름다운 꽃이다."

"생각은 잊지 못하는 마음이다."

독서는 시공간을 뛰어넘어 사람을 만날 수 있는 통로다. 저녁이면 책 구절을 묵상하는 시간을 갖는다. 세상살이에서 오는 어수선함이 정돈된다. 옹졸하고 거친 마음이 씻긴다. 아이를 정성껏 대하고 싶다.

명료함, 능숙함, 원만함, 평생 닦아야 할 인격이 당장 필요하다. 삶의 모순이자 교사의 고뇌다.

7월 5일 몰두하다

수박 그림을 보완했다. 상상과 추상이 있다.

"수박나라에 수박 비행기가 있어요."

"수박 구름이 자기 가족을 안고 있어요."

승원이가 무척 몰두한다. 수업 마치고 하교하지 않고 그렸다. 완성도를 높이고 싶은 모양이다.

아이들이 소중히 여기는 것, 재미나는 것, 잘할 수 있는 것이 자기도 부모도 교사도 모른 채 사라져 버리는 건 아닐까? 알더라도 막강한 시류에 쓸려 살아남지 못하는 건 아닐까? 숨겨져 있는 소중한 것들을 발견하고 지키기 위한 역량이 필요하다.

"선생님, 굼벵이 보러 가요."

보고 싶은 것도 하고 싶은 것도 많다. 아침부터 오던 비가 그쳤다. 한여름 낮 운동장은 짙은 초록으로 한가롭다. 넓게 가지 뻗은 고목은 수많은 이야기를 품고 있는 마을이다. 이런 날 밖으로 나가면 새로운 친구를 만날 수 있다. 오늘은 작은 청개구리가 나타났다.

"선생님, 개구리 피 났어요."

우르르 뛰어갔다. 굼벵이는 어느새 잊어버렸다. 개구리가 어찌 된 일인지 다리에 피가 나 있다. '불쌍해 어쩌나.' 하고 있는데, 다른 곳에서 한 아이가 와! 소리치니 금세 그곳으로 달려간다.

올여름은 무척 덥고 습도가 높다. 아이들 몸은 땀범벅이 된다. 다툼이 잦다. 지구온난화가 무섭다. 아이들이 살 세상이 어찌 될지 걱정이다.

아이들은 어떻게 살아갈까? 기후와 일자리 문제, 사회의 폭력성, 욕망과 불안이 뒤엉킨 입시제도 등의 절벽 끝에서 허술한 동아줄에 매달려 있는 듯하다.

입시제도는 무진장 성장하는 아이의 지적 능력을 누르고 있다. 한 문제에 등급이 달라진다. 지적 역량을 온전히 평가하지 못하고, 문제풀이 기술과 문제 하나의 운이 커다란 영향을 미치는 제도가 학창 시절과 인생을 지배한다.

공부다운 공부를 할 권리가 보장되지 않는다. 탐구, 연구, 실험, 대화 등 생생하고 흥겨운 공부를 할 수 없다. 가짜 공부를 강요당한다. 아침부터 밤까지 의자에 앉아 수업받고 시험 치는 회사가 있다면 그곳에서 일하려는 사람이 있을까?

> "고등학생 과정이라고 할지라도 실험이나 실습 과목을 매우 철저히 수행함으로써 교육과정을 정상적으로 운영하고 있다."
> _『왜 핀란드 교육인가』, 235쪽

인생 토대가 형성되는 시기에 학생으로 살며, 자기를 제외한 외부 세계를 학습한다. 자기가 무엇을 원하는지 어떻게 살아야 할지 알지 못한다. 현재 위치와 가야 할 목적지를 모른 채 방황하며 빈 쭉정이로 산다.

어린 시절, 무엇이든 하려는 무한 실행력은 오간 데 없어진다. 문제를 발견·해결할 기회가 주어지지 않으며 무능해진다. 입시 중력을 힘겹게 견디며 자기 삶에서 자기가 소외되는 기현상에 이른다.

학교는 다양한 양질의 학습경험을 할 수 있어야 한다. 몸 에너지가 활기차고 주체적인 활동 욕구가 강한 아이들은, 종일 의자에 앉아 지식교과 위주로 공부하는 학교교육에 흥미를 갖기 어렵다. 기회를 얻지 못한 영역은 재능 유무를 알 수도 없다.

모두 문제로 여기는데 책임자가 없다. 교육 문제를 해결할, 아이를 구출할, 정치권력에 흔들리지 않을 국가 차원의 상설 단위가 있어야 한다. 교육 문제를 이해하고 도전할 용기가 있는, 공익에 헌신할 수 있는 사람이 교육계 중책을 맡아야 한다. 인간답게 공부할 수 있는 장치를 마련하는 것은 아이에 대한 기본 예의이자 생존권을 보호하는 일이다. 기성세대의 최소한의 의무다.

7월 6일 도자기 수업

공방에 가는 날이다. 언제 가나며 기다리던 도자기 수업을 한다. 집을 만들었다. 손바닥 크기의 바닥 위에, 새알 모양으로 둥글게 쌓아 올리면 벽이 되고 그 위에 지붕을 덮으면 집이다. 도예 선생님이 지붕을 만들어 올려 주고 아이들은 지붕 위를 장식했다. 80분 지나서까지 조용한 힘으로 하나하나 쌓고 붙여 나갔다. 오늘도 아이들의 저력에 놀란다.

촉촉하고 부드러운 흙을 만지면 마음도 촉촉하고 부드러워진다. 손놀림에 따라 시시각각 변화하는 형태가 눈앞에 있어 꾀부릴 여지 없이 집중한다. 몸을 움직이면 생각은 사라진다. 머리는 맑고 마음은 고요하다.

미술은 다른 교과와 달리 생각으로 완결되지 않고 결과물이 있다. 내용물이 앞에 있어 손을 움직이지 않을 수 없다. 목표를 향해 치밀하고 끈기 있게 사유하며 작업한다.

무형의 정신활동은 자기 확신을 느끼기 어렵지만, 유형의 미술 작품은 맞아떨어지는 수학 문제를 풀어냈을 때처럼 구체적인 힘과 기쁨을 준다. 시간을 들이고 애써 만든 작품에 만족을 느낀다. 작은 성취로 즐거운 기억이 쌓인다.

삶을 이끄는 수레의 두 바퀴는 즐길 수 있는 작업과 사랑이 있는 관계다.

> "숙련된 솜씨는 변하지 않는 인간의 근본적인 충동이며, 다른 목적이 아니라 그 자체를 위해 더 잘 만들고 싶은 욕구다."
> _『앞서가는 아이들은 어떻게 배우는가』, 234쪽

"선생님, 배 아파요."

"엄살이야."

상욱이가 받아서 말한다.

아프다는 말을 자주 한다. 동희 마음이 허허롭다. 정이 고프다. 나는 힘껏 안고 한동안 가만히 있는다.

사랑받고 싶은 강한 욕구가 손상된 듯하다. 현실을 소화하지 못한 채 삶의 태풍에 휘청인다. 고립감과 외로움으로 에너지는 위축되어 움츠려 있다.

"친구가 놀려서 슬퍼요."

"다은아 무슨 말이야?"

"상욱이가 놀려요."

"상욱이가 왜 놀렸을까?"

"놀린 기억이 없어요."

"다은이는 놀렸다 하고 상욱이는 그러지 않았다고 합니다. 이럴 때는 어떻게 하면 좋을까요?"

"그 자리에서 하지 말라고 말해요."

다은이가 그러기로 했다. 다은이가 마음 상한 걸 표현하니 다행이다. 말할 만큼 편해지고 힘이 생겼다. 상욱이는 친구한테 상처 주고 언짢게 하는 걸 알지 못하고 있다. 아이들이 피해 본다. 분명히 알아 대처하지 못한 나에 대한 못마땅함, 상욱이에 대한 불만, 아이들에 대한 미안함 등 감정이 뒤엉켜 속이 뒤숭숭하다.

7월 10일 올챙이 날

학교에 작은 연못이 있다. 그곳에 올챙이가 있는 걸 알아냈다. 쉬는 시간이면 연못으로 달려간다. 올챙이가 아이들을 부른다.

"올챙이 못 잡았지만 귀여웠어요."

"개구리가 없는데 어떻게 알을 깠지?"

"올챙이에 대해 시처럼 말해 볼까요?"

"친구가 없어 불쌍하구나."

"올챙아, 우리 곁을 떠나지 말렴."

"나처럼 키가 작구나."

"뒷다리 나오면 형아 되니?"

"올챙이, 교실에서 키우면 안 돼요?"

"올챙이 교실에서 키우는 것에 대해 어떻게 생각하나요?"

우진이 제안에 아이들 의견을 물으니, 찬반이 반반이다.

"올챙이 밥이 없어 죽으니까 못 키워요."

"통이 좁아서 못 살아."

"좀 더 큰 통 구해서 놔두면 되지."

"가위바위보 해서 진 사람이 통 구해 오자."

"올챙이가 쓸쓸해하는 것 같아요."

"올챙이 엄마 아빠가 걱정해요."

"올챙이는 생명인데 우리가 또 죽일 것 같아요."

"선생님, 말할 게 더 남아 있어요."

"걱정 마세요. 모두 말할 거니까."

"올챙이가 도마뱀 닮았어요."

"애들아, 앞다리 나온 것도 있다."

결론은 연못으로 가서 보기로 했다. 회의는 세상 어디에도 없는 새로운 방안을 찾아야 하므로, 간단치 않고 때론 골머리를 앓는다. 내용이 정해져 있는 교과활동에 비해 생활에 대한 탐구는, 막막한 가운데 방도를 찾기 위해 긴장해 활발하게 사고한다. 구성원들이 동의하는 명분 있고 합당한 방안을 찾으려 애쓴다.

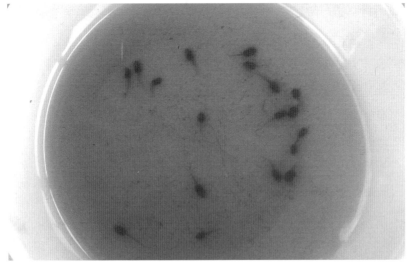

직접 겪은 일이라 생생하고 흥미롭다. 자기 이익과 연결되어 있으므로 적극적이다. 일상을 연구하며 현실을 보는 눈이 생긴다. 자발적 반성, 비판적 판단, 현명한 대안 창출 등 다양한 갈래로 사유한다.

회의는 공공의 시간이다. 회의에서 억지와 우격다짐은 통하지 않는다. 공정과 합의가 존재할 수 있다. 아이들은 자기주장만 관철하려 하지 않고 친구 말에 경쟁적으로 대응하지 않는다. 장황한 말로 주의력을 떨어뜨리지 않고 담백하고 알차며 의미 있는 대화를 나눈다. 타당한 안이 도출되면 가장 만족하고 좋아한다. 깊은 통찰로 실제에 맞는 지혜를 계발한다. 이때의 자부심과 쾌감만으로 보상은 충분하다.

회의를 통해 우왕좌왕하던 생각과 치우친 주장이 조절되며 바른 관점이 생긴다. 친구 말에 동의하고 그릇된 행동을 하지 않겠다며 다짐한다. 정신 수준이 높아져 당면 문제뿐 아니라 다른 학급 문제도 한꺼번에 해결된다. 부당한 힘의 행사와 다툼이 줄어들고 교실 분위기가 도덕적으로 변화한다. 다양한 지적·도덕적 성찰을 하며, 언어능력, 상황판단력, 관계이해력, 창의성 등이 발달한다.

나는 갈등을 골칫거리로 여기지 않는 편이다. 토의하며 교훈을 얻고 지성과 인성이 성숙할 기회로 삼는다. 아이들 의견을 들으며 나도 새로운 관점을 배운다. 아이를 신뢰하고 존경하며 감동을 받기도 한다.

"공개적이고 격렬한 의견 대립은 가장 견고한 관계에도 끼고 마는 거미줄을 걷어내 준다. …… 우리의 두뇌 안에 닿지 못하게 숨어 있거나 잠들어 있던 중요한 정보와 통찰이 쏟아져 나오게 한다. 다양성이 가져오는 창의적 가능성을 실현시킨다." _『다른 의견』, 122쪽

7월 11일 말문이 열리다

텃밭을 주제로 그림 그렸다. 그동안 텃밭에서 활동한 사진을 보았다. 수박, 오이, 토마토, 참외, 아이들이 발랄한 조화를 이룬다.

"오이 잎을 크게 그리고 그 속에 텃밭을 그려도 재미있겠지요. 자기만의 상상으로 그려 보세요."

"저는 감자 삼총사예요."

"저는 개미성을 그리고 있어요."

"식물들이 사는 나라예요."

"식물들이 밤이 되면 뭘 할까?"

"친구 만들고 같이 놀고 같이 먹고 같이 자요. 평화로운 식물나라예요."

"채소를 합성해서, 새로운 채소를 만들어요."

"텃밭 세상, 꽃들이 노래하고 나비들이 춤춰요."

자연은 감성의 결을 일깨워 지성의 표현으로 이끈다. 꽃, 메뚜기, 올챙이, 토마토와 만나 자기도 모르게 환호한다. 직접 보고 피부로 느끼며 놀라움으로 정서가 도타워진다. 상상력에 불꽃이 일고 사유의 줄기가 형성된다.

자연은 무궁무진한 삶의 터전이자 교육의 장이다. 아이 입에서 나오는 말은 그대로 시가 된다. 발견과 창조, 성장의 기쁨을 누린다. 우리는 자연의 노래를 들으며 합창하듯 의지하며 하모니를 이룬다.

자연은 변심할 우려 없이 언제나 그 모습으로 그곳에 있으며, 매 순간 변신을 거듭한다. 눈앞에 펼쳐진 자연을 보며, 보는 것에 따라 의식은 새롭게 변화하고 은혜로워진다. 황홀한 자연미를 보며 삶도 이처럼 아름다울지 모른다며 상상한다.

아이들 마음이 자연에 닿아 자연의 한가운데로 들어간다. 허공에 가득 찬 새를 보고 풀벌레 노래를 들으며, 그들과 하나 되길 바란다. 자연이 의지처가 되어 삶의 아픔은 정화될 것이다. 자연에 자신을 내맡기면 자연은 산 같은 믿음으로 든든한 언덕이 되어 준다.

드디어 태경이와 우진이의 말문이 열렸다. 토의 시간, 친구들이 말할 때 듣기만 하더니 이제 동참한다. 시간이 걸리는구나. 그리도 힘든 일이구나 싶다.

두 아이가 교실의 주인임을 공표한 날이다. 말 못 하는 부담, 불편, 공포에서 벗어나 껍질을 벗고 나비로 날아올랐다. 작은 용기 내어 입을 달싹이다 대화에 동참하게 되었다. 내키지 않으면 말하지 않아도 되지만, 편한 상태에서 말 못 하는 아이는 거의 없고 대부분 말하길 좋아한다. 아이가 말하지 않으면 기죽어 있나 마음은 있어도 망설이고 있나 싶어 신경 쓰인다.

질문한 뒤엔 잠시 침묵 시간을 갖는다. 곧바로 대답을 요구하면 재빠르지 못한 아이는 하지 못하거나, 먼저 한 친구 말에 갇혀 자기 생각이 막힌다. 대답한 아이도 '얼른 떠오른 내용' 외 다른 말은 찾지 않는다. 결국 습관이 잘못 형성되어 숙고할 줄 모르고 피상적인 사고를 되풀이한다. 침묵하며 느긋하게 궁리하고 탐구하며 진한 말을 우려낸다. 자기 말에 놀라워하는 지적 즐거움을 누린다.

7월 12일 사랑에 빠지다

올챙이 날이 이어진다. 연못 인력이 아이를 당기고 있는 듯하다. 몸은 교실에 있고 마음은 연못에 가 있다. 보고 싶은 마음을 풀어주고 흠씬 놀게 하려, 나도 함께 나가서 한 시간을 보냈다.

"올챙이에 물고기 냄새나."

"나도 맡아 볼래."

"피 냄새하고 똑같아."

다치게 할까 봐 주의를 주었다.

"올챙이가 괴로워하니 조심하세요."

"올챙이가 '올차올차' 말을 해요."

"꼬리가 엉덩이야."

"나, 똥 싸는 거 봤어."

올챙이를 주제로 글쓰기 했다. 서준이가 공책을 들고 나왔다.

-올챙이를 보러 갔다. 백 번, 천 번, 만 번, 십만 번 재미있었다.

올챙이와 사랑에 빠졌구나. 이토록 많은 관심과 놀라움으로 보고 또 보고 말하고 또 말할 줄이야!

아이들 근육은 터지기 직전의 풍선처럼 팽팽하다. 시공간이 사라지고 정신의 불순물은 녹아 없어진다. 올챙이 보는 활동만 남아 숨 쉬듯 움직인다. 아이들의 그 어떤 '순수체', 열망을 지키고 싶다. 그러면 아이는 절망과 좌절에 풀 죽지 않고 장애물 경기 같은 삶에 무너지지 않고 활개치며 만개할 것이다.

아이는 쉼 없이 움직이며 현재 순간은 생동한다. 현재는 크고 넓어 볼 것 만질 것 할 것이 많고도 많다. 그들의 시간은 더디 간다. 나는 희열의 분위기에 녹아들어 바라보며 찬탄한다. 탱탱한 일상에 동참하는 행운을 얻는다. 아이들 덕분에 순수한 만남에 함께하며 말끔히 세수한다. 묵은 어제와 결별하고 경쾌한 현재를 맞이한다.

7월 13일 욕심과 불안

교실에 들어서니 준우와 동민이가 싸우고 있다.

"준우, 화났구나."

"동민이가 선생님 온다고 장난쳤어요."

"장난칠 수도 있지 않나?"

"계속 말했어요."

지아가 준우 입장에서 말했다.

"동민아, 네가 여러 번 말해서 화났다 하네."

"예."

동민이가 인정하니 준우는 화가 풀렸다.

꽃 사진을 TV 화면에 띄워 놓았다. 한 송이가 크게 있다.

"이 속에 뭐가 있을까? 상상해 보세요."

-꿀, 사람, 불꽃, 악마, 장수말벌, 괴생물체, 파이어볼, 사악한 이빨.

대화를 나눈 뒤 그리기 시작했다. 승원이가 그리지 못하고 있다.

"못 그려도 됩니다. 마음을 담아 달팽이처럼 천천히 그리면 좋은 그림이 되고 누구나 잘 그릴 수 있어요."

"애들아, 꽃에다 근육 달아 줘야지."

준우 상상력에 불이 당겨졌다. 준우는 불같이 흥분하고 재밌게 상상한다. 20여 분이 흐른 뒤 동민이가 몸이 뒤틀리기 시작한다.

"선생님, 힘들어요. 그만 그릴 거예요."

"동민아, 너는 아이디어가 좋아. 끈기 있게 그려야 제대로 완성할 수 있어."

상욱이는 못 그리고 있다.

"상욱아, 안 그려도 되니 지금 마음이 어떤지 말해 줄래?"

"불길함."

"시작할 때는 어떤 마음이었어?"

"좋았어요."

"왜 불길해졌을까?"

"갑자기 잘하고 싶어졌어요."

"잘하고 싶은 마음이 너무 크니 불안해지는 거지. 어떤 마음으로 그려야 할까? 잘 그려야지 하면 잘 그려질까?"

"아뇨, 노력을 해야 해요."

"아무 생각 없이 그냥 그려 보자."

『마음챙김 학습혁명』을 읽었다. 동민이를 떠올리게 하는 문구가 나온다.

"산만한 아이, 사실은 다른 무언가에 주의를 기울이고 있는 것일 수 있다."

산만한 아이란 판단에 멈추지 않고 나아가 가능성을 본다. 한 걸음만 내디디면 막힌 부분이 뚫린다. 미숙에서 성숙으로, 불가능에서 가능으로 변혁이 일어난다.

7월 16일 자연의 은혜

월요일 아침, 텃밭 소식을 전해 준다.

"선생님, 옥수수 보고 왔어요. 엄청 컸어요!"

"백일홍도 두 송이 피었어요."

봄, 여름 동안 보았던 꽃을 사진으로 보았다.

"꽃에 대해 시처럼 말해 보세요."

"꽃에는 우리의 추억이 담겨 있어요. 꽃은 소중한 존재예요."

"민들레, 노랗고 예쁜, 왕 꽃 같구나!"

"꽃이 피면 생명이 나고, 힘이 나고, 땅속에서 많이 자라려고 노력

해요."

"보고 싶은 마음이 나고, 만지고 싶어요."

"꽃은 생명인데 사람이 꺾나?"

"백일홍은 아기를 낳는다."

"와! 멋진 시가 나오네. 감동이다."

"선생님도 시 말해 보세요."

상욱이 제안에 나도 한마디 했다.

"꽃이 지면 씨앗은 우리 마음에 날아와 꽃피운다."

봄이 오면 허공은 무채색에서 연록을 창조한다. 대지는 꽃밭이 된다. 여름이면 개구리와 매미의 합창이 허공에 가득하다. 쨍쨍한 태양은 만물을 키우고 하늘엔 뭉게구름 쇼가 벌어진다. 밤이면 하늘은 별잔치를 한다. 빗방울 하나에는 하늘이 담겨 있다. 그들과 어깨동무로 살며 자연의 어루만짐으로 삶을 충전한다. 일상은 자연과 우정을 나누며 은총 받는 행운아가 된다. 자연에 경탄하며 부귀영화를 누린다. 자연에 민감해진 감성으로 세계를 보며 통찰력을 키운다.

아이는 지적 훈련과 축적 없이도, 자연과 나누는 작은 경험만으로 예술가가 되고 과학자가 된다. 순수하고 강렬한 끌림으로 정신의 핵심에 닿으며 삶의 본질을 만난다. 사람은 누구나 천재의 자질을 지니고 있는지 모른다.

나는 아이들의 표현에 놀라워하며 감탄사를 연발하며 살고 있다. 아이들은 웃음, 사랑, 호기심으로 구성되어 있다. '와, 선생님!' 수시로 들으며 나도 '와!'가 일상어가 된다. 아이들이 보는 곳을 보고 느끼는 걸 느끼고 하는 말을 들으며, 그들 말은 내 말이 되고 그들 세상은 내 세상이 된다.

우리는 서로 물든다. 기쁨과 슬픔은 옮고 취향과 관심사는 닮아 간다. 우리는 서로의 행복과 성공을 좌우하는 운명공동체다. 괴테는 말한다.

"어떤 사람의 현재 모습을 있는 그대로 받아들이는 것은 그를 망치는 길이다. 그 사람의 가능성이 이미 발현되었다고 믿고 그를 대하면 정말로 그렇게 된다."

_『기브앤테이크(Give and Take)』, 160쪽

7월 17일 감자 요리

텃밭에서 수확한 감자로 요리를 했다. 샌드위치를 제안하니 맛없다 해 피자로 정했다. 집에서 감자를 삶아 왔다. 아이들은 껍질을 벗기고 숟가락으로 뭉갰다. 가능한 한 많이 참여케 하고 싶어 칼질도 하게 했다. 버섯을 느릿느릿 두 번씩 썰었다. 위험을 감지하고 조심한다. 식빵 위에 감자를 놓고 버섯, 양파, 치즈를 놓았다.

"칼질할 때 무서웠고, 긴장했어요.

"감자 부수니 재미있었어요."

"빨리 먹고 싶었어요."

희희낙락하며 잘도 먹었다. 때마침 다은이 어머니와 동생이 방문해 두 개 드렸다. 아이들이 맛나게 먹는 모습을 보니 분주하게 움직이느라 힘든 몸이 풀린다.

주연이가 말했다.

"그림이 좋아졌어요."

동물 그림 형태를 잡지 못하더니, 이제 능숙해지고 있다. 조금 잘해야 재미나고 그릴 엄두가 난다. 수학도 좋다 한다.

그림과 수학에의 관심은 주연이 마음을 잡아 주었다. 몰두하는 공부가 생기니, 친구 관계의 삐걱거림에서 오는 불편함이 줄어든다. 목소리가 차분하고 얼굴이 편하다. 온통 외부에 쏠렸던 관심이 자기 활동으로 옮겨진 영향이다. 자기 인정과 신뢰, 만족을 수없이 되풀이하며 안정감이 생긴다. 행복은 고르게 평범하게 숨 쉬는 것이다. 주연이가 늪에서 빠져나온 양 나는 안심된다.

너무 덥다. 그야말로 찜통이다. 운동장에서 놀리려니 망설여진다. 그래도 아이들은 나가고 싶어 한다.

그동안 공부한 그림, 시, 관찰 글, 작물, 곤충, 꽃, 아이들을 사진으로 보았다.

"기뻐요. 저랑 그림이 나오니."

"우진이가 예쁜 척한다고 말해서 화났어요."

"그림이랑 사진이랑 합쳐지니 왠지 예뻤어요."

"그림이 작품 같았어요."

"초록색 참외가 막내 같았어요."

"한마디로 말하면 어떤 세상일까?"

"친구 세상, 여행 세상."

꽃이 아이인 듯, 아이가 꽃인 듯하다. 사진을 보며 아이들 말을 들으니, 사과가 주렁주렁 달린 나무같이 이 순간이 푸짐하게 느껴진다. 자연과 나눈 숱한 교감이 우리의 영혼에 알알이 영글어 빛나고 있다. 잡을 수 없는 지난 순간들이 별똥별 같은 아쉬운 여운을 남기고 휘익 지나간다.

7월 19일 자발적 독서

탁자 위에 동화책을 늘어놓았다. 한 달에 두 번 도서관 책을 교체해 둔다. 아이들은 시간 날 때마다 이 책 저 책 골라 읽는다. 읽던 책을 마저 보고 하교하는 모습을 종종 본다.

스스로 독서하면 글 하나하나가 보약이 될 듯하다. 의욕이 있다는 건 재미를 안다는 것이고, 힘들지 않게 지속가능하다는 거다. 무위이화(無爲而化), 하지 않는 듯하지만 저절로 이루어진다.

책 속의 삶을 탐구하며 자기 삶을 탐구한다. 문장이 담고 있는 뜻을 되씹으며 문장은 자기 문장이 된다.

자발적 독서는 다른 친구에게 전이된다. 독서 맛을 알면 공부에도 마음 붙인다. 독서는 공부를 기피하고 부진한 아이를 공부로 끌어들이는 효과적인 방법이다. 나는 수업하기가 수월하고 여유로운 학교생활을 할 수 있다.

"독서를 통해 경험하지 않아서 몰랐던 세상의 일, 감각, 정서, 철학 등을 접함으로써 한 단계 더 높은 수준의 세상을 보게 되는 것이지요."_『창의성은 없는 게 아니라 꺼내지 못하는 것입니다』, 137쪽

"선생님! 선생님!"
아이들이 소리치며 들어온다. 큰일 난 듯하다.
"아기 새 있어요. 단풍나무 아래 있어요."
쉬는 시간 종이 울리면 1초도 안 돼 자동으로 일어난다. 또 새로운 친구가 오고 그를 만나는 일이 가장 긴요하다. 새에게 온 정신이 팔려 한여름 불볕 태양 속으로 뛰어든다.

강사 선생님이 오셔서 도예 수업을 했다. 흙을 떡가래처럼 만들어 쌓아 올려 만드는 방법에 익숙해졌다. 오늘은 꽃과 새를 만들어 장식하는 법을 배웠다.
"꽃을 만들었는데 무너져 슬펐어요."
우진이가 거든다.
"튼튼하게 안 하니 그렇지."
"토끼집 마당에 꽃을 붙여 줬어요."
태경이가 작업에 만족하며 말한다. 조용하고 말수 적은 태경이가 도예 수업에서 자신을 한껏 드러낸다. 겨울 산 눈꽃같이 근사한 기량이 소리 없이 피어난다. 태경이는 그리기나 만들기 시간이면 어깨를 펴고 슥슥 해낸다. 움츠러들거나 거들먹거리지 않고 자연처럼 소리 없이 이뤄낸다. 나는 기뻐 박수를 보내고 싶다.

7월 20일 새

아이들이 다급하게 뛰어왔다.

"선생님, 큰일 났어요. 저기 가 봐요."

'뭔 일이 일어났나 보다.'

1, 2학년 아이들이 떼 지어 동민에게 소리 지르고 동민이는 울고 있다.

"새집, 왜 부쉈어?"

새 둥지를 호기심 왕성한 동민이가 망가뜨렸다. 아이들을 데리고 교실로 왔다.

"어찌 된 일인지 말해 보세요."

"부서진다고 하지 말라고 했는데 동민이가 그랬어요."

"동민이는 부서지지 않을 줄 알고 잡은 것 같아요."

준우 한마디에 조용해진다. 가득했던 흥분이 밀물처럼 빠져나간다. 그리도 심각한 일이 한순간 아무 일도 아닌 듯하다.

'준우가 친구 곤경을 헤아릴 줄 아는구나.'

준우의 맑은 눈과 뽀얀 얼굴이 갑자기 예뻐 보인다. 준우가 크게 느껴진다.

"새들에게 도움 안 되는 행동은 어떤 것일까요?"

"만지고 소리 지르고 쫓아가고 하면 안 돼요."

"그냥 보기만 해야 해요. 조용히 해야 해요."

종이 쳤다. 바로 일어났다.

"선생님, 새 조용히 보고 올게요."

쉬는 시간을 꼭 지킨다. 교사는 수업이 중요하지만, 아이에게 쉬는 시간은 조금도 양보할 수 없는 일이다. 종이 치면 바로 수업 마치는 것이 어떤 일보다 중요하다. 갇혔다 풀려난 물고기처럼 유유히 해방된다. 시간이 짧기에 의미는 확대된다. 농도 짙게 놀고 친교를 다지며 재미는 극

대화된다.

동민이는 강한 호기심으로 손이 나가고 조심성을 잃은 듯하다. 무심코 하는 행동이 생명을 죽일 수 있다. 각각 생명의 입장에서 보아야 한다. 작은 생명 보호에 대한 내 인식이 부족하니 아이들한테 제대로 말하지 않고 있었다.

"나비를 알기 위해, 나비의 비밀을 드러내기 위해 잔인하게 날개를 잡아 뜯는다. 이러한 잔인성의 동기는 보다 깊은 것, 사물과 생명의 비밀을 알려고 하는 소망에 있다."_『사랑의 기술』, 39쪽

받아 올림이 있는 덧셈 문제를 풀었다. 2학기에 할 건데 미리 해 봤다. 조금 어려워하며 잘 풀었다. 주연이 옆에 앉았다. 오늘도 답답해하지 않고 백번 하려 마음먹는다. 미리 다잡으면 감정에 휘둘리지 않을 가능성이 높다. 문제 풀 때마다 막히는 부분을 설명했더니 열한 번째부터는 혼자 힘으로 풀었다. 나는 답답함이 올라오지 않아 혼자서 신나 했다.

주연이는 마음이 편하다 편치 않기를 되풀이한다. 불편할 땐 혼란과 걱정으로 뇌가 정지한다. 나는 조금씩 비집고 들어가기 작전을 세운다. 두려움의 빗장이 열렸을 때 얼른 내 설명이 들어가 주연이는 이해한다.

세 번쯤 설명해도 알아듣지 못하면 화가 난다. 상대가 내 식대로 움직이길 바라는, 불가능한 일을 당연하다는 듯 요구하고 안 되면 가당찮게 화낸다. 그러면 아이는 움츠러들어 더 못 하게 되고, 공부뿐 아니라 자존감도 떨어진다.

관계에서 가장 큰 걸림돌은 자기 입장만 고수하는 것이다. 상대 입장을 보는 눈이 어두운 것이다. 모두의 이익에 부합하는가? 관점이 바뀌면 감정이 바뀐다. 감정 조절은 나의 주요한 숙제다.

1에서 70까지 쓰기를 했다.

"선생님, 100까지 써도 돼요."

"더 쓰고 싶은 사람은 더 하세요."

몇몇은 300까지 썼다. 효민이는 2교시 국어 시간에도 계속하고 싶어해, 두 시간 동안 700까지 썼다.

아이가 기꺼이 공부하는지 관찰한다. 내키지 않아 억지로 하면 벌주는 듯하다. 나는 학창 시절에 관심 없는 과목을 공부할 때면 지루하고 능률이 오르지 않았다. 직장 생활에서는 공문서 처리 등 행정업무에는 마음이 가지 않고 성과가 저조하다. 이런 성향 때문인지 아이들에게 의무를 내세우지 않고 흥미를 끌어내는 데 관심이 많다.

자발성을 키우기 위해 되도록 아이 상태와 흐름에 따른다. 지루해하면 수업에 변화를 주거나 동기부여해 마음을 움직이려 한다. 공부 양을 줄이면 부담이 없어져 적극 참여한다. 일일이 지시하거나 간여하지 않고 스스로 생각하고 실행할 수 있는 여지를 남긴다. 아이들이 원하는 활동은 가능하면 허용한다. 흥미 가질 만한 활동거리에 주목하며 만남을 주선한다. 결과물을 공유하며 즐거움을 나눈다. 기쁨이 기억에 새겨지고 공부에 호감을 느낀다. 새로운 과제도 어려움 없이 받아들인다.

자발성은 스스로 이룩할 수 있는 힘이다. 외적 보상보다 내적 동기, 보람, 만족이 동력이 된다. 소음, 피로, 허기 등 악조건을 감수한다. 활발하게 사유하며 아이디어가 솟고 좋은 결실을 낸다.

7월 23일 일상이 인생

동민이와 준우가 자주 부딪힌다. 둘은 상황에 대한 지각은 떨어지고 자기중심적인 면이 많아, 갈등이 잦다. 다퉈 보는 것도 괜찮다. 날카로워지며 평소와 다른 거친 말이 튀어나온다. 강한 감정은 오래가지 못한다.

잠시 뒤 분함이 가라앉으면 자기 잘못을 안다. 더 이상 비난하지 않고 둘 사이는 더 단단해진다.

아이가 스스로 뉘우칠 때 굳이 잘못을 지적하지 않는다. 자숙할 시간을 주고 스스로 배우는 자연적 결과를 노린다. 고집부릴 필요가 없는 걸 알고 과오를 반복하지 않으려 한다. 자기를 교육하며 바르게 행동하고자 한다.

이틀 뒤면 방학이다. 아이들과 북적대며 사는 나날이 괴롭기도 하나 즐거움이 더 크다.

유월 두 주 정도 외엔 권태로움이 일지 않았다. 나와의 다툼과 화해의 연속이었다. 평범한 일상의 고귀함을 조금은 안 듯하다.

삼월이면 새로운 시작과 계획으로 즐겁고 설렌다. 유월이면 권태가 슬슬 인다. 그러면 힘이 빠지고 아이들에게 온전히 성실치 못함에 양심이 불편하다. '수업을 하고 싶다, 하기 싫다는 생각 없이 무조건 성실하자.' 마음먹었다. 그래도 권태는 수시로 몰려왔다. 그 감정을 믿지 않기로 했다. 그대로 두고 '하루와 순간에 집중하자.' 되뇌며 살다 보니 질기게 붙어 있던 권태가 나도 모르는 새 사라지고 있다.

일하고 사람 만나고 잠자는 일상이 인생이다. 하루가 알차지 못하면 인생이 공허해진다. 얼핏 보면 그날이 그날인 듯하지만 온전히 깨어 순간을 경험하면 모든 날은 새롭다. 늘어지거나 빛바래져 있지 않다. 나무와 꽃들은 더할 나위 없는 성실로 시시각각 변신을 거듭한다. 하늘은 볼 때마다 다른 빛이다. 오늘도 태양은 어김없이 빛나며 모든 생명을 키우고 있다. 나무는 산소를 배출한다. 아이들은 땀이 나도록 뛰며 전심전력으로 산다.

모든 것은 일상에 있다. 치열한 몸놀림과 부푼 희망이 있다. 씨를 뿌리고 수확할 수 있는 곳은 오늘 여기뿐, 다른 땅은 없다. 아이들처럼 자연처럼 지금 이 순간에 몰두하면 일상은 파릇하게 살아 윤이 난다. 하루에 정성을 기울이면 나의 하늘엔 고운 저녁노을이 펼쳐진다.

> "매너리즘이란 언제나 완성만을 염두에 두면서 창작하는 기쁨을 누리지 못하는 태도야. 그러나 순수하고 진정으로 위대한 재능은 창작 과정에서 가장 커다란 행복을 누린다네."
> _『괴테와의 대화 1』, 135쪽

법정 스님과 성철 스님이 대담한 영상을 보았다. 마음에 들어오는 말이 있다.

"남을 위해 살 수 있는 인격을 완성하려면 일정한 수행 기간이 있어야 한다."

교사로 발령받아, 첫날부터 삼십여 명의 담임을 맡아 수업하고 공문서를 처리했다. 물에 뜨지 못하는 사람이 강물에 던져져 강을 건너야 하듯이 교직 생활을 시작했다. 교육대학 4년의 공부는 교실과 아이들, 생생한 유기체를 담기엔 박제화된 부분이 많았다. 수업을 이끌어 나가는 법, 나와 아이의 마음을 알고 조절하는 법 등 학급사회 운영자로서 기초가 부실한 상태였다. 변화무쌍한 아이들과 관계 맺는 앎과 기술은 부족하기 그지없었다. 수련 과정 없이 전문의 역할을 한 셈이다.

교사는 아이들 한 명 한 명의 심리와 학습 상태를 파악하며 수업한다. 수십 명이 공동체 생활하며 일어나는 수백 가지 상황에 대응한다. 수업, 아이들 돌보기, 문서 처리, 청소, 교실 환경 디자인 등의 일을 한다. 교사, 부모, 상담사, 행정사무원, 환경미화원 등 종합적인 역할을 한다.

아이들과 관계된 모든 일이 내 일인 듯하고, 책임 범위에 선을 분명히 긋기 어렵다. 문제가 발생하면 내 책임으로 느끼며 나를 책망한다. 아이들은 약자이기에 조심스러워 더 엄격한 잣대를 적용하며 산 듯하다.

7월 25일 인정욕구

방학하는 날이다. 1, 2교시에 전교생이 모여 간단히 방학식 하고, 학년별로 주제탐구학습 발표를 했다. 우리 반은 그동안 봄, 여름 공부한 것을 소개했다. PPT 자료 화면은 지난 주말 출근해 만들고 일주일 동안 틈틈이 수정했다. 삼월부터 했던 아이들 활동 모습, 그림, 시, 꽃, 곤충, 작물, 나무 등으로 구성되어 있다. 발표가 끝나고 교실로 왔다.

"오늘 발표한 것 보니 어땠나요?"

"웃기고 재미있었어요."

"제 그림 보고 웃을까 봐 눈 감았어요."

자료를 정리하며 다시 보니 감동스러웠다. 노래와 춤을 발표하는 학예회와는 다르게 각 학년이 한 학기 동안 공부한 과정을 알 수 있었다. 내용이 주는 재미가 있어 정신 쏟아 보았다.

공개수업 할 때면 다리가 후들후들 떨리고, 발표회 땐 자기에 대한 평가가 가장 신경 쓰인다. 가능성이 희박한데도 불구하고 놀림과 비웃음을 받을까 봐 겁낸다.

자아는 외부 평가를 과장해서 해석하고 과민하게 대응한다. 부정적 말을 들으면 커다란 손실을 당한 듯 심각한 동요가 일어난다.

모든 아이에게는 인정받을 만한 것이 있다. 아이에 따라 특이한 모양의 구름을 볼 줄 알고, 잎이 떨어진 나무에 달려 있는 이파리 하나의 아름다움을 포착할 줄 안다. 텃밭에선 종횡무진하며 척척 일해 나간다. 여론의 코너에 몰린 친구를 보호한다. 실감 나게 묘사하며 글을 쓴다. 국어와 수학은 잘하지 못하더라도, 모든 아이는 제각각 강점이 있다.

잠재력이 포착될 때 놓치지 않고 인정한다. 교과서 공부 중심 학교에서 자신감이 꺾여 있던 아이도, 시든 식물이 비를 맞아 팔팔해지듯 살아난다. 제 목소리가 나오고 움직임이 활기차다. 교우관계와 수업에 적극적이다. 학교에 오고 싶어 한다. 한 사람의 넉넉한 인정으로 마음의 허기에 시달리지 않고, 인정욕구에 얽매이지 않을 수 있다.

막강한 더위에 하나둘 아프기 시작했다. 걱정이었는데 방학이라 다행이다. 종업식 뒤 수업을 했다. 수학 덧셈 문제와 글쓰기를 했다. 방학하는 날인데도 하기 싫어하거나 느슨해지지 않고 집중하는 아이들이 믿음직스러워 보인다.

아이들 곁에 있으면 열중의 힘에 빨려든다. 때론 환호하고 때론 침묵하며 열성으로 살아간다. 그 힘으로 낯선 기호인 한글을 읽고 쓰며, 세계를 알아내고 삶을 일군다.

내일부터 방학이다. 방학식 날은 왠지 죄책감이 들어 마음이 무겁다. 제대로 하지 못한 것에 대한 미안함 때문일까? 실행력보다 기대가 높기 때문일까?

이번 학기는 조금 성실하게 산 듯해 만족스럽다. 방학 동안 아이들이 보고 싶을 것이다.

8월

어떻게 하면 아이들이 기뻐할까?

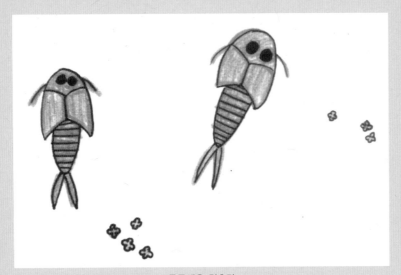

투구새우, 김효민

8월 23일 예술교육

여름방학이 휙 지나가고 개학했다. 오랜만에 본 아이들은 볼에 살이 통통하게 올랐고 훌쩍 자랐다. 서로 반가워하면서도 어색한지 서먹한 미소 띠고 쭈뼛거리며 서성이더니 예전과 같이 말을 섞기 시작한다. 조금 있으니 교실 곳곳에서 목소리가 높아지고 다툼이 일어난다.

"효민이가 제 책상 밟았어요."

"그때 마음이 어땠어요?"

"나빴어요."

"효민이 사과할래요?"

"예."

한 아이가 전학 왔다.

"규리 마음이 어떨 것 같아요?"

"긴장했을 것 같아요."

"규리 마음을 헤아려 보고 규리를 위해 할 수 있는 일에 대해 생각해 보세요."

돌아가며 말하고 규리한테 궁금한 점을 물었다. 규리는 잘 어울리고 색칠하기도 잘했다. 쉽게 적응하는 듯하다.

개학 날이라 어수선하고 집중하기 어려울 듯해 피카소 그림에 칠하기를 했다. 피카소 작품은 상상의 여지가 있어 좋다.

"이 그림은 피카소라는 화가가 그린 건데 모양을 있는 그대로 그리지 않고 변형해서 그린 겁니다."

"여우가 죽은 것 같아요."

"사람이 피리 부는 것 같아요."

"원시인 같아요."

한마디씩 하며 칠했다.

"선생님, 피카소 아저씨는 장난꾸러기 같아요."

지아는 장난치듯 그린 걸로 본다. 뛰어난 해석이다. 추상화는 아이 같은 장난스러움과 자유로움이 있을 때 창작할 수 있지 않을까? 피카소는 어린아이처럼 그리는 법을 배우기까지 평생이 걸렸다고 한다.

예술 영역에선 1학년 작품이 6학년보다 더 나을 때도 있다. 독창성이 단숨에 드러나며 사고의 도약이 가능하다. 그림 한 점을 보며 숱한 장면을 상상하며, 층층의 감성이 펼쳐진다. 손, 목, 감각을 사용해 작업하며, 심신을 어루만지고 다독인다. 삶의 명암, 거친, 굴곡진 면면들을 이해하고 해석해 예술로 승화한다. 작품의 아름다움과 창조성은 희망의 빛이 되어 용기를 북돋운다. 높은 완성도는 삶의 유한성을 뛰어넘어 영원을 느끼게 한다. 삶이 보다 온전해지는 듯 평화로운 만족을 제공한다. 자연의 황홀경에 버금가는 인간의 창조력에 경탄하며 삶을 예찬한다. 예술은 삶의 줄기가 되고 든든한 친구가 된다.

아이들은 언어·기호 학습 위주인 기나긴 학창 시절을 보내며 머리에 치중하고 몸을 사용하지 않는 습성이 형성된다. 예술활동은 몸과 정신을 종합적으로 사용하며, 학습 영역과 방법을 다양화해, 학습에의 관심과 열의를 높인다. 예술 학습으로 체득한 능동성은 전 교과에 옮아간다.

"영국은 창의 강국이 되었고 …… 우리는 모든 아동이 대범하면서도 광범위한 창의교육을 경험할 권리와 당위성이 있고, 그 교육의 중심이 문화예술이라는 명확한 관점을 공유하고 있다. 문화예술 중심의 교육에 대한 우리의 열렬한 지지는 애초부터 이론의 여지가 없다."_『문화예술교육은 왜 중요한가』, 13쪽

2학기를 새로 시작하며, 아이들을 위해 할 수 있는 게 뭘까? 궁리하다, '끊임없는 환대'를 떠올렸다. 우리 집 개가 나한테 하는 것처럼 나도 조건 없이 환대해, 아이들 마음이 때론 그늘 한 점 없이 환하게 하고 싶다. 그 말을 품고 출근했다.

동희가 말했다.

"선생님, 전에보다 더 친절해졌네요."

참으로 눈이 밝다. 아이 눈치를 본다. 아이는 사람에게 관심이 많다. 표정, 감정 상태, 행동을 지켜보다, 말 걸고 정을 나눌 기회를 잡는다.

교사의 상냥한 말 한마디에 환해진다. 교사의 웃음은 아이들의 주요한 생존 환경이다. 어떻게 하면 아이가 기뻐할까? 밝은 표정, 부드러운 말, 친절한 지적 등은 예사롭지만 소중하다.

8월 27일 싸움

국어 시간에 『아툭』 동화책을 들려줬다. 방학 뒤라 수업에 집중하기 힘들 것 같아 고른 책이다.

"아툭 마음은 어떨까요?"

"친구가 하늘나라로 돌아가서 슬퍼요."

"여러분이라면 어떻게 하겠어요?"

"죽은 타룩을 묻어 줄 거예요."

"새로운 개를 얻으면 돼요."

전학 온 규리와 지아가 치고받으며 싸웠다. 여학생 사이에서 좀처럼 볼 수 없던 광경이다. 지아가 울었다. 진정시키고 조금 뒤 회의를 했다.

"왜 회의를 할까요?"

"똑바로 가르치려고요."

"둘 다 친해지라고요."

"먼저 어떻게 된 일인지 말해 봅시다. 누구부터 할까요? 규리, 속상한 점은 뭐지요?"

"지아가 때린 거요."

"지아, 속상한 점은 뭡니까?"

"규리가 다시 카드 고르라고 한 거요."

"이 문제를 어떻게 해결하면 될까요?"

"미안해하며 사과하고 끝내면 돼요."

각자 억울함을 말하니 긴장이 풀린다. 둘이 사과하며 악수했다. 싸움은 솔직한 자기표현이다. 아이들은 친구와 쉽게 싸울 수 있다. 때론 감정을 숨기지 않고 드러내어야 악감정은 해소되고 진솔한 관계를 맺을 수 있다.

사람을 그리워하다 미워한다. 관계 공부는 기대하다 포기하다 하며 사람 사이에서 균형 잡는 감각을 연마하는 것이다.

생활공부는 교과와는 달리, 답이 정해져 있지 않은 점이 매력이다. 모호함, 복잡함, 미묘함을 경험하며 확신을 지양할 수 있다. 오리무중 상태에서 서로 마음을 읽으며 해결 방안을 찾아야 한다. 납득하지 못할 상황에선 품을 넓힐 용기가 필요하다.

나는 아이들 생활과 관련해 세세한 규칙을 만들지 않는다. 규칙을 어기지 않는 것에 매여 도덕성 발달에의 동기가 생기지 않을 수 있다. 내 말과 규칙보다 양심에 따라 행동하길 바란다.

"교우의 관계를 통해 타인의 눈으로 보고, 타인의 귀로 듣고, 타인의 마음으로 느끼는 것을 배운다." _『미움받을 용기 2』, 193쪽

수업 시간에 준우는 할 말이 많다. 오늘 동화책을 들려줄 때, 말이 너무 많아 못마땅한 마음이 들었다. 하고 싶은 말이 폭포처럼 쏟아진다는 건 사고가 활발하고 표현력이 높다는 뜻이다. 우리는 준우 말에 발돋움해 더 높은 곳의 열매를 따기도 한다.

8월 28일 칭찬 효과

종일 비가 온다. 밖에서 뛰어놀지 못하니 몸을 뒤틀며 갑갑해한다.

"선생님, 운동장 나가요?"

"비 와서 옷 젖는데, 어쩌지?"

"괜찮아요. 우산 쓰고 조심하면 돼요."

비가 그치고 있어 운동장으로 나갔다. 아이들은 첨벙거리고 물장난치며 놀고, 나는 옆에서 거닐었다. 20여 분 동안 하늘 아래 있으니 평온해진다. 자연 속에 있으면 자연을 닮아 담담하고 한결같이 진실해진다.

운동장이 넓어 좋다. 운동장은 우주와 연결된다. 하늘은 저만치 위에 있는 듯하지만 다른 별에서 보면 이곳도 하늘이다. 우리는 무한한 우주에 떠 있는 우주인이다. 우주는 상상이 다다를 수 없는 실제다. 우주에 둥둥 떠 있는 나를 떠올리면 나는 점보다 더 작아져 몸은 사라지고 의식은 재편된다. 내가 맞다며 우기는 것, 싫어하며 공격하는 짓이 어색하다. 구분, 차별, 욕심이 덕지덕지 붙은 의식은 무의 상태가 된다. 맑고 고요한 지점에 머문다.

지난번에 이어 동화책 『아툭』을 들려줬다.

"아툭이 늑대를 죽여 복수에 성공했는데 행복하지 않다고 합니다. 왜 그럴까요?"

"늑대가 죽어도 타룩이 못 오니까요."

"타룩이 죽을 때같이 늑대가 불쌍해져서요."

"늑대를 죽여 봐야 좋은 게 없으니까요."

선악 구분이 모호한 영역이 있고, 악도 상황에 따라 달리 해석될 수 있는 걸 말해 준다. 재미난 동화책 한 권으로 삶의 양면성을 본다. 아이가 그것을 읽어 내는 안목이 있다니!

말을 나누며 공동 생각에 이르며 자기중심 사고는 한 겹 벗는다. 공유·공감하며 서로에 대한 이해를 더해 간다. 대화는 교육자다. 나는 아이들 말에 놀라워하며 수업이 끝나고도 여운에 젖어 멍하니 있는 적도 있다.

아이들은 마음을 열어 귀 기울여 듣는다. 그들과 대화하면 말이 흡수되지 않고 튕겨 나오는, 교감되지 않는 씁쓰레한 맛이 남지 않는다. 자기를 내려놓고 상대 말에 진지하게 집중한다. 말하는 사람은 온전히 수용되는 느낌으로 흡족하다. 경청하는 사람에게 자기를 온전히 드러낸다. 대화에서 가장 중요한 것은 듣기다. 듣기 위해서는 말하고 싶은 욕구를 내려놓을 수 있어야 한다. 극기복례(克己復禮), 사사로운 욕심을 버리고 보편적 예로 돌아가는, 자기 혁명이 일어나야 가능한 일인지 모른다.

"귀담아듣기 위해서 우리 마음속에 있는 많은 불평거리나 그 밖의 여러 가지를 제거하는 훈련이 필요합니다. …… 경청 훈련은 인간을 성숙하게 합니다." 『만남, 대화 그리고 치유』, 34쪽

"선생님, 콩 갖고 한다고 했잖아요."

어제 수학 시간에 콩으로 수 세기 게임을 했더니 재미있었나 보다. 대수롭지 않은 일에 열렬히 반응해 수업에 흥이 넘친다. 승원이가 수학책을 푼 뒤 그림을 그리더니 엷은 미소를 띠며 나에게 온다.

"선생님, 수박 그림이 생각나서 이렇게 그렸어요."

"와, 재미난 상상이네!"

느긋하고 조용한 말투다. 주제탐구학습 발표회에 낸 것을 다르게 그렸다. 자기한테 소중하고 특별한 그림이라 생각나 또 그렸구나. 긴 시간, 수고로 탄생한 작품은 승원이 가슴에 깊은 인상을 새긴 듯하다.

자기만족은 작업 내용과 가치를 타인이 아닌 자기 기준에 따른다는 것이다. 자기를 만족시키며, 자기가 삶의 경영자란 거다. 활동에 몰두하고 자기를 신뢰하며 품위 있는 삶을 영위한다.

스스로 만족할 때 칭찬하면 효과가 크다. 한두 번의 인정만으로도 변화한다. 눈빛과 목소리와 걸음걸이가 힘차다. 교사에게 가까이 다가온다.

학교는 성적 좋은 아이가 두드러져 보인다. 다양한 활동을 하며 세심하게 관찰하면 잘하는 것이 없는 아이는 없다. 평소 교과 수업에서 두각을 나타내지 못한 아이, 눈에 띄지 않는 아이를 유심히 보며 칭찬거리를 찾는다.

아이들 앞에서 공개적으로 진심으로 인정하면 처진 어깨가 펴지고 가슴에 불이 붙는다. 학교에서 인정받기, 얼마나 드문 경험이었던가? 전체 생활에 영향을 미쳐 친구와 활발하게 관계 맺고 공부에도 관심 두며 집중력이 높아진다. 무엇보다 의기소침하거나 주눅 들어 있는 상태에서 벗어난다. 매 순간 산소를 마셔야 하듯, 마음은 누군가의 부축과 지지로 힘을 얻어야 한다. 마음근력이 만들어지면 보조도구인 칭찬은 더 이상 필요 없어진다.

칭찬은 조심스럽기도 하다. 아이에 따라 자기 목적에 의한 행위일 뿐, 자기충족할 뿐 칭찬이 달갑지 않을 수도 있다. 외부 칭찬 여부에 무심한 아이에겐 칭찬이 내밀한 기쁨과 자부심을 빼앗을 수도 있다.

8월 29일 가을 공부

"선생님, 텃밭 가 봐요."

방학 동안 보지 못한 텃밭이 보고 싶단다. 둘째 시간에 나갔다. 텃밭은 작물과 풀이 무성하다. 뱀 있을까 봐 들어갈 수 없어 밖에서 보기만 했다. 방울토마토가 빨갛게 익어 있다. 나 혼자 들어가 따서 나눠 먹었다. 해바라기는 다 익어 씨앗이 몽땅 떨어져 버렸다.

논으로 가니 방학 전엔 없었던 벼 이삭이 달려 있다. 교실로 돌아와 둘러본 소감을 말했다. 아이들 말을 칠판에 쓰고 입 모양을 크고 정확하게 하며 읽고 공책에 썼다.

"투구새우를 못 봐서 서운했어요."

"분홍색 알이 무엇인지 궁금해요."

"옥수수가 없어서 속상했어요."

"닭의장풀 꽃이 예뻐요."

"나비가 훨훨 날아가요."

방학 때 옥수수가 익어 있으니 출근하는 분들이 따 먹은 듯하다. 옥수수 줄기만 있고 열매는 없다. 내가 미처 챙기지 못해 아이들이 수확의 맛을 볼 수 없어 아쉽고 미안했다.

벼 줄기에 촘촘하게 붙어 있는 분홍색 알이 궁금해 인터넷에서 찾았다.

"우렁이 알이네요."

"선생님, 궁금증이 생겼어요. 투구새우 알은 어떻게 생겼어요?"

"그래, 찾아보자."

자연을 볼 때마다 의식은 매 순간 새뜻하게 거듭 살아난다. 풀 한 포기에도 곡선의 유려함, 완벽한 형태미가 있다.

투구새우, 김승원

자연은 쉬지 않고 변화하며 끝끝내 자기로 살아간다. 제자리를 지키고 조화를 이루며 서두르지 않고 제 길을 간다. 욕심부리지 않으며 최적의 필요를 충족한다. 조건 없이 포용하며 평화와 아름다움, 생명을 준다.

뇌는 기존 기억이 있어야, 그와 관련된 정보가 입력되도록 개방한다고 한다. 아이들이 자연과 접하며 자연에 관한 정보를 풍부하게 받아들이길, 자연과 동고동락하길 바란다.

발음 연습을 하고 있다. 말하고 글 읽을 때 입을 제대로 벌리지 않는다. 아침 수업 시작 전 부탁했다. 첫째, 말하기와 듣기 자세에 대해, 둘째, 독서 태도에 대해, 셋째, 아침에 만나면 인사를 하자 했다.

"나한테 부탁하고 싶은 거 말해 주세요."

"맛있는 것 사 줘요."

"노는 시간 더 많이 해요."

"애들, 예절 교육시켜 주세요."

아이들이 독서를 건성으로 하는 경우가 있어, 말해도 고쳐지지 않더니, 아침 시간 부탁으로 바로 달라졌다. 사전 부탁이 효과적인 걸 알면서도 자꾸 놓친다. 진행 중일 때 다른 행동을 요구하면 간섭과 잔소리로 들리고 부정당하는 것 같아 잘 받아들이지 않는다. 한발 떨어져 다른 상황에서 들으면 부담 없이 수긍한다. 타이밍이 수용 여부를 결정한다.

수학 시간 뒤, 쉬는 시간이다. 네 명은 놀지 않고 수학책을 계속 풀고 있다.

나는 아이들의 자발성을 중요하게 여긴다. 자발성은 성공의 열쇠다. 긁히고 찔리더라도 기꺼이 암벽을 오르며 인생의 꿈을 채취할 수 있다. 나무가 뿌리내리지 못하면 바람에 쓰러지듯, 자발성의 뿌리가 내려야 흔들리지 않고 공부를 지속할 수 있다. 의무에의 무게는 약해진다. 자기 목표를 만들어 스스로 답을 얻고 스스로 길을 내며 인생의 주인으로 살 수 있다.

나는 한발 떨어져 한 박자 늦게 개입하려 한다. 침묵하고 고민할 시간을 빼앗지 않으며 생각할, 느낄, 말할, 상상할 시간을 확보한다. 내 의견과 달라도 수용하며 다른 방법 탐색하기, 덤비지 않고 기다리기, 포기할 줄 알기, 때론 일탈도 허용하기 등으로 아이들이 자발성을 발휘할 수 있는 공간을 최대한 넓히고자 한다.

9월

이대로 소중하다

비와꽃, 안동민

9월 3일 공부는 심리가 좌우

두 명이 결석했다. 승원이는 제주도로 가족여행 갔고 우진이는 감기 들었다.

"선생님, 허전해요."

"선생님, 심심해요."

"나도 그래."

작년에 담임했던 아이에게서 전화가 왔다. 엄마의 공부하라는 말이 부담스럽고 공부할 양이 많을 것 같아 3학년 올라오는 게 기쁘지 않았다는 아이다.

작물은 거름을 너무 많이 주면 거름이 독이 되어 자라지 못하듯, 공부는 다그치면 내적 동기가 사라져 공부에서 되레 멀어진다. 과도한 기대는 아이를 불안하게 한다. 뇌는 위축·경직되어 운동하지 못한다. 알수 있는 것도 알 수 없게 된다. 시야가 좁아져 하나만 보고 둘은 보지 못하며 종합적인 관점을 가질 수 없다. 학습 내용에서 연관되는 것을 파악하지 못하므로, 지식의 확산과 융합이 일어나지 않는다. 사고력과 창의성을 키울 수 없다. 에너지가 사그라지고 공부에의 흥미, 삶에 대한 의욕마저 떨어진다.

공부는 재밌어야 효과 있다. 누구나 인식 욕구가 있어 흥미를 느낀다. 아이와 호응하며 조심스레 밀어 주면 스스로 페달을 밟는다. 재미있으면 에너지가 상승하고 무심히 집중한다. 공부가 괴로운 노동이 아니라 취미고 놀이고 작업이 된다.

공부는 심리가 좌우한다. 등수나 점수가 아닌 재미가 목표가 되어야한다. 아이들에게 공부 자체의 즐거움이 아닌 결과에 집착하는, 본말 전도된 길을 요구하는 건 조력이 아니라 폭력이다. 소탐대실(小貪大失), 작

은 걸 탐하다가 큰 것을 잃는다. 아이의 성장을 온 힘으로 누르고 있는
건 아닌지 살펴야 한다.

"어릴 때부터 공부를 즐길 수 있도록 가르치는 교육 방식은 성적
이나 효율성뿐만 아니라 어른이 된 후 행복하고 성공적인 삶을 사
는 데에도 매우 중요하다."_『몰입 두 번째 이야기』, 26쪽

9월 4일 교사는 유리하다

백석의 『개구리네 한솥밥』을 들려줬다. 등장 동물에 아이들 이름을
붙여 읽으니 좋아한다.
"개구리한테 하고 싶은 말 있나요?"
"개구리야, 네 꿈이 뭐니?"
"개구리야, 너는 작은 동물인데 큰 동물을 도와주는구나."
"개구리야, 너는 왜 가난하니?"
잠시 얘기 나누고 책 일부를 썼다.
효민이는 다른 걸 쓰고 싶어 해 글 요약하는 방법을 설명하고 줄거리
쓰기를 권했다. 처음 하는 거라 어려워한다. 어떻게 할까 망설이다, 책
보며 하라며 다시 설명하니 전체 내용이 나타나게 잘 쓴다. 줄거리 쓰기
를 이렇게 잘할 수 있구나. 1학년은 요만큼 할 수 있을 거란 예측이 번번
이 빗나간다.

점심시간, 지아가 말했다.
"선생님, 저 먹기 싫은 반찬도 하나씩 먹었어요."
고기만 먹으면 위장이 괴로워하니, 자신을 위해 야채 반찬을 조금이

라도 먹어 보자고 부탁했다. 교사는 아이를 설득할 수 있는 유리한 위치에 있다. 아이들은 마음을 잘도 연다.

"선생님, 주연이는 모든 사람을 좋아해요. 우리 엄마를 안아 주고 손잡아 주고 그랬어요."

하진이가 주연이를 거부하는 마음이 풀리고 있다. 주연이는 어른을 보면 뛰어가 말을 걸고 힘주어 안는다. 그리도 정이 많은 아이가 본능인 정서적 교감을 나누지 못하고 있다.

주연이는 상호작용이 부족한 가정에서 자랐다. 여덟 살 인생 동안 가해진 사람의 외면에 자존감이 안정적이지 못하다. 관계와 배움이 두렵다. 어린이 특허품인 재미가 부족하다. 교실 아웃사이더로 외로이 살고 있다.

나는 연민으로 포용하려 할 뿐, 주연이가 겪는 경험과 감정에 대해 숙고하지 않은 듯하다. 깊은 미안함이 인다.

> "우리 마음속 깊은 곳에 있는 감정은 두 가지뿐이라고 하였다. 사랑과 두려움이 그것이다. 그러므로 우리의 모든 긍정적인 감정은 사랑으로부터 나오고 모든 부정적인 감정은 두려움에서 나온다."
>
> _『우리 안의 미래교육』, 352쪽

9월 5일 회의의 의미

아침 의식 시간에 말했다.

"어제 지아가 내 말을 귀 기울여 듣고 점심시간에 좋아하지 않는 반찬도 먹었다고 합니다."

여기저기서 자기도 잘 먹었다 한다.

"주연이가 친구들이 조금 함부로 대해 힘들 텐데도 잘 웃고 씩씩하게 지냅니다. 훌륭하다는 생각이 들었어요."

내 말을 받아 주연이가 착하다 한다. 아이들 말이 나를 따라 동동 떠다닌다. 교사의 자리가 엄숙하게 느껴진다.

우리는 서로의 환경이다. 같은 교실에서 같은 공기를 마시며 같은 말을 들으며 산다. 눈짓, 손짓, 몸짓, 마음짓을 보고 느끼며 영향을 주고받는다. 서로가 반죽되고 발효되어 자기를 형성한다. 우리의 화음과 무늬가 있는 학급사회를 창조한다.

『개구리네 한솥밥』을 읽고 있다. 동화책 그림을 TV 화면으로 보았다. 무엇을 하는 장면인지 어떤 생각이 드는지, 돌아가며 말했다. 발음 연습을 했더니 정확한 발음과 적절한 목소리로 말한다.

어느 날 보니 아이들 말이 입안에서 웅얼거리고 있었다. 발음이 익숙해지도록 되풀이해 익히고 있다. 말할 때마다 엄지 척 하니 신나 한다. 동화책 마지막에 있는 글을 쓰고 외웠다.

쉬는 시간, 다은이가 1학년 들어와 처음으로 모든 친구와 어울려 소꿉놀이를 했다. 놀이가 중단될까 봐 아슬아슬하게 지켜보았다. 더 이어지게 하고 싶어 한 시간 수업을 하지 않았다. 아이들은 무슨 시간인지 모르고 빠져 논다. 다은이 마음을 막은 것이 무엇이길래 이리 많은 시간이 걸렸을까? 눈에 띄는 뚜렷한 계기는 없었고 은미하게 묻혀 있어 파악하기 어려웠다. 내 눈엔 여자아이들이 다은이에게 보이지 않는 벽을 치고 있는 듯 보였다. 다은이 외양에 대한 시기심이 아니었을까 추측한다. 나는 체증이 내려간 듯 후련하다.

점심시간에 하진이가 울었다.

"하진아, 나중에 회의하고 밥 먹자."

5교시가 되니 하진이가 말한다.

"선생님, 회의해야 해요."

벼르고 있었나 보다.

"하진이가 먼저 설명해 보세요."

"앉으려고 하니 다리가 안 들어가 상욱이 의자를 만졌는데 상욱이가 꼬집었어요."

"하진이 마음이 어땠어요?"

"마음이 아팠어요."

"상욱이도 설명해 볼래요."

"하진이 손을 떼려 했는데 모르고 꼬집어졌어요."

"하진이가 모르고 살짝 만질 수도 있는데 상욱이가 못됐어요."

"상욱이는 마음이 어때요?"

"잘못된 거 같아요."

"궁금한데, 상욱이는 왜 하진이 손을 꼬집었나요?"

"답답한 느낌이 들었어요."

"상욱이가 예민한 것 같아요. 상욱이의 그런 면도 우리가 좀 생각하면 좋겠네요. 상욱이, 하진이한테 정식으로 사과하세요."

상욱이가 자리에서 일어나 허리 숙여 미안하다 했다.

회의를 하면 한발 물러나 상황을 볼 수 있다. 자기를 챙기다 친구도 챙긴다. 대립되는 의견에서 제삼의 안을 도출하며, 양보와 타협의 기술을 익힌다. 친구의 숨은 의중을 헤아리며 다름을 터득한다. 사람살이의 복잡성을 이해하고, 대화로 문제를 해결하는 민주시민의식을 함양한다.

갈등이 일어나면 먼저 할 일은 사실 확인이다. 섣불리 판단하면 오해가 생기며, 갈등이 더 커지고 불평불만이 높아진다. 사실 확인만으로 상황은 정돈되어 자기 잘못을 안다. 피해자는 억울한 마음이 풀린다. 충분히 말하면 다툼으로 흥분된 분위기, 날뛰던 감정이 가라앉는다. 충동을 조절하고 자기 성찰하며, 인성은 다듬어진다.

아이가 교사에게 말할 때 주의를 소홀히 하면, 억울한 일을 당해도 알리지 않는다. 피해자 상처는 배가되고 가해자는 행동을 바꿀 기회를 놓친다. 모두 다르고 각자 입장을 내세우므로, 갈등은 언제 어디서나 일어난다.

아이들은 자기 이득만 내세우지 않고 명분에 맞춰 정직하게 판단한다. 교실에서 불편·부당함을 드러내고 자유롭게 말해도, 오해를 사거나 면박받지 않음을, 의견이 존중되고 생산적인 대화가 가능함을 그간의 경험으로 안다. 친구 사이 원망과 다툼은 줄고 서로 신뢰한다. 마음과 관계의 원리를 깨달아 가고 있다.

"좀 더 이야기해 줄 수 있나요?"는 나와 너, 서로의 마음 헤아리기를 촉진하는 핵심 질문이다. 상대를 이해하는 출발점은 상대의 이야기를 잘 듣는 것이다." _『관계의 언어』, 212쪽

9월 6일 편애

예술제 행사가 비가 와 취소되었다. 읍내 나들이한다며 들떠 등교한 아이들 실망이 크다. 나는 괜스레 미안해 어찌할까 궁리하다 제안했다.

"시월에 우리 반 소풍을 읍내로 갈게요. 박물관 가고 도서관 가서 책 보고 빵집에 가서 빵도 먹겠습니다."

계속 낙심하면 어쩌나 했는데, 곧 풀어져 반기니 마음이 놓인다. 솔깃한 것이 있으면 불도저처럼 덤빈다. 강렬한 기세는 부당하게 꺾이면 좌절과 분노가 되고, 북돋워 주면 도약과 축제의 바람을 일으킨다.

어제 읽은 『개구리네 한솥밥』으로 토의했다.

"개구리는 어떤 동물인가요?"

"개구리가 착해요."

"어떤 점이 착하나요?"

몇 명만 말하고 대화가 이어지지 않았다. 질문 뜻을 이해하도록 다시 설명했더라면 토의가 이어졌을 텐데, 아쉬움이 남는다.

내가 길을 잘못 들어서면 아이들은 영문 모른 채 헤맨다. 질문 방법에 따라 말이 술술 나오기도 막히기도 한다. 생각의 물꼬가 틔기도 멈추기도 한다. 표정과 말투에 따라 공부를 즐겁게 할 수도 지루해할 수도 있다. 내가 무심코 한 언행이 뜻밖에 반향을 일으켜 상처가 되기도 선물이 되기도 한다.

아이를 살펴보며 때와 기분에 맞게 대응하려 한다. 수업이 지루해 눈이 풀리고 몸을 뒤틀 때, 흐름을 조금 바꿔 주면 생기를 되찾는다. 아이 행동에 의문이 들 때 물어보면, 내 추측과 다른 사실을 알 수 있다. 오해할 뻔했구나, 하며 움찔한다. 아이가 잘못할 때 시비 가리기보다 아이에게 도움 되는 것을 탐색하면 감정 소모나 실수를 줄인다.

상욱이는 친구를 언짢게 하고, 아이들은 내게 와 상욱이 행동을 이른다. 다은이는 오늘도 친구들과 어울려 놀았다. 준우와 서준이는 다툼이 있었다. 둘은 한쪽으로 힘이 기울지 않아 싸울 수 있는 대등한 관계다.

아이를 차별하지 않는다고 여겼다. 아니었다. 내 성향과 가치관에 따라 더 예쁘고 덜 예쁜 아이로 구분하고 있었다.

자기는 하나 받고 친구는 두 개 받는 것처럼 느끼면, 하나 받은 것이 기쁘기는커녕 받지 않는 것보다 더 언짢다. 가차 없이 비교하며 편애하는 교사가 서운하고 심사가 꼬인다. 기가 꺾이고 소외를 느낀다. 교사를 좋아할수록 상심은 더 크다.

공정함을 중요하게 여기는 아이는 편애받더라도 친구 눈치 보며 불편해한다. 그런 교사에게 실망한다.

편애에 편승하는 아이는 교사 힘을 자기 힘으로 이용한다. 친구를 억누르고 자기를 과시하며 학급 중심에 서려 한다. 관계의 균형과 우정이 깨진다. 교실은 갈등과 혼란에 빠지고 다툼과 불만이 넘친다.

한 명 한 명을 양팔 저울에 올려 보면 어떨까? 어느 쪽으로도 기울지 않는다. 생명의 무게는 같다. 교사의 중심 잡기로 교실은 아이들이 안전하게 숨 쉴 수 있는 청정지대가 된다.

9월 10일 아이 고충

월요일 아침마다 말하기를 한다. 주로 주말에 있었던 일을 앞으로 나와 친구 보며 한다. 말하지 않는 아이도 권하면 어렵지 않게 한다.

오늘 다은이가 처음으로 손들었다. 손들기까지 머뭇거림의 마디마디를 떠올리니, 번쩍 올린 손이 애틋하고 장하게 느껴진다.

"선생님, 동민이가 툭 쳤어요."

동민이는 친구가 싫다는 행동을 되풀이한다. 자기 딴에는 친구에게 다가가려는 시도다. 다른 방법을 모르는 듯하다. 상대 상황을 파악하지 못하고 다가설 때와 물러날 때를 맞추지 못한다. 마음을 주며 즐거움을 나누지 못하고 관계의 삐걱거림에 힘들어한다.

동민이와 나는 종종 갈등을 겪지만 '이런 아이다'라며 단정 짓거나 과민 반응하지 않으려 한다. 동민이는 그의 향기가 있다.

매끄럽게 관계 맺기는 어려운 일이다. 잴 수 없는 사람 마음을 예측하기란 녹록지 않다. 끝없는 조절과 최선의 선택이 있을 뿐이다. 관계 기술 연마는 중요한 교육 영역이다. 사교성이 부족한, 사귐이 서툰 이를 포용하는 문화가 필요하다.

나무를 보러 갔다. 나무 아래엔 딸기 같은 빨간 열매가 소복이 떨어져 있다. 딸기나무, 이름이 실감 났다. 먹을 수 있다 한다. 산수유와 목련나무도 보았다. 봄엔 꽃이, 이젠 나뭇잎이 무성하다. 텃밭으로 가 방울토마토를 따 먹었다. 토마토가 귀여워 먹으려니 머뭇거려진다. 맛이 진하다. 논으로 나가 우렁이 알을 찾았는데 보이지 않았다.

"일자 풀이 찐득찐득해요."

"우렁이 알이 하얗게 되어서 이상해요."

"알은 부화해서 우렁이가 되고, 알집 껍데기만 남아서 하얗게 되었지요."

"토마토가 너무 맛있어요."

9월 13일 하소연

보름 만에 벼 이삭을 다시 관찰한다. 액체, 가루, 단단한 쌀, 세 가지 상태가 있다.

"누르면 물이 나와요."

"소금 같은 게 나와요."

"하얀색 쌀이 안에 있고 두 겹으로 쌓여 있어요. 고소하고 맛있어요."

"위로 만지면 부드럽고 아래로 만지면 까슬까슬해요."

"껍질 색이 초록색도 있고 누런색도 있어요. 하얀 물이 나오기도 하고 흰 가루가 나오기도 합니다. 왜 그럴까요?"

"벼가 익어 가고 있어요."

승원이가 말했다.
"선생님, 쓰기에 대해 회의한다고 했잖아요."
승원이가 쓰기를 힘들어한다. 아이들 마음을 정리하고 싶다.
"요즘 거의 매일 글쓰기 하는데, 어때요?"
힘들다, 귀찮다, 너무 많다, 양을 적게 하자 등의 의견이 나왔다. 손을
들어 의견을 확인하니 반은 지금처럼, 반은 줄이자 한다.
"부모님이 일하기 싫고 귀찮다고 안 해도 되나요?"
"안 돼요."
"내가 수업하기 힘들다고 안 해도 되나요?"
"안 돼요."

"조금 힘들어도 쓸 줄 알려면 해야 합니다. 어차피 해야 하는 건 하기 싫다, 하고 싶다는 생각 없이 무조건 하는 자세가 필요합니다. 싫으면 자기가 괴롭지요."

"승원이는 쓰는 속도가 느려 힘들 것 같아요. 조금 줄이자. 승원이, 다른 공부는 어때요?"

"괜찮아요."

회의가 끝나니 15분 정도의 시간이 남았다.

"시간이 조금 남았네요. 독서와 글쓰기 중에서 하고 싶은 것 하세요."

몇몇은 글쓰기 하고 나머지는 독서했다.

승원이 말은 힘듦을 알아 달라는 하소연이다. 간절한 메아리가 되어 귓전에 울리는 듯하다. 들어주는 이가 없으면 하소연은 암담한 절망이 된다. 알아주면 불만은 줄고 스스로 힘듦을 소화하고 극복하려는 용기를 낸다. 공감은 위안과 훈훈한 연대감을 준다.

> "정서는 주의집중에 핵심적인 역할을 한다. 따라서 학생이 핵심 내용에 대한 자신의 능숙도 수준에 어떤 감정을 느끼는지 파악하고, 교수학습 계획을 어떻게 변경하면 좋을지 학생들에게서 제안을 받아 봐야 그들의 성장에 도움이 될 수 있다."
>
> _『뇌과학을 적용한 개별화수업 2』, 180쪽

모든 아이가 같은 나이, 같은 기간에, 같은 교과서로 의무적으로 공부해야 한다. 1학년부터 학년이 올라갈 때마다 도달해야 할 성취기준이 있다. 이에 미치지 못하는 아이는 일부 지적 부족을 삶 전체 실패로 느끼며 위축된다. 초등학교를 졸업하기 전에 아이의 존엄과 가능성은 심각한 손상을 입는다. 낮은 성적을 반복 경험하며 본능인 인식에의 욕구는 죽어간다. 씩씩한 기상과 총명함은 사그라진다. 학년이 올라갈수록 자신은 본래 공부 못하는, 무능한 사람이란 가짜 믿음을 갖는다. 어깨는 처지고 얼굴은 웃음기 없이 퍼석해진다.

학교의 학습 방식에 연결되지 못한 아이는 잠재력이 드러나기 어렵다. 1학년 때는 '한글' 습득이 힘들고 흥미가 없지만 2학년 때는 쉽게 익힐 수 있다. 자존감이 떨어져 눈빛이 흔들리는 아이의 최우선 공부는 자존감 회복이다. 수학이 힘든 아이는 수학에의 흥미가 발현되는 지점을 아는 것이 주요 과제다.

학교사회는 활동적, 비판적, 대담한, 민감한 학생은 불리한 곳일지 모른다. 학교에서 설계한 좁은 길을 무난히 걸을 수 있는 아이는 성공한다. 그 성공은 학교의 크기만큼이다.

9월 14일 이대로 소중하다

"나는 소중하지요. 나는 보물이지요. 왜 소중한지 생각해 보고 말해 봅시다."

"생명이 보물이니까요."

"이 세상에 없으면 안 되는 존재니까요."

"엄마 아빠가 소중하게 아끼니까요."

"엄마 아빠가 날 태어나게 만드시고 좋아하니까요."

"부자가 아니더라도 공부를 잘하지 못하더라도 부모님이 계시지 않더라도 여러분 자체로 소중합니다. 소중한 자기한테 전하고 싶은 선물을 그려 봅시다."

예뻐서, 공부를 잘해서, 성격이 좋아서 등 조건 붙이는 본말 전도된 인식 습성에 젖어 있다. 욕심에 눈이 가려 존재 무게를 잊는다. 개미 한 마리, 풀 한 포기도 같은 것은 없다. 이유 없이, 조건 없이 이대로 소중하다.

덧셈 공부를 했다. 대감, 낭자, 공주마마, 대왕마마를 아이들 이름 뒤에 붙여 문제 냈다. 내가 '태경 낭자' 하면, '태경 낭자'라며 시시덕거리며 따라 한다. 아이 특유의 유쾌함과 발랄함이 수업에 활기를 준다.

내가 이끄는 줄 알았다. 다시 보니 아이들이 나와 수업을 끌고 있었다. 질문 하나에 숱한 생각과 말이 줄이어 나온다. 도화지 한 장을 제시하면 넘치는 아이디어와 창의성으로 천상의 꽃밭을 만든다. 차 한 잔을 주면 말간 마음을 풀어 놓아 교실 온기를 높인다. 나는 되로 주고 말로 받으며 사치를 누린다.

공부에의 재미와 열정으로 학습에 대한 냉담, 거부, 지루함, 두려움, 주의력 결핍을 가뿐히 뛰어넘는다. 줄 당기기 하듯 함성을 주고받으며 상승효과를 낸다.

준우가 운다.

"가위바위보 하는데, 상욱이가 거짓말로 속였어요."

"그래서 준우가 언짢았구나."

준우가 울음을 멈춘 뒤 억울함을 말하는데 상욱이가 웃었다. 다은이가 말했다.

"준우가 속상한데 상욱이는 웃으면 안 되지."

중요하고 적절한 발언이다. 말의 무게감이 느껴진다. 준우를 감싸는 따뜻함이 전해진다. 다은이는 사람을 업신여기는 행동을 잘 알아챈다. 준우는 친구 지지로 화가 풀렸다. 어려움에 처했을 때 위해 주는 사람이 있으면 마음은 쉬 회복된다.

가벼운 말로 상욱이를 제재해 상욱이는 언짢지 않게 돌아볼 수 있다. 상반되는 두 사람 사이에서 한쪽을 내치지 않으며 다른 쪽을 살리는, 지나치거나 모자라지 않는 중용의 지혜를 보여 주었다. 나는 고개 숙여 배운다.

존경한다는 건 상대를 우러러 모시는 일이다. 무엇이든 아낌없이 주고 헌신하고 싶다. 나를 내세우지 않고 그를 우선시하고 무한 긍정한다. 존경심은 상대의 권력, 재력, 능력, 외모에서 나오지 않는다. 오직 태도나 인격에 대한 감화에서 생긴다.

상대를 들일 마음 공간이 넉넉한, 친구를 조용히 챙기는, 얍삽하게 행동하지 않는, 그런 존경스러운 아이가 있으면 나는 맑아지고 따스해지며 뭐든 긍정하고 싶어진다.

교직 경력이 늘어날수록 존경스러운 아이가 드물어지고 있다. 지나친 경쟁과 물질 숭배는 인성을 거칠게 한다. 아낌없이 주고 싶은 마음은 둘 곳이 없다.

9월 17일 자립 돕기

글쓰기 시간이다.

"하기 싫은 마음 날려 버리고 씁시다. 어디로 날릴까요?"

"지옥요."

아이가 공부하기 싫어하면 공부를 의무와 당위로 강요하지 않는 편이다. 수학 공부를 꺼려서 고무찰흙을 만지작거리면, 현재 아이 상태를 허용한다. 다음 시간에도 흥미 없으면 수학책을 함께 풀거나, 다른 아이에 비해 해야 할 분량을 대폭 줄여 준다. 과제 수준과 양이 부담스러우면 도전 의지와 흥미가 일지 않는다. 몇 차례에 걸쳐 배려하면 싫은 마음이 사라지고 스스로 하려는 마음을 낸다.

동민이가 모래놀이하다 울며 왔다.

"상욱이가 저와 놀아 주지 않아요."

상욱이가 들어와 확인했다.

"동민이는 힘들게 만들어 놓으면 부숴 버려요."

옆에 있던 아이도 거든다.

"동민이가 그런 행동 하니 놀기 싫어져요."

"그래도 동민이가 우니까 불쌍해요."

동민이 행동은 싫지만 존재는 측은히 여긴다. 준우 마음이 한동안 교실에 머무는 듯하다. 준우 지원에 동민이는 속상함이 풀어지고 잘못을 인정한다. 준우가 친구를 이해하는 아름다운 심성을 가졌구나.

관계에서 일어나는 문제에 대해 기회 있을 때마다 대화를 나눴다. 어렴풋하고 두루뭉술하게 있던 감정을 명료하고 다채롭게 표현할 줄 안다. 막혀 있던 말은 하고 나면 자정되고 소통된다. 대화의 작은 경험이 쌓여 심성이 벼 이삭처럼 익어 가는 듯하다.

동민이는 친구가 공감하기 힘든 장난을 지속한다. 눈치가 없으니 통하지는 않고 오해가 생긴다. 따로 만나 설명해 주어야겠다.

교육은 자립을 돕는 것이다. 스스로 판단, 선택, 책임지는 기회를 만드는 일이다. 지시나 명령은 아이들을 방관자로 만든다. 삶에 대한 주인의식과 책임감, 목표를 갖지 못한다. 옆 반이 조용히 공부해도 복도에서 뛴다. 수업 시간에는 쉬는 시간을 기다린다. 좋은 성품을 갖거나 공부를 잘하고 싶은 욕구를 잃는다.

자립적으로 성장하기 위해서는 자기 문제를 발견하고 해결할 기회가 있어야 한다. 친구 관계 조율하기, 놀이 규칙 만들기, 학급 문제 해결하기 등 모든 상황을 공부 기회로 삼아 아이들이 탐구하고 말하고 결정토록 한다. 수시로 회의를 한다. 문제가 많이 일어나는 학기 초엔 거의 매일 하기도 한다. 1분 훈계로 끝날 것을 한 시간 동안 협의한다. 그러면 내가 하고 싶은 말을 아이들이 얘기한다. 나는 최소한으로 개입하며 듣는다. 스스로 주장하면 실천 의욕이 생겨 행동 변화가 일어난다. 자기 삶의 결정권을 획득하며 자기 길을 탐구한다. 자기다움을 찾는다.

> "교육하는 입장에 놓여 있는 사람, 그리고 조직의 운영을 맡고 있
> 는 리더는 늘 '자립'을 목표로 내세워야 하네. …… 학생들이 스스
> 로의 힘으로 이루어 냈다고 느끼게 하지 않으면 안 돼."
>
> _『미움받을 용기 2』, 136쪽

9월 18일 발표하고 싶어요

"쉬는 시간, 운동장 놀이하다 늦게 들어오는 친구가 있습니다. 기다리
지 않게 하면 좋겠습니다. 그리고 어제 공예 수업 시간에 복도에서 보니
선생님이 설명하는데 동민이와 준우가 교실 뒤 소파에 앉아서 소리 지
르고 있었어요. 어떤 생각이 드나요?"

"예의가 없어요."

"짜증 나고 스트레스 받아요."

"나는 깜짝 놀랐어요. 공예 선생님을 무시하는 행동으로 보였어요."

두 아이는 종이 공예활동엔 흥미 없고 강사 선생님은 만만하니 교실
뒤에서 소리 질러 댔다. 아이들은 종종 예의에서 벗어나 맘대로 처신하
며 재미로 삼는다. 자기를 제재하거나 통제하는 가림막이 없는 듯 느끼
면 몰염치한 행동을 한다. 모든 수업에 의무적으로 참여해야 하는 아이
들 처지가 딱하기도 하다.

동화책을 보고 그림을 그렸다. 우진이가 말했다.

"선생님, 이거 발표하고 싶어요."

우진이 말이 감격스럽다. 뜨문뜨문 말하더니 할 만하고 재밌나 보다.
그동안 다른 친구 말을 들으며 하고 싶지만 손들 용기가 없어 망설이기

를 되풀이했을 것이다. 작은 소리로 몇 마디 하고 편치 않은 순간을 되풀이하며, 이젠 조금 힘이 붙어 말하기가 편해졌다. 한 걸음 내닫는 성공의 즐거움으로 적극 시도할 엄두를 낸다.

조심스레 탐색하며 삶의 곳곳에 묻혀 있는 재밋거리를 알아낸다. 두려움과 난관을 감내할 수 있는 언덕에 올라선다. 그 언덕에 오른 사람은 고개 숙이지 않고 걷고 쭈뼛거리지 않고 세상에 다가간다. 책장을 가벼이 넘기고 어려운 수학 문제 앞에서 뒷걸음질 치지 않는다. 교사가 미미하게 움트는 의도를 알아주면 아이는 확신으로 달릴 수 있다.

출근길에 보니 논에 우렁이가 있다. 학교 근처 논에 우렁이가 없어 아쉬워하던 아이들이 생각나 우렁이에게 미안하지만 두 개 갖고 왔다. 물통에 담아 놓았더니 시간 날 때마다 가서 본다.

"선생님, 아기 우렁이 귀여워요."

"선생님, 대박이에요! 우렁이 더듬이가 나왔어요."

"선생님! 우렁이가 짝짓기해요."

우렁이 곁에서 떨어지지 않는다. 생명에 대한 찰떡같은 관심은 본능이다. 마음이 가고 신나게 탐색한다. 생명과 함께하는 일상은 약동한다. 나한테도 옮아와, 잊었던 감성이 되살아나고 굳은 가슴이 말랑해진다. 나는 힘을 짜내어도 따라가지 못한다. 어른이 아이처럼 팔딱이다가는 살아남지 못할 것이다.

주연이한테 함부로 대하는 두 명을 혼냈다. 회의나 대화 위주로 대응하곤, 직설적으로 말하지 않은 점이 아쉽다. 스스로 자제하거나 조절하지 못할 땐, 브레이크를 걸어 주어야 자기 행동을 볼 수 있다. 혼난 동희 얼굴이 좋지 않아 꼭 안았다.

나는 때때로 마음이 약해져 거절하고 통제해야 할 때, 엄하게 다잡아야 할 때를 놓친다. 아이가 원하는 대로 하고 혼내고 싶지 않다. 아이는 내 의중을 기막히게 알고 제멋대로 행동하거나 눈치 보며 버틴다. 나는 아이에게 끌려가다 도저히 안 되겠다 싶으면 단호해진다. 내가 많이 참은 걸 알고, 본인 잘못을 알기에 바로 받아들인다.

9월 20일 학부모 공개수업

학부모 공개수업을 했다. 이야기 읽고 토의하기다. 반 정도의 아이들이 수업에 적극 참여하지 않았다. 마치고 되짚어 보니 이야기를 이틀 전에 들려줘서 내용이 생각나지 않은 듯했다. 아이들한테 미안했다.

아이들 행동엔 나름대로 이유가 있다. 몸이 아파 수업에 참여하지 않는데, 수학 문제가 어렵고 설명이 부족해 하지 못하는데, 내가 주의를 기울이지 않아 소란스러운데, 아이를 탓한다. 먼저 살피면 이해되는 일이 대부분이다.

목소리는 높고 이해는 부족하다. 내가 놓친 고래는 모르고 아이가 놓친 피라미는 잘 보인다. 내 진실은 과장하고 아이 진실은 축소한다. 내 얼굴, 뒷모습, 걸음걸이를 볼 수 없다. 내 마음 넓이에 따라 아이들 일상 질은 달라진다. 내 그릇에 가득 찬 주관과 고집을 비워, 그 자리에 아이를 모시고 싶다. '지혜의 눈으로 아이를 바라보자.' 읊조린다.

"선생님, 친구 별명 넣어 뺄셈 문제 만들어요."
수학 문제를 이야기로 만들었다. 너도나도 하고 싶어 한다. 아이들이 말하면 컴퓨터로 받아서서 인쇄해 나눠 줬다.
엄마와 오랜만에 재회한 규리 얼굴이 환하다. 종일 생글생글 웃는다.

9월 26일 마음 헤아리기

추석 연휴에 쉬고 있다. 동민이에 대한 반응을 돌아본다. 또 저런다 싶은 맘이 불쑥 올라오고 화가 난다. 마음이 편치 않고 양심에 걸린다. 잘하고 있는 게 아닌 거다.

학기 초엔 동민이가 교실에 있지 못하고 나가 돌아다녔다. 하고 싶은 활동만 잠시 하고 마땅치 않으면 아예 하지 않았다. 친구들이 싫다는 걸 반복하며 다툼이 잦았다. 지금은 여러 면에서 나아졌는데 왜 화가 날까? 변화 정도가 양에 차지 않고 못마땅한 감정이 누적된 듯하다. 나를 정당화한 뒤 화를 지속하고 싶은 얄궂은 욕망이 일어난다. 관계에서 작용하는 큰 욕망은 자기 식대로 상대를 통제하려는 것이다. 감정은 한쪽으로 기울고 강하게 뻗대려는 성질이 있다. 감정과 인식이 찰싹 붙어 옳다며 우기고 싶다. 자기감정이 가장 중요한 순간이면 상대를 하찮게 인식한다. 이성은 발붙이지 못한다. 아니라고 여겨지면 즉석에서 담담하게 표현해야 싫은 마음이 축적되지 않는다. 마음이 닫혔다 열렸다 수시 변덕이다. 천천히 보면 다르게 보인다. 강도가 낮춰진다. 감정은 부여잡지 않고 저항하지 않고 물처럼 바람처럼 흘러가도록 두면 된다.

칼 세이건의 다큐 〈창백한 푸른 점〉 영상을 본다. 우주의 작은 점 지구, 그 속에 나를 두며 실제감을 느끼기 위한 공상 놀이를 한다. 공상이 진실에 더 가까울 수 있다. 시비 가리기, 우기기가 옅어지고 더 이상 생각이 일지 않으며 멍할 뿐이다. 이 순간만이 가장 진실한 때다.

작은 재미와 작은 아름다움이 있는 '하루', 그만으로 충분하다.

9월 27일 메뚜기

들판으로 나갔다. 벼가 누렇게 익어 가는 모습을 보여 주고 싶었다. 멀리 서 있는 산과 어우러진 들 풍경이 멋스럽다. 가슴이 가득 차고 왠지 힘이 생긴다. 마음의 호수엔 잔잔한 바람이 분다.

자연과 하나 되어 그 안에 있으면 더 이상 필요한 것이 없다. 햇빛, 공기, 물, 식물, 자연으로 몸은 이루어진다. 헤아릴 수 없는 감사를 쉬이 잊는다. 삶은 자연의 골골을 음미하는 것이다.

아이들은 메뚜기 잡기에 온 신경을 쏟았다. 논둑을 뛰어다녔지만 잡지 못했다. 그러다 동민이가 논에 빠졌다. 나오더니 얼굴을 찌푸리며 화낸다.

"누가 밀었어?"

"너 혼자 빠졌어."

이러니 마찰이 잦구나.

교실로 들어와 메뚜기 한살이 영상을 보았다. 조금 전 그토록 잡고 싶던 메뚜기가 나오니 눈은 일제히 TV 화면에 꽂힌다. 메뚜기에 관한 것은 뭐든 알고 싶어 한다.

아이들이 좋아 몰두하는 활동을 놓치지 않고 또 할 수 있는 기회를 만든다. 찰흙 만들기를 좋아하면 도예활동 시간을 추가한다. 수학에 빠져들면 시간표를 바꿔 수학을 계속한다. 하고 싶은 마음을 차마 외면하지 못하는 교사의 민감성이 아이의 자발성을 키운다.

아이가 학급 구성원에게 피해 주지 않는 선에서 자유롭길 바란다. 너무 깐깐하게 간섭해 옴짝달싹 못 하게 하지 않는 편이다. 내 뜻보다 자기에게 귀 기울이길 바란다.

교실 질서를 잡는 방법은 재미다. 공부에 재미 붙이면 소리치거나 혼내지 않아도 질서는 잡힌다. 마구 뛰어다니거나 소리 지르며 에너지를 발산하는 행동이 사라진다. 두려워하지 않으며 자연스럽고 과감하게 활동한다.

삶의 굽이굽이에 할 일이 있고 실현하고 싶은 것이 있다. 집중은 실현을 가능케 하는 최적의 방법이다. 집중 맛을 알면 또 하려는 욕구가 생기고 집중력은 더 높아진다. 마음은 중심 잡히고 나날이 즐겁게 도약한다.

"오늘부터 글쓰기는 다 함께 하지 않고 각자 따로 쓰겠습니다."

드디어 개별로 쓴다. 지금까지 규리와 효민이만 혼자 쓰고 그 외는 함께 썼다. 아이들이 말하면 내가 받아쓰고 아이들은 그걸 보고 썼다. 이제 혼자 할 수 있는 아이가 7할 정도 된다. 아이가 쓰면 나는 틀린 글자만 봐 준다. 한 바닥 쓰고 잘 쓰는 아이는 두 바닥 쓴다. 혼자 쓸 수 없는 아이도 함께 하지 않고, 말하면 내가 써서 보여 준다. 한참 생각해 한 문장 말하면 써 주고 또 한 문장 말하면 써 준다. 공부는 홀로 한참 생각하는 것이다. 한 명씩 듣고 써 주고 했더니 기운이 빠진다.

9월 28일 약자와 강자

서준이가 울며 들어왔다. 진정한 뒤 함께 이야기 나눴다.

"상욱이가 저보고 머리가 나쁘대요."

상욱이는 그런 적 없다 한다. 상욱이가 친구들이 머리를 안 쓴다고 말하며 웃었는데, 서준이는 자기한테 하는 말로 받아들였다고 한다.

서준이는 마음이 여려서인지 친구들이 자기를 무시한다고 여긴다. 사실일 수 있고 상욱이가 교묘하게 빠져나가길 잘하는데 내가 놓친 듯하다. 서준이한테 미안하다. 나는 공정함에 대해 예민하고 약자와 나를 동일시한다. 친구를 무시하면 지나치지 않는다.

약자 언행은 강자 기호에 따라 저지 혹은 선택된다. 강자 지시에 따르며 자기 필요와 관심에 따라 일상을 조직하지 못한다. 주장이 무시되면 자기 판단과 말을 하지 않는 습관이 형성된다. 일상에서 자연스럽게 하는 사고력 훈련을 하지 못한다. 무시당하며 불쾌함과 무기력을 느끼고 기개가 꺾인다.

누구나 자기만의 태양을 향해 나아가려는 소망과 관성이 있다. 자기 세계관에 따라 뜻을 펼치고 싶고 저지당할 때 대항한다. 부당하게 억눌릴 때 생명력은 창조성을 발휘하지 못한다.

강자는 힘을 자기 발전이 아니라 약자를 누르는 데 사용한다. 허세와 폭력성으로 나타난다. 결국 인성이 떨어진다. 진심으로 지지하고 좋아하는 친구가 없어 고립되고 외로워진다. 수직적인 관계는 모두의 성품 형성에 나쁜 영향을 끼친다.

나는 약자와 강자가 아니라 사람 대 사람의 만남이 이루어지는 교실이 되도록, 서열 지으려는 본성을 조율한다.

상욱이는 자기 맘대로 하려 하고 명령한다. 친구가 언짢아하고 힘들어하는 걸 잘 헤아리지 못한다. 자기 재미에 충실하고 존중하는 태도는 부족하다.

어머니와 대화해 보니, 예뻐하기만 해 지나친 언사도 허용하며 키우는 듯했다. 어머니와 대화할 때 나는 솔직하지 않았다. 저경력 시절엔 아이 단점을 어머니가 먼저 말하고 나도 그런 면이 있다고 공감하며 소통할 수 있었다. 요즘은 자녀의 취약점 드러내는 걸 껄끄러워하며 칭찬만 듣고 싶어 하는 경우가 많다. 자기 자녀로 인해 피해받는 아이가 있어도 인정하지 않는다. 예민하게 날이 서 있는 사회 환경으로 인해 잘못을 인정하면 지나친 공격을 당할 것 같은 두려움이 있을 수도 있다.

아이는 상하관계인 부모 앞에서와는 달리 또래에겐 완력을 휘두른다.

아이 학습과 인성에 대해 부모와 의논하고 싶고, 정직하지 않으면 책무에 소홀한 듯해 죄책감이 든다. 그러나 학부모가 달가워하지 않거나 거부하는 경험을 되풀이해 온 터라, 말하지 않고 극히 문제 되는 일면만 조심하며 전달한다. 학부모와 허심탄회한 대화를 많은 부분 포기한 상태가 되었다.

나는 아이를 좋은 측면에 기울어져 보는 경향이 있다. 문제를 제대로 파악하지 못하고 균형감을 잃어 조정이 필요한 때를 놓친다.

교사 일은 관계를 떠나 홀로 성취할 수 없다. 뛰어난 역량이 있더라도 아이들 속에서 녹여내지 못하면 무의미하다. 아이들이 전진한 만큼 나아갈 수 있다.

10월

재미가 몽실몽실 솟는다

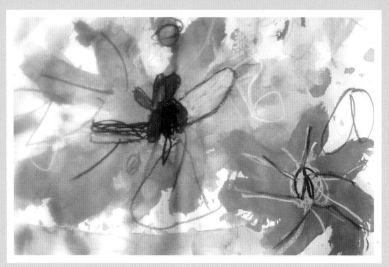

가을, 최다은

10월 1일 아이의 사랑

주연이가 뺄셈이 능숙하지 않아 연습 삼아 문제를 몇 개 써 주었다. 지켜보던 동희가 말한다.

"저도 주연이처럼 해 주세요."

문제 내 줬더니 계속하고 싶어 한다.

'저도요.' 아이들이 자주 하는 말이다. 친구와 동일시하거나 관심받고 싶어서일 수도 있다. 하고 싶은 걸 하고 또 다른 관심거리가 생기고……. 열정이 일어나며 촘촘하게 경험한다.

> "학습에 중요한 세 가지 특성인 주의력, 집중력, 기억력은 모두 인지 능력이 아닌 감정에 의해 통제된다." _『감정의 발견』, 285쪽

"우진이가 저만 빼고 가요."

동민이 하소연이다.

"애들아, 동민이에 대한 불만이 있나 본데 모두 말하고 훌훌 털어 버리자."

"때리고 도망가요."

"놀 때 방해해요."

"동민이도 친구한테 바라는 거 말하세요."

"시소 같이 타자 했는데 무시했어요. 같이 놀아 주고 같이 가면 좋겠어요."

"동민이는 제멋대로 해요. 가위바위보도 이상하게 해요."

"규칙이 있는데도 규칙대로 하지 않아요."

"장난을 엄청 많이 쳐요."

동민이는 친구 불만을 인정했다.

"동민이에 대한 불만을 날려 버리고 다시 시작해 봅시다. 우리 마음에는 사랑의 나무도 있고 미움의 나무도 있어요. 어느 나무가 잘 자라는 게 자기한테 좋을까요?"

쉬는 시간, 운동장을 다녀온 동민이가 말했다.

"선생님, 저 나쁜 마음 물 안 줘서 죽어 버렸어요."

동민이는 우박처럼 쏟아지는 불만을 듣고 크게 흔들리지 않았다. 건강한 자존감이 있어 주눅 들거나 비하하지 않을 수 있어 다행이다. 지적을 수용하는 동민이가 훌륭하게 느껴진다. 나라도 동민이에게 맞추고자한다.

교실은 서로의 말이 오가는 길이 나 있다. 오해하지 않고 튕겨 내지 않고 받아 준다. 생각이 다르더라도 자기 생각만 고수하지 않는다. 신뢰가 형성되어 있으니 대화로 소통되고 건강한 결론이 나온다.

10월 2일 교사의 즐거움

오늘부터 짧은 글쓰기를 시작한다. 첫 주제는 메뚜기로 했다. 한 문장씩 말하면 내가 쓰고 함께 읽었다.

"메뚜기가 폴짝폴짝 풀잎 위에서 뜁니다."

"메뚜기가 못됐어요. 쌀을 갉아 먹잖아요."

"메뚜기가 뛰어서 사람을 놀라게 합니다."

"메뚜기가 꽃 위에 올라갑니다."

"메뚜기가 사람에게 밟혀서 죽었습니다."

짧은 글쓰기는 즉석에서 간단하게 할 수 있는 문장 만들기다. 친구 문장을 들으면 다른 말이 떠오른다. 부담 없이 문장을 만들고 공유하는 재미가 있다.

한글을 쓸 수 있게 되니, 편지를 쓴다.

-선생님, 사랑했요.

-선생님, 안년하세요.

맞춤법이 틀린 글자를 보면 귀엽다. 애쓰는 모습이 가상해 실수도 예뻐 보인다.

아이들은 사랑한다는 말을 잘한다. 그들과 함께하면 외롭지 않고 명랑하고 충만한 느낌이 드는 건 그들이 사랑이 많은 존재이기 때문이다. 덕분에 내 잔은 사랑이 흘러넘친다.

아이에 대해 기쁘게 웃으며 말하는 교사를 종종 본다. 이들은 대개 여유 있는 근무환경에서 아이에게 집중하고 있다. 아이를 깊이 예뻐하며 즐겁게 생활한다.

아이들의 작은 몸짓과 밝음, 사랑스러움은 사람을 끌어당기는 힘이 있다. 사랑을 교감할 수 있는 좋은 상대다. 그들과 마음을 나누며 흡족함을 느끼고 노고를 잊는다. 그들 눈높이에 맞춰 말 걸고 장난치며 함께 뛰어놀기도 한다. 아이가 자기를 충분히 개방할 수 있는 분위기를 조성한다. 아이는 교사 곁에 붙어 시냇물처럼 종알거린다.

"상대가 이쪽을 어떻게 생각하든 관계없이, 그냥 사랑하는 것이라네. 사랑에 몸을 던지는 거지."_『미움받을 용기 2』, 281쪽

혼자 쓸 수 있는 아이들이 많아져 나는 편해졌다. 상욱이가 드디어 혼자 쓴다고 선언했다. 한 자 한 자 궁리하며 천천히 쓴다. 간간이 멈추고 골똘히 맞춤법을 찾아 애쓰는 모습이 감동스럽고 아름답다. 곧 시원하게 독립할 것 같다.

할 수 있는 것보다 조금 더 해내며 운동선수처럼 기록을 경신하는 맛

을 보여 주고 싶다. 어려움을 극복할 수 있는 역량이 생기고 또 달릴 수 있다. 암담하지 않은, 이겨 낼 수 있는 난관은 흥미를 유발하고 열의를 갖게 한다.

아이들은 혼자 힘으로 하고 싶은 욕구가 있다. 그럴 때 전진하도록 밀어 주면 한 단계 올라선다. 홀로 쓰고 싶은 아이와 앞에서 손뼉 치는 교사가 만나, 기록을 경신하며 한글을 해독한다. 성장한다는 건 자립 영역을 넓히는 것이다. 교사는 아이가 홀로 할 때까지 받쳐 주는 지지대다.

수학 시간이다. 덧셈 문제를 이야기로 만들었다. 한 명씩 말하면 나는 컴퓨터에 받아 옮기고 프린트해 각자 풀었다. 수학과 한글 공부가 동시에 되어 좋다. 10분 만에 끝내는 아이가 있고 70분이 걸리는 아이가 있다. 오늘은 수학을 두 시간 했다. 내일도 수학 위주로 하자. 그때그때 형편과 아이들 관심에 따라 시간표를 새로 짜고 있다.

동민이와 지아는 계산이 틀려 다시 하라니 목에 힘을 주어 맞다, 틀릴 리 없다 한다. 굉장한 자기 확신이다.

10월 5일 아이 탓하기

주연이와 준우는 내가 미처 챙기지 못한 사이 아무것도 하지 않았다. 제대로 하는지 확인하지 않다가 뒤늦게 알고는 두 아이 책임이고 잘못이 틀림없다고 여긴다. 나도 아이에게 뒤지지 않는 확신의 소유자다. 딱딱하고 급한 목소리가 나간다.

"다시 해 와."

초등학교 교사는 지성과 도덕성, 신체 건강 등 아이의 모든 면과 연관

되어 있다. 부모처럼 아이 삶 전체가 교사의 관심 영역이다. 몸에 열이 있는지, 피곤한지, 잠은 충분한지, 배가 고픈지, 슬픈지, 편안한지, 교실 온도, 공기 질, 친구관계, 교과 선호도, 이해력, 사고력, 문해력, 관찰력 등을 순간순간 확인하고 판단한다. 모든 것을 종합적으로 알아챌 수 있는 건강과 여유가 있어야 제대로 일할 수 있다.

보고해야 하는 공문, 각종 사무 처리, 회의, 연수, 업무 전달 메시지는 아이와 교사 사이에 높다랗게 쌓여 있다. 마음은 급하고 어깨는 긴장하고 목소리는 빨라진다.

세계적인 심리학자 제롬 케이건은 말한다. "아동들은 중요한 지적 재능을 습득하려는 욕구를 만들어 줄 교사가 필요하고, 교사야말로 아이의 교육에서 가장 핵심적인 요소임을 이해해야 한다."

저녁이다. 독서를 하며 문구를 음미한다.

"자기 몸에 선한 덕을 축적하고 난 후에나 타인에게 선행을 요구할 수 있는 것이며." _『대학』

준우와 주연이에게 불쑥 내뱉은 거친 말이 떠올라 마음이 무겁다. 대면할 엄두가 나지 않고 떠오르는 것도 부담스럽다. 그들은 수업에 충실치 못한 것보다 선생한테 그런 대접받는 것이 더 나쁜 일이다.

교사는 시시각각 변하는 아이 상태와 감정을 헤아려 대응한다. 우울해도 웃고 화가 나도 덤덤한 척한다. 아이에 맞춰 조절하지 못하면, 수업과 관계는 성공하지 못한다. 성장하지 못한 채 잠재하던 내면아이가 충동적으로 나올 때면 당황스럽고 부끄럽다. 어설픈 감정은 한순간 품격을 무너뜨린다.

마음이 우중충하고 몸이 무겁다. 마당에 나가니 바람이 살갗을 스치며 위로하는 듯하다. 기류 전환이 오고 가벼워진다. 자연은 최고의 치료사다. 알아차림 명상법을 공부하고 있다. '화가 나는구나', '마음이 불편하구나', 단지 알아차리는 연습을 한다. 자책하며 힘이 빠지거나 억압하지 않으면서도, 감정이 옅어지고 비워지는 효과가 있다. 말투와 태도 등 나도 모르던 모습이 보인다. 취약점을 담담히 받아들이며 조율한다. 명상이 든든한 지원군이다. 꺾인 마음을 이해하고 허용하고 흘려보내며 삶의 순례를 이어 간다.

> "두려움은 삶의 본질적인 부분이기 때문에, 그것에 대한 저항은 삶에 대한 저항과 같다. …… 회피는 제대로 사랑하고, 우리 내면과 주변의 아름다움을 소중히 여기고, 바로 지금 이 순간에 존재하는 것을 방해한다." _『받아들임』, 262쪽

교육에 관한 지식은 도덕 지식처럼, 이해에 그치지 않고 몸으로 실현해야 완성된다. 지식을 용해해 온전히 자기화해야 한다. 이식하듯 적용할 수 있는 교육 이론은 없다. 살아 있는 사람에게 적용하므로 실제화·일반화가 쉽지 않다. 교사 개개인이 실천하며 터득해야 한다. 교사는 매일 땅을 치며 깨닫는다.

10월 8일 메뚜기의 날

몰려갈 일이 또 생겼다. 다은이가 집에서 메뚜기와 잠자리를 잡아왔다.

"과학실에서 망이 있는 통 갖고 와 넣자."

"선생님, 돋보기도 가져와요."

떼 지어 과학실로 갔다. 상욱이가 운동장으로 나가더니 풀을 뜯어 왔다. 메뚜기 먹이 준다며. 쏜살같은 순발력이다. 통 주위에 둘러앉았다. 몇몇은 불 피운다며 검정 종이에 햇빛을 모으고 있다.

"잠자리가 움직이지 않아."

"날개가 찢어지지 않았을까?"

"애가 도망치려고 다른 곳 보고 있어."

"물 주자. 꿀꺽꿀꺽 목마를 때 마시게."

"메뚜기, 밖에 산책 가도 돼요?"

"선생님, 메뚜기가 나가고 싶어 해요."

통을 들고 운동장으로 나갔다. 아이들이 흥분해 날뛸 땐 원하는 대로 들어준다. 누군들 꺾을 수 없다. 깡충깡충 뛸 만큼 중대하고 신나는 일이 즐비하다. 메뚜기 잡으러 온 학교를 들쑤시며 뛰어다닌다.

"와! 아기 메뚜기다."

"와! 많이 잡았다."

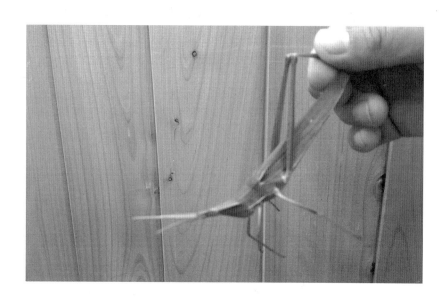

한바탕 축제가 벌어졌다. 첫째 시간엔 메뚜기 잡고 술래놀이했다. 열기를 주저앉힐 수 없어 다른 수업은 하지 못했다. 둘째 시간엔 메뚜기와 잠자리를 주제로 글쓰기 했다.

주제에 맞춰 긴 시간 끌고 가며 쓸 수 있는 역량이 생겼다. 성취의 관건은 '지속할 수 있는 힘'이다. 그 힘은 경험, 의욕, 성공, 좌절, 재미의 시간이 쌓여 형성된다.

메뚜기와 잠자리 날이다. 종일 그들에 관해 얘기한다. 눈이 동그랗게 커지고 몸은 쉼 없이 튀어 올라 현재를 태양처럼 밝힌다. 아이는 자연의 성실을 닮았다. 마음을 다해 알차게 산다.

10월 10일 주의 기울이기

운동장에 나가 달팽이놀이하고 정글짐에서 놀았다. 그 뒤 글쓰기를 했다. 승원이는 '그래 가지고요'를 되풀이하며 줄줄 이어서 말한다. 승원이가 말하면 듣고 있다, 마침표 찍는 곳을 알려 주었다. 문장 만드는 연습을 하고 있다.

『무엇이든 삼켜버리는 마법상자』를 들려주었다.
"마법상자에 뭘 넣고 싶나요?"
-학교, 교회, 공부, 수학, 아동센터, 나쁜 애들, 형, 언니, 지구.
우진이가 말했다.
"꼬마 아이가 나빠요."
"우진이한테 질문 있어요. 자기가 싫어서 그런 거지 못된 게 아니잖아?"
상욱이 한마디에 의견이 분분하다.

"그런 아이가 우리 반에 있으면 모두 없어지겠다."

"엄마가 없으면 밥은 누가 주나?"

질문하면, 답하기 위해 생각한다. 생각하려면 집중해야 한다. 집중해 주체적으로 수업에 참여하므로, 수업이 지루하지 않고 생생하다. 지명 전에 질문부터 하면 긴장해 듣는다. 무작위로 이름표를 뽑아 지명하면 누가 될지 몰라 더 주의를 기울인다. 답은 한 명이 해도 생각은 모두 한다.

직접 경험하며 지식을 습득하도록 한다. 보기, 만지기, 함께 놀기, 감정 이입하기, 자기 생각하기 등의 과정을 거친다. 지식을 친밀하고 적극적으로 받아들인다. 식물원에 있는 수많은 꽃보다 자기가 심은 몇 송이가 더 값지게 보인다. 손수 키운 지식은 온전히 자기화되어 의미가 선명하고 지력을 강화한다.

"아이들이 직접 정보를 생각하고 처리할수록 그 정보를 기억할 가능성이 커진다는 사실이 점점 더 많은 연구를 통해 증명되고 있다. …… 정교화 질문이 학생들의 기억력 향상에 가장 효과적인 전략 중 하나로 꼽혔다." _『모든 교사, 학부모가 꼭 알아야 할 학습과학 77』, 133쪽

10월 11일 자연 탐험가

아침시간, 상욱이가 수학 익힘을 풀고 있다. 규리가 오더니, 자기도 하겠다며 책을 꺼낸다. 교실로 들어온 아이들이 따라 한다.

가을 들판이 한창 익어 간다. 누런 벼는 햇살을 받아 절정으로 빛나고, 이 순간은 단 며칠뿐이다. 그 황홀한 빛 앞에 서면 들판 속으로 녹

아든다. 아무런 생각도 일지 않는다. 무중력 상태가 되어 평화로워진다.

아이들한테 보여 주고 싶어 들판으로 나갔다. 내 계획은 빗나갔다. 들판은 보는 둥 마는 둥 하곤 애벌레와 굼벵이, 막대기와 놀기 시작했다. 고구마 수확한 밭에 있는 고구마 줄기도 놀잇감이 되었다.

푸른 하늘 아래 널따란 들판에서 노는 모습을 보니, 맛난 음식이라도 준 양 흐뭇하다. 벼는 햇살을 받아 황금빛으로 바람에 살랑인다. 멍하니 그 풍경을 바라보았다. 한동안 놀다 학교로 돌아와 글쓰기 했다.

-규리가 애벌레를 잡아서 놀랐어요. 애벌레를 위해 집을 지었어요. 어떤 재료를 사용했냐면 나뭇가지랑 버려진 장갑, 나뭇잎을 사용했어요.

-밭에서 다은이와 지네를 잡았어요. 근데 자꾸 떨어져서 손으로 가둬 데리고 갔어요. 그리고 풀어줬어요.

-털이 많은 송충이를 봤어요. 돌 아래 벌레들이 많이 있었어요. 땅을 팠더니 굼벵이가 나왔어요. 돌 하나 아래서 셋이나 나와서 좋았어요. 굼벵이가 똥을 쌌어요. 그래서 빨리 집을 지어 주었어요.

이삭이 익어 아래로 늘어진 모습이 새삼스레 신기해 한참 바라보았다. '벼는 익을수록 고개 숙인다'는 속담이 실감 난다.

자연은 다양한 심성을 일으킨다. 끝없는 바다를 보면 묶였던 가슴이 풀어져 뭐든 포용할 듯하다. 저녁노을은 들뜬 기운을 가라앉혀 오묘한 삶을 관조하게 한다. 아침에 퍼지는 환한 햇살에 지난밤의 암담함은 오간 데 없이 사라진다. 단풍 든 가을 산의 수려함은 지고한 기쁨에 젖게 한다. 자연에 머문 시선은 자기에게로 향해 자기를 데운다.

자연은 현재 이대로 완전하다. 자연의 일부인 사람도 완전한 존재인지 모른다. 판단이 개입한 순간 문제 있는 사람이 된다. 자연은 판단하지 않는다. 눈치 보지 않아도 된다. 지금 모습대로 우리를 받아 준다.

아이들은 탐험가다. 구석구석 누비며 들추어낸다. 자연의 품에서 떠들썩하게 웃고 장난치며 논다. 자연과 친숙해지고 사랑을 나누며 감각을 일깨운다. 그 뒤 이어지는 글쓰기는 어렵지 않다. 자연과의 접촉은 사고를 자극해 풍부한 문장을 창조한다. 꽃향기 묻은 달콤한 바람, 부드러운 흙의 촉감, 바짝 바른 풀잎의 구수한 냄새 등은 생생하게 되살아난다. 글쓰기 과정에 재소환되어 자연은 행복한 기억으로 저장된다.

10월 15일 성장의 발판

남자아이들이 축구에 빠졌다. 축구공을 구해 줬더니 매일 갖고 논다. 쉬는 시간 종이 울리면 곧장 일어나 공 들고 운동장으로 나간다. 놀고 또 놀아도 지치거나 식상해하지 않는다. 열정의 도가니다. 방해하지 않으면 나날이 월장한다.

동민이가 운동장 놀이 뒤 또 울먹이며 들어온다. 학기 초엔 혼자 놀기도 하더니 이젠 자주 어울리고 싶어 한다. 그런데 매번 걸린다. 다른 아이들한테는 쉬운 일을 동민이는 매일 힘들게 배워야 한다. 동민이는 사물을 관찰하고 탐구하거나 그림을 그리는 등 사람보다 활동에 더 관심 갖고 즐기는 면이 있다. 사람을 이해하고 관계 맺는 법에는 서툴다. 가정에서 너무 많이 허용하며 키운 영향도 있는 듯하다.

학교는 과민한 외부 개입이 없으면 다투고 깨지고도 회복하며 안전하게 살 수 있는 곳이다. 대립과 상처가 독이 되지 않고 성장 발판이 될 수 있는 사회다.

며칠째 잠자리와 메뚜기를 잡으며 논다.

메뚜기에 관한 책을 들려주었다. 하고 싶은 말이 많아 읽는 중간중간에 끼어든다.

"선생님, 메뚜기 영상 다시 봐요."
메뚜기가 땅속에 알 낳는 모습이 나온다.
"와!"
"나, 메뚜기 먹어 보았다."
"그걸 어떻게 먹냐."

"선생님 이거 '을' 맞죠?" '를'을 '을'이라 한다. 맞춤법에 관심이 높다. 오늘은 동민이가 도움 없이 혼자 썼다. 승원이는 말하면 내가 써서 보여 주고 글자를 손으로 가렸다. 본 걸 기억해 혼자 쓰게 했다. 다은이와 지아만 보고 쓴다. 글쓰기가 빠르게 나아지고 있다.

자음 하나 모음 하나 진지하게 찾는 과정이 축적되어, 더듬더듬 쓰다 차츰 빨라지고 익숙하게 쓰게 된다. 힘들게 조금씩 깨치면 재미가 몽실몽실 솟는다.

책상 위 포스트잇에 적어 놓은 문구를 수시로 본다. 나도 모르게 좁아진 마음을 제자리에 두는 연습을 한다. 금방 잊어버린다.

"진심으로 타인의 입장에서, 타인을 이해할 수 있는 마음씨를 몸에 익히지 아니하고서, 능히 타인을 깨친다고 하는 자는 있어 본 적이 없다." _『대학』

10월 16일 고독한 순간

그동안 국어책을 함께 읽지 못했다. 이제 모두 글을 읽을 수 있다. 오늘 드디어 같이 읽었다. 개별로 읽다, 모두 한목소리로 읽기도 했다. 3교시엔 '국어책 읽기'란 제목으로 글쓰기를 했다.

　－차례가 되니까 마음이 설레고 긴장되었어요. 다 함께 읽으니까 재미있었어요.

　－모두 함께 읽으니까 목소리가 크게 안 나왔어요. 친구는 빠르게 읽고, 저는 느리게 읽었어요.

　－재미있었어요. 근데 한 번 틀렸어요. 제 차례 다가올 때 떨렸어요.

　친구 앞에서 낯설고 부담스러운 일을 홀로 수행해야 하는 고독한 순간이다. 나는 너무 무겁거나 가볍지 않도록 무게감을 조율하는 감각이 필요하다.

　처음이라 서툴 수 있는데 자기 순서일 때 읽는 걸 놓치면 다그쳤다. 부담됐을 것이다. 내가 원하는 대로 되길 바라는 자기중심성, 여지없이 나타났다.

　아이들은 최선을 다해 전체 흐름에 맞춰 읽으려 했다. 처음에는 헤매는 것이 당연하고 차근차근 부담 없이 하면 된다. 그걸 배울 기회를 나는 빼앗는다. 아이가 내 기대만큼 하는 데 초점을 둬 오히려 성공에 훼방꾼이 된다.

　교실 뒤 탁자 위에 곤충 그림책을 두었다. 시간 나면 책을 보며 논다.

　"샘, 벌레 중에 선녀 벌레가 있는 줄 몰랐어요. 선녀 벌레 애벌레 보실래요?"

　"샘, 풀잎 벌레 보세요. 특이하게 생겼어요."

　샘, 샘, 부른다. 사람 사이 연결 고리를 쉼 없이 만든다. 부르는 소리가 귓가에 맴돈다. 사람은 사람 눈길을 갈망한다.

10월 17일 미워할 시간이 없다

아침 명상 시간, 이삼 분가량 눈 감고 호흡을 가지런히 한다. 명상으로 의식은 환기된다. 오늘은 관성적이나 타성에 늘어지지 않고 새뜻해진다.

친구 사이에 불평이 많아지고 있다. 덜어 내야 할 때가 되었다.

"오늘은 반성 시간을 갖겠습니다. 요즘 친구한테 사과하고 싶은 점 생각해 보세요."

잠시 눈 감고 있었다. 효민이가 시작해 모두 말하고 사과 편지를 썼다.

– 상욱아, 지난번에 사인펜 못 쓰게 해서 미안해.

– 주연아, 바보라고 놀려서 미안해.

– 태경아, 필통 쓰레기통에 넣어서 미안해.

– 하진아, 지난번에 너 발목 다쳤는데 못 업어 줘서 미안해.

– 선생님, 지난번에 모른 척한 거 미안해요.

"말하고 나니 어때요?"

"마음이 시원하지 않아요."

"왜 그럴까요?"

"미안해서 답답해요."

"다시는 안 하겠다고 약속할 거예요."

"기억을 다시 해서 썼어요."

"편지 받으니 부끄러웠어요."

"기분이 좋았어요."

"마음이 편안해졌어요."

상대를 독립된 인격체로 대하지 않고 자기 욕구 확장 대상으로 삼기도 하지만 공정함을 견지하고 상호호혜 정신이 높다. 자기 행동을 답답할 정도로 불편해하는 보드라운 마음결이 느껴진다. 아이들과 대화 나누며 묵직한 울림을 자주 경험한다. 사람을 함부로 대하면 마음이 무겁고 미안하다. 그러지 않겠다는 다짐을 자연스레 한다. '민감한 양심'은 사람을 아름답게 하고 사이를 이어 준다.

사과받으면 친구가 힘들게 말한 걸 알기에 고맙고 기쁘다. 평소 드러내기 어색하던 진심을 나눠 사이가 도타워진다.

공적인 장에서 자기 편향은 균형을 잡는다. 사익이 아닌 공익이 잣대가 된다. 따뜻한 시선을 나누며 서로의 젖줄이 된다. 우리는 미워할 시간이 없다. 사랑은 마음의 문을 한 번 더 여는 것이다. 마음을 열면 관계에서 겪는 곤란에서 벗어날 수 있다. 우리는 모두 연결되어 있으므로 나와 남의 이익은 일치한다. 교육은 닫힌 문을 열 수 있는 사랑의 역량을 기르는 일이다.

10월 18일 통찰의 글쓰기

드디어 고구마를 캔다. 호미 하나씩 들고 '큰 일' 하러 텃밭으로 갔다. 엉덩이는 하늘 향해 들고 얼굴은 땅에 바짝 대어 흙을 파고 팠다. 고구마가 호미에 긁힐까 봐 살살 파니 고구마가 주렁주렁 달려 있다. 땅속에서 금방 나온 고구마는 밝은 선홍빛이다. 여름엔 뱀 있을까 봐 캐지 못했던 감자도 나왔다. 큰 고구마가 나오면 한꺼번에 와!, 탄성이 터진다. 고구마는 땅, 햇빛, 비의 힘으로 자라지만, 모종을 심은 공이 전부인 양, 자기가 키운 듯 뿌듯해한다. 모두 캐니 20킬로그램이 넘을 것 같다. 두고두고 먹으려 교실 뒤에 두었다.

─고구마 캘 때 처음에 큰 게 나와서 신기했어요. 다섯 개나 캐서 좋았어요.

─호미로 흙을 팠어요. 흙 팔 때 촉촉한 느낌이었어요. 물렁물렁하기도 했어요.

희귀한 유물처럼 나오는 고구마, 앙증맞은 방울토마토, 통통 소리 나는 수박, 작물이 자라며 변하는 모습에 환호했다. 옆에서 '야!' 하니 덩달아 흥분한다. 작은 시작에서 창조된 많은 수확물을 거둬들이는 축제의 기쁨은 크고도 크다.

자연은 놀랍게 창조한다. 실행은 부족하고 생각은 많은 사람과 달리, 소리 없이 자라고 자란다. 한 줄기였던 고구마 모종이 수십 개 줄기로 뻗어 나간다. 가느다란 토마토 모종은 굵은 가지로 올라가며 가지가 늘어지도록 열매가 달린다.

가을은 은은하고 투명한 햇살로, 여름이 키워놓은 생명을 여물게 하고 열매 맺어 차분히 소임을 다한다.

글쓰기로 사고는 다듬어진다. 흩어지고 사라지는 생각을 가지런히 정돈해, 알맞은 말을 선택하면 글이 된다.

글쓰기는 내면에 터널을 내는 일이다. 쓰기 전엔 없던 말도 쓰는 과정에서 올라온다. 새로운 정신의 광물이 나온다. 혼란스러운 생각이 글을 쓰며 제자리를 찾으며, 소박하고 참된 자기를 만난다.

글쓰기 시작 단계에서는 모두 함께 썼다. 활동 중 관심 가질 만한 주제를 정해 한마디씩 하면 내가 받아썼다. 문맥이 맞지 않으면 함께 고쳐 문장을 만들었다. 대여섯 문장 정도 써서 읽고 각자 공책에 썼다.

공동 글쓰기가 익숙해지면, 첫 문장만 함께 쓰고 나머지는 개별로 썼다. 첫 문장이 정해지면 그다음부터는 어렵지 않게 글이 나온다. 적은 분량으로 시작해 한 바닥 정도 쓰고, 잘 쓰는 아이는 두 바닥으로 늘렸다.

글 쓰며 맞춤법이 애매하거나 모르는 철자를 궁리한다. 필요에 의해 알아내므로 머리에 쏙쏙 박혀 한글을 익히고 어휘력은 늘어난다.

운동장 놀이 뒤엔 어떻게 놀았는지, 어떤 생각이 드는지 등을 썼다. 관심 쏠릴 만한 활동을 하면 글이 잘 나온다. 활동하지 않은 상태에서 머리로 짜내어야 하는 글쓰기는 하지 않았다.

글쓰기는 고난도 활동이라 분위기를 조성해 접근해야 거부감이 강해지지 않는다. 최소한 싫어서 억지로 하지 않도록 조심해야 한다.

시간은 넉넉히 잡아 다 쓴 사람은 자유 시간을 준다. 자유 활동은 독서나 그림 등 각자 정해서 할 수 있다. 일찍 끝내면 자유 시간을 길게 즐길 수 있어 대부분 늑장 부리지 않고 쓴다.

글쓰기 초기 단계에선 부담스러워하지만 익숙해지면 즐기는 면이 커진다. 글을 쓰면 자연스레 집중한다. 집중하지 않으면 글이 떠오르지 않아 쓸 수 없다. 글쓰기에만 몰입하므로 잡생각이 사라져 맑고 편안하다. 기분이 좋아져 쓰기에 호감이 생긴다. 글쓰기에 맞춰 몸과 정신은 잔잔해진다. 힘들게 쓴 결과물이 눈앞에 보여 성취가 느껴진다. 교사가 중요하게 여기고 꾸준히 하면 대부분 잘 쓰고 흥미도 갖는다.

"몰입의 장벽을 극복하면 공부하는 내용도 머릿속에 쏙쏙 들어오고, 공부가 힘들기보다는 오히려 재미있게 느껴질 뿐 아니라 자신도 모르게 근심이나 걱정이 의식에서 사라진다. 이러한 변화는 몰입도가 올라가면서 우리 뇌에 도파민과 같은 긍정적 화학물질의 분비가 촉진되기 때문에 발생한다." 『몰입 두 번째 이야기』, 59쪽

10월 19일 아이들 특권

현장체험학습일이다. 곤충 전시관과 놀이 시설이 있는 곳이다. 아침에 교문에 들어서니 전교생이 운동장에 모여 시끌벅적하다. 웃음은 그칠

줄 모르고 온 학교가 들떴다.

"선생님, 저 일찍 일어났어요."

그리도 신나는 일이 있는 건 어린이의 특권이다. 종일 두리번거리며 휘젓고 다녔다. 곤충 모형 위에 올라가고 박제된 나비에 관심을 가졌다. 토끼와 염소에게 당근을 주었다. 체험관에 들어가서 이것저것 만졌다. 이토록 집중해 놀 줄 미처 몰랐다. 순간순간 불꽃이 일고 감탄사가 연달아 왔다. 나는 그런 아이들이 놀라웠다. 돌아오는 차 안에서 피곤한지 모두 잤다.

아이들은 평범함을 특별함으로 만드는 재주가 있다. 개미 한 마리를 만나도 환호 대상이 된다. 그 순간 그것은 세상에서 가장 특별하다. 아이는 일상의 밭에서 기쁨을 캐낸다. 갓 잡은 물고기처럼 팔딱이는 에너지로 세상과 만나고 창고를 활짝 열어 모든 걸 나눈다. 숱한 웃음과 높은 애정, 넘치는 활력으로 순간을 산다. 나에겐 특별해 보이지만 1학년에게는 당연하고 평범한 일이다. 어른은 과도한 움직임이 부담이지만 아이는 움직여야 산다. 강렬한 호기심과 열렬한 몸짓은 아이의 자연성이다.

때에 맞게 내린 비가 작물의 왕성한 성장을 보장하듯, 아이의 생명력은 애정 어린 보살핌이 있을 때 여물 수 있다.

10월 22일 모래놀이

교실을 나가 운동장을 가로질러 뛴다. 모래사장으로 가자마자 놀이를 시작한다. 흙을 손등에 올리고 두드려 언덕, 굴, 길을 만든다. 여자아이들은 그네를 탄다. 청명한 가을 하늘 아래 숱한 말과 웃음이 퍼진다.

교실로 들어와 글쓰기를 했다.

-친구들 그네 밀면서 식당놀이를 했어요. 밀어 주는 게 음식 만드는

거였어요. 조금 힘들었어요. 음식 만들 때 제가 요리사 같았어요.

한 세대 만에 급격한 변화가 일어났다. 야외에서 놀아야 할 아이가 대부분의 시간을 실내에서 보낸다. 놀이를 통해 삶을 배우고, 지력과 정서, 관계력이 향상되고, 더구나 놀이는 본능이라 하지만, 현실은 역주행한다. 아이는 가장 소중한 놀이의 삶을 잃어버렸지만 어른의 관심은 미미하다. 야외 놀이 기쁨을 뺏고, 실내생활과 과도한 학습을 강요하고 있다.

작은 돌멩이, 모래, 나뭇가지, 허공은 창조적인 놀잇감이다. 무언가를 만들고 얘기 나누고 뛰어다니며 오랫동안 놀 수 있다. 배고픔을 잊으며 최고의 희열과 행복을 느낀다.

효민이한테 글자카드를 만들어 달라고 했다. '그만하기, 조용, 책상 정리하기, 책 제대로 읽기', 하나하나 만들었다. 같은 말을 되풀이하니 힘들어 말 대신 카드를 보여 줬다. 말은 듣지 못하고 흘러가 버리기 쉽다. 글은 보이니 힘이 있다. 처음이라 그런지 평소보다 잘 따른다.

다른 아이들도 글자꾸미기를 하고 싶어 해, 넷째 시간에 미술활동을 했다. 보는 것에 따라 욕구가 생기고 즉시 요구한다. 아이 욕구는 무진장하고 생존과 성장의 동력이다. 외부 구속을 받지 않고 스스로 행동하려는 자립성은 본능이다. 바람의 흐름을 타며 방향을 잡아 주면, 아이들은 악천후를 마다하지 않고 기꺼이 대양을 항해해 목적지에 이른다.

1학년이 벌써 끝나 가는 듯하다. 읽기와 쓰기가 부족한 아이들이 있어 이렇게 2학년 올라가면 어쩌나, 걱정으로 마음이 급해진다.

어느 지점에서 매듭지어야 할지, 밑도 끝도 없는 듯하다. 어느 책에서 본 문구, '그럴 수도 있어', '이만하면 됐어', 혼잣말하며 나를 달랜다. 멈출 줄 아는 시원한 현명함이 정신 건강에 좋을 것이다.

10월 24일 힘이 작용하다

"선생님, 선생님 아파요."

동희가 공책 검사받으러 나오며 하는 말이다. 고통에 빠지지 않으려 살고 싶어 선생님을 부르며 손 내민다. 동희가 옆에 오면 안고 얘기한다. 스킨십은 정서적 연결을 확연히 느끼게 한다. 사랑은 생존 문제로, 사랑이 고프지 않은 것이 세상에서 가장 중요한 일이다.

일곱 살에 아빠를 여읜 동희가 감내해야 하는 무게를 나는 온전히 가늠할 수 없다. 아이는 일어날 수 있는 고통을 예측하지 못한다. 어떻게 소화시킬지 모른다. 삶의 압박이 무방비인 동희를 누른다.

'선생님, 힘들어요', '저 좀 봐 주세요', '행복하고 싶어요' 외치는 듯하다. 나는 팔이 나가 안고 속삭인다.

"아유, 우리 동희 예뻐."

안전지대 없이 벼락을 맞고, 해소하지 못한 고통더미는 삶을 흔들어 댄다. 아이가 할 수 있는 일은 선생님 부르기, 손톱 깨물기, 지우개 뜯기밖에 없다. 그러다가도 현재 활동과 기쁨에 빠져드는 생명력이 있다.

> "아이들이 교사와 더 좋은 관계를 맺으면 아이들이 학교에 더 많이 참여하여 헌신하고, 높은 사회 적응력을 보이며, 도전에 기꺼이 응하고, 어려움에 직면했을 때 잘 버텨 낸다. 더불어 산만함이 덜해지고 집중도가 올라가서 학업 성취도 역시 좋아진다."
> _『감정의 발견』, 298쪽

"상욱이가 하고 싶은 것만 해요."

우진이 불만이다.

관계는 힘이 작용한다. 어린 아이는 자기 의견을 유보하고 강자를 추종한다. 강자는 자기 뜻에 따라 약자를 저지 혹은 지지한다. 친구를 좋아하다 깔보다 하며, 안정되고 바른 인성을 형성하지 못한다. 서로가 온전히 소통하며 건강한 관계를 맺을 수 없다.

나는 언제나 약자 편이지만, 어린 아이 입장을 충분히 헤아리지 못한 듯하다. 내가 강하게 말하거나 다그칠 때 느꼈을 두려움과 상처, 수업 시간 친구들이 거침없이 말할 때 드러내지 못하고 망설이며 묻힌 말들……. 아이의 상처와 소외, 체념을 생각하니 슬프고 아프다.

언뜻 보면 약자가 불리하고 강자가 유리한 듯하지만 일시적일 뿐이다. 완력은 진짜 힘이 되지 못하고 행사할수록 오히려 약해진다. 진정한 힘은 친구 지지를 받을 때, 자기를 감내할 때 얻을 수 있다.

준우와 서준이가 옆자리에 앉으니 다툼이 잦다. 자리를 옮겨야 하나? 그대로 앉아 조절하는 것이 좋을까? 얼른 판단이 서지 않는다. 서준이가 목소리를 내니 갈등이 일어난다. 자기주장 할 만큼 힘이 생겼다.

일이 일어나면 곧장 개입하지 않는 편이다. 감정에 매여 경솔하게 대응해 실수하고 후회한다.

어떻게 접근하면 효과가 있을까? 아이가 내 말에 어떤 영향을 받을까? 궁리하며 머리가 분주하다. 책임을 묻는 건 추궁이나 혼내려는 목적이 아니다. 자기 행동에 대한 책임의식은 성숙의 필수 요소다.

아이들은 학교사회에서 피해를 입히기도 받기도 하며 껄끄러움, 좌절, 속상함 등을 조절하며 성장한다. 어른이 섣불리 개입할 때 부정적 감정은 해소·해결되지 못하고 더 커진다.

10월 25일 성품은 역량이다

가을빛이 짙다. 하늘은 파랗고 맑디맑다. 나뭇잎은 노랑 빨강으로 물들고 있다. 운동장에 나가 한 바퀴 돌며 나뭇잎을 주웠다. 교실로 들어와 미술활동을 했다.

"도화지에 나뭇잎 이리저리 놓으며 떠오르는 주제를 찾아보세요."

다 한 사람부터 글쓰기를 했다.

-나뭇잎 둘 때 뭘 만들까, 바다 만들까, 집 만들까, 고민이 참 많았다. 생각이 났다. 집 만들고 버섯 만들자.

-처음에 작은 나뭇잎부터 해서 뭔가 허전했다. 조금 큰 거를 붙이고 겹쳐 보았다. 예뻤다.

도화지에 놓인 나뭇잎 위치에 따라 생각이 달라진다. 물체의 모양, 빛깔, 크기, 위치에 따라 다양한 생각이 일어난다. 결과가 한눈에 보이니 구상을 작품으로 실현하기 위해 애쓴다. 그 과정에서 미적 감각과 창의성이 길러진다.

아이는 거의 모든 것에 흥미가 있어 미술활동도 대부분 좋아한다. 나이가 들며 흥미 영역이 좁아지고 특화된다. 나는 아이 능력을 믿고 나이, 지적 능력, 창의성 정도에 매이지 않는다. 모두가 상상력과 역량을 발휘토록 동기부여한다.

다은이가 공을 갖고 왔다. 운동장에 나가 피구를 했다. 무척 재미나한다. 피구 바람이 불 듯하다.

다은이는 말이 어눌하고 원하는 걸 스스럼없이 요구하지 못한다. 그런데 가정에서 갖가지 놀이도구를 갖고 와 학급 놀이 종류를 결정한다. 뭐든 친구와 나누고 싶으니 공 들고 올 요량을 낸다. 걷기 힘든 친구를 부축하고 속상한 친구를 위로할 줄 안다. 다은이의 성품이 역량을 만든다. 친구에게 도움을 주고 학급공동체에 좋은 영향을 끼친다. 내 존경을 받고 스스로의 가치를 드높인다.

"선생님, 서준이가 놀려요."

옆에 가서 확인했다. 서준이는 칫솔이 있는지 없는지 물었는데, 준우는 자기를 놀린다고 오해한 거였다.

"준우야, 다음에도 속상한 일 있으면 바로 말해서 확인하자."

준우가 버럭 화내는 일이 줄고 있다. 자기를 변화시키다니, 기특하게 느껴진다. 욱하며 성질내다 오해한 면을 설명하면 수용한다. 준비하고 있었던 듯 이해하는 말 한마디에 쑤욱 풀린다. 다그치거나 윽박지르는 사람이 없고, 일방적으로 억울한 일을 당하지 않을 것이란 믿음이 있다. 방어하지 않아도 소리 높이지 않아도 주장이 묵살되지 않을 걸 안다. 주위를 의식하지 않고 솔직하고 편하게 자신으로 있을 수 있다.

준우는 대립에 움츠러들지 않고 느긋하게 대처한다. 친구 처지를 헤아리고 위로하기도 한다.

부당한 대우를 받는다고 느낄 때 화내는 대신 담담하게 표현하면, 관계는 발전하고 자기는 성숙해진다. 부정적 감정 다루기는 원활한 관계, 내면 평화, 성숙을 위한 핵심 기술이다.

화는 감정의 불가결한 요소가 아니라 사회문화적 학습에 의해 형성된다. 화를 통해서는 원하는 걸 얻지 못할 가능성이 더 크다. 직진해 부딪히지 않고 부드럽게 접촉하는 방법이 더 효과적이다.

"우트카 에스키모인에게는 분노라는 개념이 없다. 그리고 타히티인에겐 슬픔이란 개념이 없다." _『감정은 어떻게 만들어지는가?』, 279쪽

서준이가 자라고 있다. 자기를 내세울 줄 알고 다툴 줄도 안다. 일방

적으로 당하지 않으며 스스로를 지킬 수 있다. 내가 모르는 사이 혼자 상처받거나 속상하지 않을 수 있다.

물살에 단련되지 않으면 어여쁜 조약돌이 될 수 없다. 교실은 상하관계의 고요보다 대등한 관계의 소란이 더 값진 곳이다.

10월 26일 어떻게 만들까

고구마 튀김과 도자기 공예 수업을 동시에 한다. 튀김은 아이들이 하기엔 위험해 나 혼자 하기로 했다. 도예 수업이 끝난 뒤 튀김을 먹었다. '맛있다'를 연발한다. 교실을 정리한 뒤 글쓰기를 했다.

－눈 감고 고민을 좀 해 봤어요. 어떻게 만들까, 요렇게 만들까, 생각이 잘 안 났어요.

－꽃병을 만들었는데 마음대로 안 돼 속상했어요. 망쳤어요. 울고 싶

었어요. 그래도 안 울었어요.

 -선생님이 맛탕과 튀김을 다 해서 맛있게 먹었어요. 왠지 엄마 아빠는 일하고 아이들은 공부하는 것 같았어요.

 도예활동은 계획한 것이 입체적으로 드러나 집중이 잘된다. 흙의 부드러움이 손으로 전해지고 기분이 좋아져 작업이 즐겁다.

 동희와 다은이가 반쯤 만들다 갑자기 흙을 뭉개 버렸다. 나는 왜 그러냐며 찌푸리며 말했다. 마음에 안 들어 다시 만들고 싶었을 것이다. 나는 시간 계산만 하고 아이 상황은 헤아리지 못한 채 조심성 없이 말했다. 아이는 아무 말 못 하고 자기 잘못으로 알거나 압박을 느꼈을 것이다.

 내 의견에 힘을 줘 밀어붙인다. 오랜 습성은 살갗처럼 붙어 있다. 일방성은 조급하고 냉정하다. 무시, 비난, 몰아붙임, 실수로 이어진다. 아이 삶은 억울함의 연속일 수 있다.

 삶은 일방성 탈피의 과정이다. 사랑은 상대의 독립성을 인정하는 것이라고 주문을 왼다. '동희 상황을 헤아리지 못했구나.' 알아채기만 하는데도 가볍고 변화가 온다. 자의식에 거리두기가 가능할 때 나는 자유롭고 행복할 수 있다.

10월 29일 선순환

"글쓰기 할 때 어떤 마음인지 궁금합니다. 말해 줄래요?"
"팔이 아파요. 틀리면 다시 고쳐야 해서 기분 나빠요."
"예쁘게 쓰고 싶은 마음이 쏟아져요. 힘들지만 끝까지 하면 재미있고 잘 자라게 돼요."

 하진이는 시처럼 말한다. 듣는 재미가 있다. 재미있으면 힘들어도 또 하고 싶다. 하진이 말은 성장의 핵심이다.

힘든 아이 세 명, 재미있는 아이 세 명, 나머지는 보통이라 한다. 여론이 나쁘지 않아 안심이다. 아이들 생각을 물어 그에 따라 조금씩 방향을 틀어 맞춘다. 우리 이야기는 아귀가 맞아떨어진다.

동민이가 곁에 오더니 말한다.
"선생님, 외국인들이 우리 집에 쳐들어와서 엉망으로 해 놓았어요."
"무슨 말이야. 다시 설명해 줘?"
외국인이 일하러 온 걸 장난삼아 한 말이다. 엉뚱함에 피식 웃었다. 동민이는 여기저기서 생각이 솟고 기운이 펄떡이며 날아다닌다. 관심도에 따라 집중력이 확연히 다르다. 좋아하는 활동도 기운을 조절해야 지속할 수 있다. 마무리할 수 있어야 재능은 역량이 된다. 감정을 비우고 무심하게 접근하도록 권하면 선호하지 않던 활동에도 호감을 느낀다. 마음을 내어 완성도를 높이려 한다.

> "어린이들의 쾌활함, 호기심, 상상력은 누가 보아도 명백하다. 5세 아동의 마음은 어떤 의미에서 창의력의 절정에 해당한다. 교육자의 도전 과제는 어린이의 마음과 감수성을 활발히 유지하는 것이다."
> _『지능교육 넘어 마음교육』, 143쪽

10월 31일 작은 인정

받아 올림이 있는 덧셈을 했다. 어떤 방법으로 풀 수 있겠냐 물었더니, 다양한 의견이 나왔다. 몇몇 아이들은 함께 얘기 나눌 때 듣지 않아 풀이 방법을 몰랐다. 따로 불러 설명한 뒤 풀었다.
"또 하고 싶어요."

"너무 재미있어요."

"문제 더 내주세요."

글쓰기 시간, 준우가 늑장 부린다. 나는 불만스럽다. 따로 불러 물었다.

"준우야, 글쓰기 왜 안 하고 있어?"

"생각이 안 나서 그래요."

이유가 있었던 게다. 먼저 말로 하게 했다.

"준우가 금방 말한 걸 글로 쓰면 돼."

그러니 쉽게 잘 쓴다. 물꼬를 터 주지 않고 내가 바라는 곳으로 물이 흐르길 바라고 있다.

하진이는 정해진 분량보다 더 써서 나왔다.

"하진이 아가씨, 더 썼네."

"그냥 더 쓰고 싶었어요."

하진이는 수업 시간이면 공부하고 싶은 마음이 피어나는 것 같다. 검사받으러 나올 때면 잔잔한 미소를 띤다.

숫기 없거나 편하게 목소리 내지 못하는 아이가 있으면 유심히 살핀다. 정리를 잘하거나 독서를 잘하거나 친구를 돕거나, 잘하는 것이 있으면 모두가 듣도록 말한다. 인정은 조금 과장해도 되지만 지나치면 당사자도 수용하지 못한다. 듣는 친구가 수긍하는지도 중요하다. 친구들 분위기를 당사자는 감지한다.

누군가에게 때로 인정은 절박하다. 사람 속에 있으면 괜찮은 사람으로 보이고 싶은 안테나가 자동으로 올라간다. 허기를 느끼면 인정에 매달린다. 상대 평가에 신경을 곤두세우고 흔들거리며 에너지를 소진한다.

11월

아이들은 사랑으로 나를 감싼다

단풍잎, 하규리

11월 1일 나를 아는 공부

효민이 어머니 전화가 왔다. 상욱이가 효민이더러 사이코패스라고 했다 한다. 효민이 어머니는 화내거나 흥분하지 않고 담담히 들은 말을 전했다. 나는 부담 없이 통화할 수 있었다.

1교시에 회의를 했다.

"친구한테 속상한 일 있으면, 말해 보세요."

수두룩하게 나왔다. 상욱이에 대한 불만이 많다. 효민이는 상욱이에 대한 불만을 직접 말했다.

회의가 끝난 뒤 글쓰기 했다.

-친구들한테 잘못한 게 많아서 미안해요. 앞으로는 친구들을 안 놀릴 거예요. 특히 여자애들을 많이 놀렸어요. 때리지도 않을 거예요.

-회의할 때 재미있었어요. 마음이 너무 깨끗해졌어요.

쌓인 감정을 비우니 개운하고 편안하다. 싫은 사람 덕분에 마음공부를 한다. 사상마련(事上磨鍊), 실제 일에 대처해 나가는 가운데서 성품은 갈고닦을 수 있다.

상욱이는 진지하게 잘못을 인정한다. 표정이 사뭇 비장하다. 진심으로 뉘우친다. 정직한 사과는 상대 마음을 풀어주고 자신을 변화시키는 값진 행위다. 마음은 스스로 움직이지 않으면 수만 명을 동원해도 움직일 수 없다. 스스로 성찰하고 구원하고 빛낼 수 있다. 자기 행동이 상대에게 미치는 영향을 알지 못하면 정신은 여물지 못한다. 상욱이가 되돌아볼 기회를 준 효민이 어머니께 감사하다.

앞에 있는 친구가 웃으면 웃고 화내면 화나고 슬프면 슬프다. 친구의 표정과 기분이 자기 것이 된다. 서로의 환경이 되어 서로를 창조한다.

나와 친구를 천천히 보는 공부를 하고 있다. 지혜의 시작은 자기를 아는 것이다. 고요히 멈춰 보면 사랑의 본성은 제 모습을 드러낸다. 스스로 빛내는 항성이 된다.

점심 식사 뒤, 먼저 먹은 여자아이들은 친구를 기다려 함께 간다. 화장실도 같이 가고 친구가 힘들면 어깨를 토닥이며 곁에 있어 준다. 적극적이고 섬세하게 교류한다. 남자아이들은 뭉쳐 다니며 걸어가면서도 장난친다. 1학기에 비해 활발하게 관계 맺는다. 사회성이 자라고 있다.

11월 2일 선생님은 돈 없으니

박물관과 도서관으로 견학 가는 날이다. 지난 구월에 약속한 대로. 아이들은 신이 나고 교실은 열기로 가득하다.

박물관엔 관람객이 우리뿐이어서 자유롭게 다녔더니, 너무 소란스러워 줄을 세웠다. 도예활동을 해 와, 토기와 도자기를 가리키며 얘기 나누고 눈여겨보았다. 그다음, 빵집에서 빵과 우유를 먹었다. 맛있어하며 오물오물 잘도 먹었다. 마지막으로 도서관엘 가 옹기종기 모여 앉아 책을 보았다. 학교에서보다 더 주의 깊게 읽는다. 더 있고 싶어 했지만 돌아갈 시간이 되어 정리하고 나왔다. 아쉬웠다.

빵 사 먹을 때, 다은이가 돈을 주었다.

"선생님은 돈 없으니 이 돈 보태서 사 먹어요."

1학기 때 농담으로 한 말을 기억하고 있다. 맑고 깊은 마음이 나에게 옮아온다. 인생에서 하나만 소유할 수 있다면 '따뜻한 마음'을 선택하지 않을까? 조용히 다가와 깊은 울림을 준다.

아이들은 사랑으로 나를 감싼다. 건조하고 딱딱한 심성을 흔들어 깨워 그 자리에 선의가 피어나게 한다. 그들에게 도움이 되는 좋은 선생이 되도록 격려한다. 아이를 있는 그대로 허용하고 싶어진다. 수업에 성심껏 임하고, 생각이나 느낌을 끌어내 사고력을 키우려 한다. 공평하게 대하고 원활하게 소통하고 싶다. 할 수 있는 만큼 최대한 화내지 않고 상냥하게 대하려 한다. 내가 먼저 웃으며 밝게 생활하고 아이의 행복한 학교생활을 중요하게 여긴다. 하루 한 번은 운동장에 나가 몸을 움직이게 한다. 개성을 살리면서도 조화롭게 어울리도록 하고자 한다. 예술과 자연이 아이의 동반자가 되어 윤택하고 생기 있게 살기 바란다. 아이가 나에게 하듯, 반갑게 맞이하며 예우하고 싶다. 내가 아무리 애써도 그들이 나에게 하는 만큼 후하게 대접하지 못한다.

11월 5일 명작의 탄생

"멋진 효민이와 상욱이가 만들어 주세요."
"우리 멋지대."
"우진 씨, 자리에 앉으세요."
"우진 씨."
농담 삼아 말하니 따라 한다.

얼굴이 활짝 피며 교실에 새바람이 인다. 나는 비슷한 반응을 되풀이하며 그들에게 파고들 창의적인 대응법을 부지런히 찾지 않는다. 실험 삼아 연구 삼아 새로운 방안을 찾아 적용한다. 호응이 좋으면 새 탐색은 놀이처럼 재미있다. 조금씩 접근 방향을 바꿔 주면 하루에 푸릇한 새잎이 돋는다. 아이들은 내 작은 시도에 화답할 준비를 한 듯 꽃처럼 웃으며 반긴다.

작은 농담이나 장난은 호의로 다가가, 불신과 불안을 없애고 안전한 신뢰가 자리 잡게 한다.

"집단 내에서 긍정적인 감정이 전염되면 더 협력하게 되고, 업무 성과가 좋아지며, 갈등은 줄어든다. 이것이 유머를 이용하는 것이 교실에서 무척 도움이 되는 이유다."

_『애착교실』, 195쪽

운동장으로 나가 낙엽을 주웠다. 색과 모양이 여러 가지다. 나뭇잎으로 미술 수업을 했다. 잎 모양을 본떠 색연필로 칠하고, 그 위에 물감을 뿌리고 붓으로 물감을 톡톡 치기도 했다. 나뭇잎만 그리면 평범한 작업이 되는데, 갖가지 색의 물감을 점점이 흩뿌리니, 멋스러워 감흥이 인다. 자기 작품을 조망하며 꾸미고 다듬을 줄 안다. 멈춰 바라보며 궁리하다 작업을 이어 간다. 오늘도 근사한 작품이 나왔다. 다음 시간 글쓰기 했다.

－색칠할 때 못생길까 봐 슬펐지만 열심히 했어요. 그리다 보니 재미있고 신났어요.

－물감으로 그리는 줄 알았는데 토피카나처럼 톡톡 치는 것 같아요. 어떻게 할지 고민이 조금 되었어요. 물감이 자꾸 튀어서 얼굴이 빨간색으로 되는 것 같았어요.

많은 고민과 애씀으로 나온 작품은 손에 잡히는 듯 명징한 만족과 기쁨을 준다. 명작은 영혼을 충만케 하고 잔잔한 감동에 젖게 한다. 예술의 독창성과 창의성은 감상자의 기억을 자극하고, 감성, 지성, 영성을 확장한다. 작품은 마음 결결에 닿아 억눌린 곳은 해방시켜 주고 거친 곳은 부드럽게 어루만진다. 작품에 스며 있는 예술가의 정신과 재능을 느끼며 배운다. 최선의 경지에 이르기 위해 갈고닦은 시간, 노고, 의지를 상상하며 성장 의욕을 북돋운다.

아이들이 하교한 뒤 작품을 게시판에 붙였다. 교실이 미술관처럼 품위 있다. 혼자 감상하며 긴 시간 음미했다.

11월 6일 기쁜 소식

아침에 교실에 들어서는 아이들이 게시판으로 간다. 규리가 말했다.

"진짜 작품이 됐네."

"왜 작품 같아?"

"멋지니까요."

교사 욕구는 아이 보물을 끌어내 한껏 돋우는 것이다. 상황마다 활동마다 내면 바다에서 무엇을 낚을지 호시탐탐 엿본다. 공부거리는 생활 곳곳에 널려 있다. 응시하고 질문하며 귀 기울여 듣고는 감탄한다. "우와!" 한다. 아이는 말한다. "선생님, 신났네요." 우리는 온 얼굴에 미소를 띠고 기쁨의 시선을 교환하며 자축한다. 누구나 바다 같은 세계를 품고 있고 계기가 있으면 분출한다. 아이의 가능성에 대한 믿음이 있고 성장 마인드셋으로 대한다. 자기를 믿는 사람을 그도 믿으며 우정은 두터워진다. 1년이 지나며 부쩍 성장한 모습을 볼 수 있다.

말하기 전에 충분히 듣는다. 주입하기보다 끌어내려 한다. 먼저 설명하기도 하지만 아이가 직접 터득하도록, 스스로 동력을 일으키도록 기회를 엿본다.

일상에서 공부거리를 찾는다. 아이들이 직접 교류하는 사람과 자연에 대해 탐구하면 구체적이고 몰두한다. 자기 경험과 연관된 지식을 습득하므로 잘 기억한다. 교과와 생활을 통합해 교육과정을 운영하고 있다.

아이는 교과서에서 더 나아가 다양하게 접하며 식상해하지 않고 공부에 흥미 갖는다. 누가 시켜서 하는 게 아니라 자기가 좋아서 한다.

동희가 말했다.

"선생님, 저 주연이랑 친해졌어요."

"와! 기쁜 소식이네."

동희 마음이 안정되니 주연이를 받아들일 공간이 생긴 듯하다. 동희는 넓어지고 주연이는 친구와 마음을 나눌 수 있게 되었다. 나는 짐을 벗은 듯 개운하다. 동희가 마음을 돌리는 데 긴 시간이 걸렸다. 상대에 대한 해석 출처는 자신이다. 자기 맑고 흐림에 따라 세상도 맑고 흐리게 보인다.

"나에 대한 존중과 타인에 대한 존중은 같은 마음작용이다. 나에 대한 정보 처리나 타인에 대한 정보 처리가 거의 동일한 뇌 신경망을 통해 이뤄진다는 사실은 결코 우연이 아니다." _『내면소통』, 617쪽

아이들 장난이 부쩍 늘었다. 다리를 번쩍 들며 뛰어다닌다. 서로 뒤엉켜 교실 바닥을 구른다. 온몸을 부대끼며 안고 크게 웃는다. 몸으로 말하고 마음 나누며 논다. 남자아이 친교 방식이다.

하교할 때 한 명 한 명과 포옹하며 인사한다. 여자아이는 자연스럽게 하는데, 남자아이는 장난치며 빠져나가려 한다.

미세먼지가 심해 운동장에 나가지 못하니 교실이 소란스럽다. 아이는 소리 홍수를 즐기지만 나는 정신없고 신경이 피곤하다. 이해관계가 충돌할 땐 아이에게 맞춰야 한다. 잔소리하면 뒷맛이 쓰다. 아이에게 좋은 게 결국 내게도 좋다. 이 상황을 당연한 걸로 여기며 그러려니 하는 연습을 한다.

11월 7일 소꿉놀이 바람

소꿉놀이 바람이 불었다. 미세먼지로 야외에 나가지 못하니 교실에서 할 수 있는 놀이를 만든다. 책상, 소파, 옷 등을 총동원해 시간 가는 줄 모르고 논다. 쉬는 시간에 시작한 놀이의 흥을 깰 수 없어 수학을 하지 않고 계속 놀았다.

강렬히 빠져 무아지경이다. 팔 하나를 넣으면 온몸이 빨려들 듯하다. 서로 간에 구분이 없어지고 혼연일체가 된다. 주고받는 대화는 한없이 상냥하고 명랑하다. 벽이 허물어지고 모든 사람과 상황을 수용한다. 허용하지 못할 말이 없고 용서하지 못할 일이 없을 듯하다. 허공에서 움직이는 듯 걸림 없다. 완벽한 하모니로 빛나는 순간이다.

푹 빠져 놀고 난 뒤 글 쓰면 어렵지 않게 글이 나오겠구나 싶어 은근히 기쁘다. 가슴 꽂히는 경험을 하면 표현과 공유 본능이 생긴다. 깊은 관심으로 활동한 뒤라 기억이 순간순간 쪼개지듯 생생히 떠오른다. 글이 잘 쓰인다. 많은 기억만큼 해석이나 느낌도 풍부하다.

글을 쓰며 내면세계는 억압되지 않고 드러나고 풀어져 평온해진다. 스스로를 치유하고 새 기운이 솟는다. 글쓰기 과정에서 자기 이해와 성찰이 일어난다. 내적 모순이 조절되고 통합된다.

쓰기 싫어하다 막상 시작하면 거부한 이유가 일시에 사라진다. 쓰다 보면 쉬 말이 떠오르고 공책 줄 수가 늘어나 써야 할 분량을 훌쩍 넘긴다. 빽빽하게 쓴 글을 보면 흐뭇하다.

이제 아이들도 어떤 주제로 쓸지 예상하고, 쓰고 싶은 주제를 찾을 줄 안다.

오늘은 특별한 날이다. 다은이가 혼자 쓰겠다고 선언했다.
"선생님, 깔았어요. 이거 맞아요?"

헛발질이 쌓여 골 넣을 수 있는 감각을 익힌다. 작은 걸음 한 발 내디디며 다은이 길을 내고 있다. 삶엔 가짜 실패가 많다. 실패는 행위의 결과에 대한 욕심스러운 해석이다. 실패로 이름을 붙여 실패가 된다. 하나의 경험, 하나의 활동이 있을 뿐이다.

'스스로 알아내려는 마음'을 보호하는 것은 공부의 열쇠다. 그 마음을 짓밟지 않기만 해도 스스로 해낸다. 아기는 '내가 할래'를 연발한다. 밥 흘리고 국 쏟으며 숟가락질을 배운다. 눈, 손, 팔, 입, 뇌가 협업하며 심혈을 기울여 과자 하나를 잡아 입에 넣는다. 홀로 해내고 홀로 만족하며 약진한다.

의무와 성취를 강요하며 자발적 호기심과 의지를 꺾는 건 아닌지, 열정을 빼앗고 아이 탓하는 건 아닌지. 무관심이 관심보다 더 유익할 수 있다. 아이에겐 눈 밝은 조력자가 필요할 뿐이다.

"역경을 겪은 사람들은 온실 속의 화초처럼 자란 사람보다 스트레스가 있는 환경을 대부분 더 잘 헤쳐 나간다. 실패의 경험은 공감, 동기, 결단력을 높이는 효과가 있는 것으로도 알려져 있다."

_『모든 교사, 학부모가 꼭 알아야 할 학습과학 77』, 69쪽

학예회 준비가 부족하니 신경 쓰이고 걱정된다. 이런 날은 별일 아닌 걸로 아이를 혼낸다. 마음이 바쁘면 보이는 게 없다. 내 뜻대로 상황이 전개되길 바라는 자가당착에 빠진다. 조심하자며 나를 다독인다.

11월 8일 사랑이 담긴 추억

내일이면 학예회다. 전시는 그림과 도예 작품, 공연은 노래를 한다. 그

리고 '사계절'을 주제로 탐구학습한 것을 PPT로 발표한다. 그동안 모아둔 그림을 꺼내 아이마다 가장 잘한 걸 골랐다.

"제 그림은 미완성이에요. 더 그려야 해요."

동민이는 그림판 앞에 서더니 오랜 시간 꼼꼼하게 더 그린다. 다른 아이들도 좋아서 보완한다. 신경 쓰나 보다. 아이들이 훌쩍 자란 듯하다. 신중하게 손보는 모습에서 높은 책임감이 엿보인다.

> "주어진 과제에 온 힘을 다해서 노력하는 사람 곁에서 과제를 하는 것만으로도 열심히 과제를 하게 된다."
> _『모든 교사, 학부모가 꼭 알아야 할 학습과학 77』, 102쪽

"선생님, 제 작품 멋져요."

나는 옆에서 보며 뿌듯한 감동에 젖는다. 성취를 공유하며 행운권에 당첨된 양 그지없이 흐뭇하다.

사고, 열정, 노고는 작품으로 탄생한다. 높은 완성도에 짜릿한 전율을 맛본다. 자기와 친구의 역량을 발견하고 서로를 동일시하며 정서적 일체감을 나눈다. 대리 자부심도 생긴다.

미술활동은 창조적 정신 작용의 증표다. 자기 창의성을 실감하고 능력을 신뢰하며 정신은 튼튼해진다. 새로운 작품을 감상하며 경직, 고정, 습관화된 사고 전반이 흔들려 균열을 일으킨다. 그 틈 사이로 새로운 공기가 주입되어 유연해지고 넓어진다.

나는 지난 시간을 되돌아보니 아이 열정과 성취에, 내 흥에 취해 안주하며 놓친 부분이 보여 아쉬움이 남는다. 어려움을 겪는 아이는 작업 과정을 꼼꼼히 챙기며 도움과 격려가 더 필요하다. 성취도가 높은 아이는 다른 각도에서 살피며 좀 더 완성도 높은 작업이 되도록 이끌었으면 좋았을 것이다. 또, 다른 예술품 감상으로 미적 감각을 드높일 기회를

더 늘릴 필요도 있다.

프로젝트 학습한 것을 PPT로 보여 주었다. 배경 음악은 쇼팽의 〈녹턴〉 9번이다.

"사진 속에 있는 친구가 즐거워 보였어요."

"음악 들으며 우리가 학교 올 때부터 그 추억을 다시 보니 슬펐어요."

"사랑이 담긴 추억이에요. 추억을 잊고 싶지 않아요."

아이들도 나와 같은 마음이구나. 지난 시간들이 아지랑이처럼 교실에 피어난다. 함께 놀고 활동하며 기쁨을 나눴다. 봄날 피었던 꽃이 지듯 우리 인연도 다해 간다. 이 교실, 이 순간, 이 아이들과 헤어지다니……. 우리는 무의식중 안다. 만남과 삶의 유한함을.

교사와 학생 관계는 기간이 정해져 있다. 해마다 마무리할 때가 되면 헤어지고 싶지 않고 심란해진다. 교사는 아이가 잘될수록 좋다. 이해관계가 일치하는 흔치 않은 관계다. 아이는 부모 품을 떠나 세상으로 나간다. 삶의 나침반이 될 인생 선배를 찾는다. 현대 사회에서 의미는 퇴색되었지만 정서 바탕에 욕망은 남아 있다. 아이는 좋은 어른과의 만남을 갈구한다.

아이들 말처럼 사랑이 담긴 추억이 송이송이 나의 뜰을 채운다. 우리 시간은 끝이 있지만 사랑의 기억은 세포에 간직될 것이다.

학예회 옷을 대여했다. 흰 남방에 넥타이를 맨다. 한바탕 들썩이며 미리 입어 보았다. 서로 보며 '귀엽다', '멋있다' 연발했다. 흥분해 벌 떼처럼 붕붕거린다. 운동장으로 나가 사진 찍었다. 폴짝폴짝 뛰더니 '까치 까치 설날은', 생뚱맞게 노래 부른다. 마른하늘에서 눈송이가 떨어지는 듯하다. 이리도 좋아할 줄 몰랐다. '삶의 기쁨이 만개하는구나.' 옷 대여를 안 했으면 어쩔 뻔했나.

11월 9일 아이 능력

학예회 날이다. 우리 반은 합창을 한다. 외부 강사님이 지도한 것이다. 힘차고 발랄하게 쏟아지는 노랫소리가 맑고 감동스럽다. 그림도 도자기 작품도 멋지다. 아이들 작품을 내가 해 준 걸로 여기는 사람도 있다.

아이들 능력은 평가 절하된다. 오래된 오해다. 아이들은 상상력, 표현력, 창의성, 감수성, 친화력, 수용성, 유연성, 도덕성 등 많은 면에서 어른보다 탁월할 수 있다.

아이들은 사회와 어른이 정한 규칙과 가면에 길들여지지 않아 자연스럽고 순수하다. 타고난 천성과 자연성을 무심히 탁월하게 표현한다.

내 역할은 부분일 뿐이다. 어부가 물고기 잡을 때 바닷속 보고를 잠시 가져오듯, 작은 두드림으로 아이의 무한한 자질이 조금 드러난 것이다.

나는 종종 보이지 않고 알 수 없는 그들의 세계를 명상한다. 어둠이 걷히며 조금 보이기도 하지만 그 또한 작은 부분이다. 내가 아는 건 살짝 손대면 그들은 놀라운 자질과 품성으로 은하수 세계를 펼쳐 보인다는 것이다. 그들이 벌이는 별잔치를 매일 보며 사는 건, 교사로 사는 기쁨이고 감사며 특권이다.

"특정한 과학적·경제적 문제들에 대처하기 위한 힘의 발달에서는 어린이가 어른다움으로 성장해야 한다고 말할 수 있다. 또 한편으로 동정적 호기심, 편견 없는 반응, 마음의 개방성을 두고 말하면, 어른이 어린이답게 성장해야 한다고 말할 수 있다."

_『다시 읽는 민주주의와 교육』, 87쪽

오늘도 동민이와 주연이에 대한 불만이 몇 번씩 나왔다. 나도 그런 말을 들으면 편치 않다.

저녁에 가만히 생각한다. 주연이는 아기 때 제대로 돌보는 이가 없어 기본적인 의사소통을 배우지 못했다. 자연스레 익혀야 할 사회성이 떨어진다. 친구에게 관심은 많지만 어긋나는 접근법에 친구는 외면한다. 동민이는 몸 에너지가 넘쳐 차분함과 절차를 지키기 어렵고 자기조절력도 떨어진다. 우리도 한계 안에서 각자 방식으로 살듯, 그들도 그럴 수밖에 없다.

자연미가 완벽한 건 판단하지 않고 욕심부리지 않고 보기 때문이다. '이 꽃은 더 커야 돼, 이 잎은 더 길어야 해', 하지 않는다. 사람도 분별하지 않고 받아들이면 모두 그대로 온전한 자연이다. 불교에서는 무분별지를 최고 지혜라 한다. 분별하지 않으면 지혜가 나온다 한다.

1학년도 상대의 특정 면을 거슬려 하는 감정이 형성되어 있다. 우리는 확증편향이 있다. '기존에 갖고 있는 자신의 가치관, 신념, 지식 등에 부합하는 정보만을 선택적으로 수용하려는 인지 방식'이 있다. 밤하늘에 지금 보는 별도 이미 사라진 별일 수 있다. 자기 잘못, 오류, 착각을 알기는 쉽지 않다. 나도 그도 자기 식대로 산다.

감정의 무중력 상태로, 천천히 볼수록 사람의 가치는 높아진다. 교사 가슴에 아이 한 명 한 명이 묵직하게 들어앉아 따뜻한 눈길을 받을 때, 그래서 그들 마음이 편안하고 훈훈할 때, 아이들은 더할 나위 없이 건강한 여름날 녹색 잎처럼 생명력을 발산한다. 가을바람에 하늘거리는 코스모스처럼 여유롭고 자유롭게 인성이 피어난다.

상대를 재단하기에 바빠 배려할 시간이 없다. 미움은 진실이 아닌 감정 습관이다. 불완전함을 인정하며 또 한 번 문을 열면 사랑은 반가운 손님처럼 찾아온다.

"장자 사상의 핵심은 '탈정'입니다. 갇혀 있는 우물에서 벗어나는 것입니다. 우리가 갇혀 있는 좁고 완고한 사유의 우물을 깨닫는 것

입니다.”_『담론-신영복의 마지막 강의』, 146쪽

한글 지도에 마음이 급하니 공부 태도가 좋지 않게 보인다. 왜 이럴까? 되돌아본다. 다른 면이 보인다. 지아는 읽기 속도가 빨라졌지. 하진이, 동희, 준우, 서준이는 쓰기가 나아졌지.

11월 12일 교사와 학부모

학예회가 끝나고 새로운 시작이다. 한글 공부에 열중해야 한다. 좋다 싫다는 생각 없이 성실하게 보내고 싶다.

다은이가 엄마 몰래 지갑을 들고 왔다. 돈이 팔만 원 정도 있다. 과자를 사서 친구와 나눠 먹고 싶다 한다. 지갑은 내가 보관하고 집에 갈 때 주기로 했다. 우리는 손을 맞잡고 교문을 나가 과자 사러 갔다.

올해는 최고로 안정적인 학교에서 근무한다. 교장 선생님은 지나치게 간섭하지 않는다. 모든 일에 손을 놓고 시간 때우려 하는 무책임한 관리자도 아니다. 중심을 잡으며 할 일을 한다. 교감 선생님은 많은 업무를 처리하고 본인의 교육적 입장을 견지하며 교사들에게 친절하고 적극 지원한다. 올해는 운 좋게도 학교와 교직원에게 책임을 다하려는 관리자와 근무한다. 관리자는 교사의 근무조건에서 매우 중요한 환경이다. 이젠 학부모가 관건이 되었다.

나는 불필요한 업무에 허덕이지 않고 과민한 민원에 시달리지 않으며 아이들에게 집중한다. 관리자와 학부모의 지원 덕분이다. 실로 오랜만에 경험하는 감격스러운 근무환경이다.

몇 해 전엔 지금과 딴판인 학교를 경험했다. 관리자는 어느 교사에겐 최소한의 업무를 주고, 나는 과중한 업무에 수업이 되지 않았다던 학년의 담임을 주었다. 왜 그때 제대로 대처하지 않았는지 지나고 나니 내 처신이 의아하다. 조직사회는 올가미가 되어 그곳이 온 세상인 양, 삶을 지배하는 제국주의로 느껴지며 두려움을 주는 듯하다.

그때 내가 담임했던 5학년 아이들은 수업 시간엔 공부하려 하지 않았고, 종일 소리 지르고 악쓰며 싸웠다. 2학기가 되어 교실이 안정되어 갈 무렵 유독 한 아이로 인해 다툼이 이어졌다. 그 아이는 운동장에서 피구 하면 공을 독점하려 하고 자기 편이 이기지 못하면 식식거리며 핏대 세웠다. 수업 시간엔 혼자 발표하려 하고 격하게 화를 내 수업이 중단되기도 했다.

어머니는 아이 말만 듣고 내가 자녀를 자주 혼낸다며 항의했다. 그 아이를 홀대하는 마음이 있었나 싶어 되짚어 보고, 내가 혼내는 일이 많았는지 아이들에게 물어보기도 했다. 아이들과 나 모두 그렇지 않다는 판정을 내렸다.

나는 그의 에너지를 독서와 공부를 즐길 수 있는 방향으로 전환했다. 자기를 들여다보는 힘을 기르도록 숱한 토의와 대화를 했다. 학습과 생활 모든 면에서 호전, 발전되었다. 인내하며 공들인 시간이 억울하고 다른 아이에게 갈 에너지를 뺏긴 것 같아 속상했다. 그러나 나는 양심에 따라 처신할 뿐 다른 수가 없다.

모든 직업인은 한편으론 수행자가 될 수밖에 없다며 스스로를 다독였다. 사람들이 조직을 만들어 같은 공간에서 산 역사는 길지 않다. 우리는 그리 도덕적이지 못하므로 사회생활에서 부당한 경험은 피할 수 없다며 나를 설득했다.

"자신의 삶을 바쳐 건설적인 일을 하기로 결심한 사람이라면, 만인이 자신을 사랑하지 않을 것이라는 사실과 타협을 해야 한다."

_『지능교육을 넘어 마음교육』, 197쪽

부모는 360도 측면이 있는 사건에서 임의로 포착한 일면만 보고, 교사가 자녀를 미워하고 함부로 대한다며 의심하고 불신할 수 있다. 부정 편향, 뇌는 생존을 위해 부정성에 초점을 맞추도록 진화했으며, 잘못된 가설을 받아들이고 진실된 가설은 거부한다고 한다.

아이는 가정 밖에서 만나는 친구와 교사에 대해 자기 위주로 부풀려 전달하고, 부모 반응을 사랑으로 여기며 안주하려는 경향이 있는 듯하다.

그 어머니와 다시 만나 그동안 기울인 정성과 아이의 성장 모습에 대해 설명했더라면 어땠을까? 어머니는 성정이 급하긴 하지만 진심을 터놓고 대화하면 마음을 열 분인 듯했다. 이미 답을 정해 놓고 분노에 찬 감정을 토해 내는, 공격적인 학부모를 경험한 터라, 감당해야 할 상황을 떠올리면 몸이 움츠러들고 무섭다. 억울하더라도 침묵을 선택한다.

의료와 과학기술에 관한 지식은 잘 모른다고 여기지만, 교육은 경험하지 않은 사람이 없으므로 일부 경험으로 전체를 안다고 여기며 일반화 편향을 갖기 쉬운 분야다. 교사의 전문성과 교육적 발언은 갈릴레이 지동설처럼 수용되지 못하고 혼잣말에 머물기 쉽다.

교육엔 학생과 학부모 수만큼 다양한 요구와 기대가 있다. 측량할 수 없이 높은 자녀에 대한 관심과 욕망은 교사에게 투사되어, 만능과 성인의 경지를 요구하는 듯하다. 잘할 수도 잘못할 수도 있는 게 사람 일이다. 우수한 교사도 한순간 문제 교사가 된다.

학부모와 교사가 서로 등을 돌리면 모두 피해자일 뿐 이득 볼 사람은 없다. 아이들이 그 사이에서 가장 큰 곤란을 겪는다. 부모와 교사는 아이의 건강한 성장을 도모하고자 한다. 이해관계가 일치한다. 창의성을 발휘해 모두가 승리할 수 있는 교육적 협력 방안을 찾아야 할 것이다.

"지극히 비정상적인 행동이라 할지라도 이해하기 위해선 그 안에서 많은 진실과 동기를 찾아야 한다."_『상처 주지 않을 결심』, 172쪽

11월 15일 축하해

승원이가 몸을 비비 튼다. 쓰기 시간이면 머리 아프다며 엄살 부릴 때가 있다.

"승원이, 힘들면 조금 적게 쓰자."

승원이가 불편함을 말하니 다행이다. 드러내지 못하고 속으로 끙끙거릴 때도 있을 것이다. 내적 동기나 역량에 비해 과제가 과중하니 짐스럽다. 쓰기 싫고 재미없다. 실제 머리가 아플 수도 있다.

아이들이 한글 익히기에 집중한다. 시간 나면 종이에 쓰고 꾸민다. 이 아이 저 아이 나와서 맞춤법을 묻는다.

"선생님, 의자 어떻게 써요?"

"선생님, '몇 권' 맞아요?"

하나씩 차곡차곡 깨친다.

다은이의 쓰기가 눈에 띄게 늘고 있다. 지아가 혼자 쓰기를 선언했다.

"와! 지아, 축하해. 파티할 일이야."

어느 정도 고지에 올라야 주변을 즐길 여유, 그 지점에 다다랐다는 안도와 자부심이 생긴다. 새로이 도전할 엄두가 난다. 고난을 보람과 재미

로 여긴다.

"선생님, 수학 해요."

"편지 쓰기 해요."

수학과 편지 쓰기를 했다. 아이들은 내가 이끄는 대로 수동적으로 따라오지 않는다. 학습 내용을 관망하며 원하는 것을 알고 주장할 줄 안다. 재미 느낌에 충실하며 놓치지 않고 표현한다.

> "학습하는 사람이 학습의 방향을 적극적으로 정할 수 있을 때 중요성과 보상을 알리는 신경조절물질 분자들이 뇌에 모습을 드러낸다." _『우리는 각자의 세계가 된다』, 222쪽

11월 16일 관계 공부

옛이야기 『두꺼비 사위 이야기』를 들려줬다. 그 뒤 각자 동화책을 읽었다. 내 책을 서로 읽으려 해 가위바위보 했다.

동민이는 자기 자리에서 읽지 않고 교실 뒤 소파에 비스듬히 누워서 본다. 상욱이가 이른다. 그대로 두었다. 동민이 행동에서 자유롭게 할 수 있는 범위를 조금이나마 넓혀 주고 싶다. 안 될 일은 동민이도 감으로 안다. 허용하면 이해받는 느낌이 들어 맘대로 하려는 욕구가 엷어진다. 내 마음을 헤아려 주고 스스로는 자제한다. 내 말을 잘 듣는다. 나는 이 점이 특히 좋다.

나는 '관계 공부'를 중요하게 여긴다. 사람 이해와 상호 소통에 관해 수시로 공부한다. 아이들이 자주 다투고 사이가 틀어지면 수업이 되지 않는다. 언짢거나 화난 상태에서는 공부할 맛이 나지 않는다.

우리는 관계 속에서 실현하며 산다. 관계는 음식과 공기처럼 삶의 기본 요소다. 사람으로 인해 행복하고 불행하다. 사람과 마찰을 반복하면서도 아픔과 기쁨을 나누며 단절되지 않길 바란다.

관계 공부할 땐 아이들 스스로 문제를 파악하고 해결토록 한다. 주된 방법은 대화와 명상을 통한 '바라보기'다. 숨겨져 있던 자기 면모가 속속 보인다. 자신에 대해 판단하는 능력인 '메타인지'가 발달한다. 삶을 조망하며 제 길을 찾을 줄 아는 안목이 생긴다.

그동안 함께 살며 서로 간에 신뢰가 형성되어 경계하지 않고 말할 수 있다. 주장에 대한 과도한 옹호와 고집에서 놓여나고 있다.

천천히 바라보면 마음은 저항하지 않고 가벼워진다. 차츰 보는 속도가 빨라져 감정에 힘이 붙기 전에 상황을 알아챌 수 있다. 상대를 자기에게 맞추기보다 자기가 지혜의 잣대에 맞춰 간다.

"예와 아니요가 서로 다른 것이 얼마뇨."
"좋음과 싫음이 서로 다른 것이 얼마뇨." _『도덕경』

이 아이 저 아이 비교한다. 한 아이 안에서도 호불호를 구분한다. 이 벽 저 벽에 부딪힌다. 오락가락하며 에너지를 소모한다. 아이를 잘못 보고 세상을 왜곡한다.

상대 진실은 축소하고, 내 진실은 절대화한다. 틀린 게 아니라 나와 다를 뿐이다. 다름을 받아들이는 일이 평생의 과제구나.

아이들의 천진함과 여림은 내 경직된 심보를 흔들어 이완시킨다. 착오를 눈치채게 하고 불편케 한다. 아이들 덕분에 어리석음은 길들여진다.

11월 19일 그리기 바람

"선생님, 저 5학년 때 도시로 이사 가요."

아이들은 주로 현재에 집중하는데 동희는 미래 상황을 자주 말한다. 지금 채워지지 않는 걸 앞날에 대한 기대로 달래는 듯하다. 허기진 마음이 걱정스럽다. 안으면 허리가 한 줌이다. 다행히 얼굴이 밝아지고 있다.

축구 하는 아이들을 지켜보았다. 상욱이는 마음대로 골키퍼를 이 아이 저 아이로 교체한다. 동민이가 골키퍼 하다 뛰고 싶어 하니 나무란다. 덕이 부족한 아이가 강하면 다른 이들은 부당하고 억울한 일을 겪는다.

다은이는 집에서 공을 갖고 와 아이들과 함께 피구 한다. 다은이의 후덕함은 스스로에겐 평안을 친구에겐 기쁨을 선사한다. 소중한 것들은 뒷전에 밀려나는 듯하지만 보이지 않게 큰 영향을 끼치고 있다. 우리는 이미 그 덕을 보며 산다.

통에 재활용 종이를 모아 두었더니, 종이로 그리고 오리며 논다. 그리기 바람이 일어났다.

놀기 삼아 하는 창의적 활동이 소중한 이유는 자율성과 몰입을 경험하기 때문이다. 시간 가는 줄 모르고 놀며 주의력은 높아진다. 계획적인 학습보다 학습효과가 더 높을 때도 있다. 강한 의욕으로 그림을 그리고, 우렁이 움직임에 몸을 기울여 따라다닌다. 신바람이 인다. 마법 같은 활력으로 탐구하고 표현하며 기예와 소질을 연마한다.

학습과 놀이의 구분이 없고 활동은 그 자체가 목적이다. 몰입은 행복과 동시에 결실도 따른다. 힘주지 않고 힘을 발휘한다. 가장 큰 힘은 순수함에서 나온다.

"아이들이 스스로 결정을 내리고 집중할 수 있는 어른으로 성장하려면 어린 시절 내내 더 높은 수준의 자유와 자율성을 경험해야 한다." _『도둑맞은 집중력』, 387쪽

11월 20일 경쾌한 웃음

『기특한 다람쥐』를 들려줬다.

"선생님, 그리며 들어도 돼요?"

"그러자."

7할은 그리며 듣고, 나머지는 그냥 들었다. 듣고 나서 소감을 말했다. 이제 모든 아이가 자연스럽고 편하게 말한다. 외부 지식을 녹여 해석할 줄 안다. 자기 생각과 말이 있다.

동민이가 말했다.

"옛날에도 과학자가 있었으면 연구하고 개발해서 사람들이 가난하게 살지 않았을 거예요."

동민이는 강 건너 생각을 잘한다. 책 내용을 뛰어넘는 발언으로 우리도 다른 차원을 볼 수 있다. 엉뚱한 말에 어이없어하며 웃기도 한다.

동민이는 관찰할 때면 물체를 깨트리고 해체해 보이지 않는 면을 본다. 평범함에서 독특함을, 단조로움에서 풍부함을 발견한다.

불일치는 경험을 풍부하게 하지만, 우리는 동민이의 독특한 기질과 성향을 인정하기보다 부정할 때가 많았다. 그의 행위는 문제 되기도 하지만 대부분 그의 특성일 뿐이며 도움을 줄 때도 있다. 동민이가 우리 반을 다채롭게 채우고 있음을 뒤늦게 깨닫는다.

늦가을 햇살과 바람이 푸근하다. 놀기 좋은 날씨다. 운동장 놀이하러

나갔다. 그네 하나에 세 명이 엉겨 붙어, 둘은 서고 한 명은 앉아서 탄다. 남자아이들은 축구를 한다. 뭐가 그리 재밌는지 웃고 웃는다. 웃음소리가 운동장으로 허공으로 날아간다.

아이 웃음이 경쾌하다. 애쓰지 않아도 웃을 수 있다. 몸이 아파도 출근해야 하는 나처럼, 내일을 의무와 책임으로 걱정하지 않는다. 오늘에 가볍게 집중한다. 아이들은 현재에 살고, 현재엔 과거와 미래가 무겁게 붙어 있지 않아 명랑하고 밝다. 나는 가끔 크게 웃고, 아이들은 매일 크게 웃는다.

11월 22일 존귀한 시절

여자아이들은 몸이 가벼운 친구를 업어 주며 논다. 교실을 빙빙 돌며, 업힌 아이 업는 아이 모두 환히 웃는다. 구름 한 점 없는 하늘같이 말간 마음으로 어울린다.

경험 양이 시간이라면, 어린 시절은 그 이후 인생 전체 시간보다 더 길듯하다. 아이들은 보는 것마다 지나치지 않고 관심이 가고 말을 건다.

존귀한 어린 시절을 한없이 누려야 한다. 즐겁게 공부하고 신나게 놀고 흡족하게 사랑받으며 행복을 향유하길, 나는 그리 사는 데 도움 되는 어른이길 소망한다.

나의 초등학교 선생님을 곧 만난다. 선생님께 드릴 편지를 쓰고 있다.

국어 시간 문단 나누기 할 때 선생님은 참고서에 제시된 것과 다른 답을 요구하셨고, 우리가 맞히면 손뼉 치고 다리 굴리고 환히 웃으며 좋아하셨다. 열렬한 반응에 세포가 뻗는 듯한 희열을 느꼈다. 수업의 즐거움과 선생님 열정이 지금도 느껴진다. 음악 시간 풍금을 치며 '미루나무 꼭대기에~', 함께 부를 때면 노랫말에 따라 마음이 떠다니며 감미로움에 젖어들었다. 미술 시간엔 수채화를 자주 그렸다. 붓으로 물감을 칠하면 투명한 물감에 마음이 맑아지는 듯했다. 운동장에서 선생님이랑 배드민턴 치고, 선생님 가족과 친구들이랑 강에서 낚시해 고기를 튀겨 먹기도 했다.

선생님 덕분에 소중한 추억을 품고 살았다. 선생님은 내 어린 시절의 숲을 건강한 초록으로 물들여 주었고, 여린 가지를 받쳐 준 든든한 버팀목이었다. 많은 선생님의 손길은 양식이 되었고 그들 덕분에 인생 기초가 튼튼히 다져진 듯하다. 나도 선생님처럼 아이의 어린 시절을 건강하게 물들이고 싶다.

11월 23일 어린 시절의 감정

자기 할 일 다 하면 알아서 공부한다. 요즘 들어 할 일은 하지 않고 이야기 나누느라 소란스러워졌다. 못마땅한 마음이 누적되고 참다가 혼냈다. 미리 부탁할 생각을 못 했다.

그동안 함께 살며 친숙하고 편해져, 할 말, 나눌 마음, 웃음이 많아졌다. 아이들은 한껏 시끌벅적대며 흥이 넘친다. 나는 수업 시간이 어수선한 부분이 크게 보인다.

동희가 곁에 와서 말을 건다. 주연이한테도 잘한다. 요즘 공부에 빠져 혼자 책을 읽거나 글을 쓴다. 잘 웃는다. 웃으니 평소보다 더 예뻐 보인다.

시든 나뭇잎이 비를 맞아 팔팔하게 살아나듯 동희가 피어나고 있다. 친구들과 즐겁게 지내고 글쓰기, 그림, 독서 등에 마음을 붙이며 힘을 얻은 듯하다. 좋아하고 관심 가는 것에 마음 쏟으면 스스로 치유하고 압박을 이겨 낼 힘이 생긴다. 동희가 사랑하는 것들과 따스한 손길은 희망과 생명을 주는 양식이 될 것이다.

　어린 시절 감정은 명암을 스스로 선택하지 못한 채 형성된다. 경험에 대한 반응을 조절하기 어렵고, 성찰하지 못한 채 무의식적으로 각인된다. 우연히 잡은 감정으로 행불행이 정해진다. 고통스러운 경험으로 부정적 감정이 깃들어 천성처럼 고착되고, 그림자가 되어 인생을 조종한다.

　과거 감정으로 현재를 해석한다. 동희가 자신에게 도움이 되도록 현재 경험을 해석하고, 사회적 지지를 받을 수 있길 소망한다. 새로운 경험을 하며 인생의 뿌리가 튼튼하게 뻗길 바란다.

　나는 어린 시절 학교에 가면 친구와 놀고 선생님과 공부하는 것이 즐거웠다. 어느 날은 운동장에서 두 팔을 들면 새처럼 날 것 같은 행복감이 들기도 했다. 부모님과 선생님의 존중을 받으며 자기 신뢰가 자리 잡은 듯하다. 어떤 곤경에도 희망을 놓지 않을 수 있었다. 운동장에서 느꼈던 기쁨의 파도는 지금도 가끔 철썩인다. 어린 시절 행복감은 빛이 되어 인생길에 환히 켜져 있는 듯하다.

　존재 자체로 기뻐하고 찬탄하며 존중하는 사랑의 눈길로 아이는 자란다. 부모와 교사가 아이를 보던 눈으로 아이도 부모와 교사를 본다. 자기와 세상을 본다. 현재 삶과 느낌이 과거 기억을 재구성한다. 나는 아이의 현재를 어떻게 구성할 것인가에 중점을 두면 된다.

　동화 쓰기 바람이 분다. 지난 시간 누군가 제안했고 몇몇이 동조했다. 오늘은 대부분 똥 이야기, 친구 둘이 결혼한다는 이야기 등을 썼다. 이보다 더 재미난 일은 없는 듯 시시덕거리며 돌려 가며 읽는다.

11월 27일 행복한 어머니

출근하면 컴퓨터를 켠다. 베토벤 현악 사중주 연주 영상을 틀어 놓는다. 내가 좋아하는 것, 중요하게 여기는 것이 일상이 된다.

오래전 담임했던 아이 얘기를 들려주었다.

"5학년 담임할 때 지민이라는 아이가 있었어요. 어떤 아이가 지민이 볼을 꼬집으며 장난쳤어요. 지민이는 너그럽게 받아줬어요. 그 아이는 지민이를 좋아했습니다. 어느 날 지민이 볼에 멍이 들어 지민이 어머니가 학교에 오셨어요. 누가 그랬냐고 아무리 캐물어도 대답하지 않았다합니다. 지민이는 친구가 혼날까 봐 끝내 말하지 않았고 어머니는 속상해 오셨습니다. 어머니도 그 아이를 나무라지 않았고, 단지 다음부터 그러지 않기를 원하셨어요. 어머니와 지민이 품성이 존경스럽고 감동스러워 마음이 뭉클했습니다. 지금도 지민이가 종종 생각납니다. 지민이같이 넉넉한 아이를 보면 마음이 풀리고 행복합니다. 아이들을 위해 무엇이든 하고 싶어집니다."

"훌륭하네요."

"미담이네요."

"또 해 주세요."

지민이와 그 어머니같이 사람을 품어 주는 인격자는, 그리운 고향이지만 다시는 갈 수 없는 곳이 되어 버린 듯하다. 그런 어머니는 희귀종이 되어 간다. 봄날 아지랑이처럼, 비 온 뒤 무지개처럼 아련한 기억으로 남는 걸까. 사람 대신 황금을 손에 넣었지만 상대적인 박탈감에 더 갖고 싶어 목말라한다.

속 깊은 아이가 한 명 있으면 같은 공간에 있기만 해도 느낌이 전해진다. 곁에 있는 사람도 품이 넓어진다. 마음 씀씀이는 은은한 향이 되어 교실에 퍼진다. 옹졸해지는 날카로워지는 벌컥거리는 나를 다독여 준다. 그 영향으로 나는 모든 아이를 긍정한다. 나의 시간은 감사로 채워진다.

그 아이가 권위까지 있으면 반 전체에 영향을 끼쳐 다툼은 줄고 정다워지고 웃음이 많아진다. 위대한 고전처럼 학급 구성원의 마음을 꽉 잡아 준다.

"대부분의 어머니는 '젖'을 줄 수 있으나 '꿀'까지 줄 수 있는 어머니는 소수에 지나지 않는다. 꿀을 주게 되기 위해서는 어머니는 '좋은 어머니'일 뿐 아니라 행복한 사람이어야 한다."_『사랑의 기술』, 61쪽

지아는 주연이를 싫어한다. 다른 아이들은 마음이 열렸다 닫혔다 하는데, 거부하는 마음이 지속된다. 오늘도 주연이를 무시하는 행동을 한다. 돌봄교실에 보내지 않고 남으라 했다.

"지아야, 이 문제를 어떻게 해야 할까?"

"몰라요."

"눈 감고 생각해 보세요."

지아는 잠시 앉아 있다 일어나더니, 학급문고 책꽂이를 정리한다.

"지아야, 이리 와. 네가 주연이한테 하는 행동에 대해 어떻게 생각해? 네 생각을 말해 줄래?"

"몰라요."

"그러면 계속 그렇게 있어라."

지아는 꼿꼿이 앉아 있다.

"지아, 생각났어?"

"아뇨."

"지아야, 내가 너 혼내려고 하는 게 아니야. 대화하려고 그래. 생각나

면 말할래?"

"예."

30분이 흘렀는데 지아는 딴청 피운다. 지아에겐 주연이를 받아들일 공간이 없고, 나는 지아를 움직일 방책이 없다. 윽박질러 기 꺾고 싶지는 않다. 아이들이 힘에 굴복하지 않기를 누구 앞에서도 고개 숙이지 않기를 바란다. 힘으로 누르면 비굴하지 않을, 품격을 유지할 힘줄이 사라질까 봐 걱정된다. 강요하면 그 순간은 듣지만 마음은 열지 않는다. 그냥 보냈다. 말은 하지 않았지만 지아는 주연이와의 관계를 진지하게 받아들이며 조금은 마음이 움직인 듯하다.

아이들을 혼낼 때 주눅 들지 않고 담담히 듣길 바란다. 내 말이 타당하면 인정하고, 부당하거나 생각이 다르면 의견을 말해 달라고 한다.

존중의 눈길로 바라보면 스스로 바른길을 찾는다. 보는 이 기대를 저버리지 않으려 한다. 좋아하고 중요하게 여기는 사람일수록 많은 영향을 받고 동조한다. 자기도 모르는 새 상대가 원하는 대로 한다. 그의 기쁨이 곧 자기 기쁨이다.

> "사전 공감 없이 곧바로 충고나 지시나 조언을 하면 반발심을 불러일으킨다. …… 상대에게 자신을 이해하려고 한다는 느낌이 전달되어야 한다." _『관계의 언어』, 170쪽

11월 28일 글쓰기는 놀이다

읽기 시간, 글쓰기 공책을 돌려 가며 읽었다. 하진이가 말한다.

"내 이야기 대박 재미있다. 여기 읽어 봐."

공책에 머리 박고 낄낄대며 읽는다. 재미는 커다란 가능성을 열어, 힘

들게 인내하지 않아도 지속한다. 애써 노력하지 않아도 집중된다. 기대하지 않아도 발전한다. 정신의 발전기는 자동으로 작동한다.

이야기 글쓰기는 놀이다. 상상하며 요리조리 궁리하며 떠오르는 걸 쓰면 글이 된다. 재미있는 이야기라 쓰면서도 흥겹다. 완성한 자기 글을 봐도 친구 글을 봐도 즐겁다. 두 시간이 지나도 더 쓰고 싶어 한다. 재미, 자발성의 힘을 본다. 유익한 놀이는 오랫동안 해도 질리지 않고 뿌듯하므로 뒷맛도 좋다.

아이들은 이곳저곳 쑤시고 다니고 눈동자를 굴리며 호기심을 불태운다. 이것도 맛날 것 같고 저것도 맛날 것 같다. 이번엔 이야기 쓰기로 불타올랐다. 조금 지나면 이 불은 꺼지고 또 다른 불을 지필 것이다. 그렇게 세상을 탐색하고 자기를 찾아간다. 나는 지켜보는 것만으로 기쁘고 흥미롭다.

"선생님, 잘 그렸죠?"

작품이 마음에 드나 보다. 어제 모아 둔 도화지에서 자기 그림을 찾더니 그리기 시작한다. 글쓰기 시간, 승원이는 그림 그렸다.

수업하려는데 아이가 자기 활동에 몰입해 이름을 불러도 듣지 못할 때가 있다. 그러면 그대로 두고 수업한다. 현재 활동이 내가 준비한 수업보다 아이에게 더 도움이 된다고 판단되면 지속하도록 한다. 아이 상황에 따라 내 계획을 변경한다. 시간이 지나 본인 활동에 집중도가 떨어지면 그때 수업에 들어오게 한다. 아이들은 강렬한 감정이 저지되지 않고 존중받는 듯해 기분이 좋아진다. 내가 이끄는 수업도 잘 받아들인다. 나에게도 우호적이게 된다.

자발성은 아이가 인간답게 살 수 있는 기본 토대이므로 사라지지 않도록 보호해야 한다.

승원이는 쓰기 시간마다 칭찬하니 싫은 마음이 없어진 듯하다. 말 한 마디가 큰 영향을 미친다. 그동안 써내느라 힘들었겠구나 싶으니 짠하고 미안하다. 승원이 마음을 제대로 헤아려 반전시킬 요량을 못 했다.

경력이 쌓여도 교사 일은 낯설다. 아이들은 다른 생각, 다른 감정을 지녔고 내 말이 어떻게 스며들지 알 수 없다. 아이마다 나를 수용하는 방법도 다르다. 만남의 화학적 작용 결과를 예측하기 어렵다. 교사는 노련한 듯하다 어느새 초보자가 되어 미궁을 헤맨다.

지아가 주연이랑 얘기하며 함께 논다. 귀한 광경이다!

11월 29일 유쾌한 우정

규리 얼굴이 환해졌다. 잘 웃고 말수가 많아지고 활달하다. 남자아이와 장난을 잘 친다. 남녀로 나뉘어 놀더니 규리로 인해 같이 논다. 규리 마음이 편해지니 눈치 보지 않고 자기를 드러낸다. 그동안 감춰져 있던 매력이 후드득 터져 나온다. 활짝 웃는 얼굴, 밝고 상냥한 말투, 재밌는 손짓이 아이들 속으로 흘러들어 모두가 다정하고 명랑해진다. 한 사람의 미소는 모든 사람을 미소 짓게 한다. 한 수 배운다. 규리를 보니 욕구가 생긴다. 나도 규리처럼 교실과 아이들을 환하게 밝히고 싶다.

친구와 마음을 나눈다. 함께 노래 부르고 희로애락을 주고받으며 정을 쌓는다. 같이 공부하고 대화하며 정신의 풍요를 채운다. 유쾌 발랄한 우정은 긴 세월 함께하며 늘어지는 세월에 탄력을 준다. 인생의 든든한 뒷배가 된다.

좀 더 새롭게 이야기 글을 쓰려 한다. 공책 대신 A4용지 두 장을 반으로 접어 스테이플러로 찍었다. 네 장이 된다.

"그림동화를 써 봅시다. 맨 앞에는 동화책처럼 제목과 지은이를 쓰세요. 제목을 정하고 지은이는 자기 이름을 쓰세요."

신나 하며 시작한다. 수업 마치는 종이 쳤다.

"좀 쉬었다 하세요."

"저는 계속할 겁니다."

2교시까지 이어졌다.

"동화 쓰니 어때요?"

"책 만드는 작가 같아요."

"책 만드니까 어른이 된 것 같아요."

"친구들한테 보여 주니까 부끄럽기도 하고 좋기도 해요."

이야기 쓰기를 무척 좋아한다. 이제야 알게 됐다. 생활문은 즐거운 일이어도 이미 지난 것을 쓰는 것이고, 이야기 글은 지금 재밌는 상상을 하므로 즐거움이 배가된다.

교사 일에서 같은 일의 반복은 거의 없다. 비슷한 듯하지만 매 순간 새로운 상황이 펼쳐지고 다른 판단을 해야 한다. 최선의 선택일 뿐 언제나 만족스럽지 않은 부분이 있고 아쉬움의 연속이다. 현재 조건 아래서 혼동과 모순을 허용하고 균형 잡으며 정신의 탄력성을 유지하려 한다.

소꿉놀이하느라 책상을 여러 개 붙였다. 수업 시간, 제자리로 하라니 그대로 앉아 공부하자 한다.

"자기 할 일은 하지 않고 이야기 나누느라 소란스러울 텐데?"

"잘할게요."

두 팀으로 나눠 책상을 모두 붙여 앉았다. 가까이 붙어 있으니 함께 하는 느낌이 들어 좋은가 보다. 친구와 정다움을 나누며 행복하다.

아이를 자기 인생 주인으로 대접하고 싶다. 순간순간 나를 무화시켜 아이 영토에, 입장에 서려 한다. 같은 일을 해도 주인은 능동적이므로 효율성이 높고 재미를 안다. 자신감이 있어 유연하고 사회성이 좋다. 자기를 알고 책임감 있고 성숙하다. 삶의 궤도는 선순환한다.

> "교실이라는 공간의 주권자는 교사가 아니라 학생들일세. 그리고 교실의 규칙은 주권자인 학생들의 합의를 통해 제정되어야 하네."
>
> _『미움받을 용기 2』, 92쪽

11월 30일 전문가 수업

동아리 활동으로 도예 체험장엘 갔다. 교실보다 공방에서 만드는 걸 더 좋아한다. 오늘이 마지막이다. 학교로 와서 글쓰기를 했다.

-더 하고 싶었는데 마지막이라서 슬펐어요. 도자기 선생님과 사진 찍고 싶었어요.

-모양이 잘 안 만들어졌어요. 마음대로 안 돼요. 마지막에 꾸미는 데 조금 나아져서 다행이라 생각했어요.

-찰흙으로 조몰락해서 바구니 손잡이를 만들고, 사과를 바구니에 넣고, 귤도 만들었어요. 예쁘게 잘 만들어서 좋았어요.

그동안 도예 전문가와 여덟 번에 걸쳐 16시간 수업을 했다. 나도 도예를 배웠지만, 전문가가 지도하면 내가 할 때와는 다른 차원의 작품이 나온다. 나는 뭉뚱그려 가르칠 수 있지만 막히는 부분이 있다. 전문가는 세세한 부분에서 막힘없이 가르친다. 축척된 노하우는 작은 기법 하나에도 나타나 최고 능력을 발휘하도록 이끈다. 미처 몰랐던 아이 잠재성이 드러난다. 담임과 다른 성품과 감성을 지닌 어른과 뜻깊은 만남을 경험하며 성장 욕구는 자극받는다. 문화예술의 다양한 영역에서 전문가

집단을 폭넓게 활용해 양질의 배움 기회를 확대해야 한다.

　도예 수업 초기엔 선생님 지도에 따르기 바빴다. 이젠 자기 요량을 하며 직접 구상해 만들고, 한발 떨어져 관망할 줄 안다. 익숙하게 흙을 다루며 평가하는 안목도 생겼다. 기술이 능숙하면 새로운 차원의 창의적 사고를 할 수 있다.

12월

"선생님, 조금만 더 놀아요"

눈 오는 날, 이상욱

12월 3일 교사의 영향력

"더 쓸 거예요."

승원이의 글쓰기에 대한 호감은 급상승 중이다. 마음 붙이면 그 뒤는 저절로 이루어진다.

내 말 한마디가 무어라고 싫던 마음이 싹 가시게 됐을까? 교사 말은 어떤 재주를 부리길래 아이에게 도착하면, 용기를 주기도 좌절을 주기도 하는 걸까? 작은 칭찬과 배려가 순풍을 일으킨다.

미세먼지로 야외 놀이를 할 수 없는 지경이 됐다. 아이들은 운동장에 나가지 못하는 상황이 심각하지 않다. 불평하지 않고 상황에 맞춰 새로운 놀이를 만든다. 오늘은 두꺼운 겉옷에 친구를 태우고 눈썰매라며 끌고 다닌다. 시끌시끌 함성 지르며 잘도 논다. 열기로 후끈거린다. '이곳이 천국이구나.'

아이들은 일상을 만끽할 만반의 준비가 되어 있다. 순식간에 신바람을 일으킨다. 과도하게 의미 부여하지 않고 관념의 무게에 눌리지 않는다. 재미나게 놀 자세를 이미 갖추고 있어 무얼 하든 흥이 넘친다. 내세우던 자아는 오간 데 없어지고 모두에게 관대하다. 모든 것이 마냥 좋다. 교실, 친구, 함께 어울리는 것.

"어린이는 놀이를 할 때 예기치 못한 상황에 대처하는 능력을 습득한다. 아이들에게서 이러한 도전을 박탈하면, 자라면서 공황 상태에 빠지고 자신이 상황에 대처할 수 없다고 느낄 때가 많을 것이다." _『도둑맞은 집중력』, 382쪽

"선생님, 이 이야기 읽어 주세요."

효민이가 읽던 책이 재미있다며, 며칠 전부터 들려 달라 한다.

"4교시에 읽고 5교시에 수학 하자."

몇몇 아이가 수학 하고 싶다며 수학책을 내놓고 있으니 다른 아이들도 수학 하자 한다.

"선생님, 수학 문제 풀면서 들어도 돼요."

"그러면 수학 먼저 하고 5교시에 이야기 읽자."

규리는 다정다감하게 말 걸고 재미난 놀이를 잘 만든다. 오늘은 '너를 영원히 사랑해'라는 손동작을 만들었다. 아이들이 규리 보며 덩달아 활짝 웃는다. 규리 영향을 받아 서로 간에 표현이 활발하다. 규리가 어색해하지 않고 자기를 활짝 드러내니 더 매력적이다. 스트레스가 많고 불안하면 전두엽이 위축된다고 한다. 규리가 한껏 즐거우니 전두엽이 활성화되어 색다른 동작을 잘 만든다.

놀며 문화예술을 창조한다. 나무 막대기로 한 명이 놀이를 시작하면, 다른 아이들도 막대기를 모아 논다. 의견이 합쳐지고 모자라는 것을 더 채우면 막대는 조형 예술품이 된다. 한 명이 이야기를 쓰면 다른 아이도 쓴다. 서로의 글을 읽고 새로운 아이디어를 추가해 완성도를 높인다.

일상은 성장 터전이다. 주변에 있는 돌, 흙, 종이상자, 그릇, 종이 등은 공부 소재가 된다. 무얼 할까? 어떻게 놀까? 하며 연구한다. 그중 가슴 흔드는 영역 하나가 삶의 방향을 결정짓기도 한다. 작은 기쁨을 수시로 느끼며 성인이 되어서도 작은 행복을 빈번히 느낄 수 있다.

12월 6일 무르익는 분위기

공간에 따라 다르게 논다. 야외에서는 몸을 많이 움직이고 실내에서는 말과 정서적 교류가 잦다. 교실에 커다란 플라스틱 통이 하나 있다. 한 명이 들어갈 수 있는 크기다. 한 명이 들어가 앉으면 대여섯 명이 통을 흔들어 준다.

"살살해. 아기 다쳐."

"자장자장, 우리 아기."

"김동희, 김동희!"

통을 들어 교실을 한 바퀴 돈다. 통 안에 들어간 아이는 자기 이름까지 연호하니 좋아 어쩔 줄 모른다. 다은이와 효민이는 덩치가 커 들어갈 엄두를 못 낸다.

"효민이, 다은이도 들어 주지."

다은이가 잽싸게 쏙 들어가 앉는다. 통을 들기만 해도 친구 이름을 부르기만 해도 흥겹다. 혼연일체의 열기로 교실이 들뜬다. 어른이 되어 그 무엇을 한들 이보다 더 좋을 수 있을까? 아이들 가슴에 싱그런 잎 하나 돋아나는 순간이다.

승원이는 그림과 놀이 외엔 흥미가 낮더니 쓰기에 재미 붙였다. 이 와중에 혼자 쓰고 있다. 재미의 위력을 본다. 재미 맛을 알면 그다음은 만사형통이다. 글쓰기가 임무 수행 차원에서 자발성의 놀이로 건너왔구나. 뭉클하다.

1965년, 노벨물리학상을 수상한 리처드 파인만은 다음과 같이 말한다.

"내가 하려는 일이 물리학 발전에 얼마나 기여하는가는 별로 중요하지 않다. 문제는 그 일이 얼마나 즐겁고 재미있느냐다."

_『놀이의 힘』, 43쪽

저녁 시간, 유튜브 강의를 들었다. 받아들이기만 하는 공부를 하면 표현력이 사라진다고 한다.

　입시 위주 공부에서 주로 하는 일은 지식의 수용, 이해, 저장이다. 기억한 지식의 적용 범위는 시험에 제한된다. 응용과 표현을 위한 능동적인 활용은 거의 없다. 공부는 그 목적인 인식과 탐구의 즐거움보다 성적 높이기 위한 수단이다. 목적이 아닌 일에 열정이 일기 어렵다.

　내적 동기와 자발적 인내보다 사회적 외적 동기에 포박되어 있다. 교사들은 즐겁게 수업하려 갖은 애를 쓴다. 학생들은 목적의식을 짜내며 고군분투한다. 입시 씨앗을 발화하는 데 온 힘을 쏟느라 개성 어린 잠재성의 씨앗은 알지 못한다. 알더라도 발화시킬 여력이 없다. 개개인의 고유한 능력은 입시에서 요구하는 경기 종목과 다르고, 그 차이가 클수록 불리한 경기를 한다. 본인이 동의하지 않은 불합리한 입시 게임에 강제 의무로 편입되어 기진맥진 살고 있다.

　아이들은 자기표현과 창조를 하지 않는 습관이 형성된다. 실행하지 않고 생각에 그친다. 자기표현을 위한 공부를 할 때 주의력은 높아지고 사고는 짙고 민첩해진다. 자기 목표에 따라 실행하는 과정에서 인내하고 지속하려는 자기 주도성이 형성된다.

　입시제도는 사회 구성원의 인생을 좌우하며 정신과 신체 건강에 중대한 영향을 끼친다. 그러나 주요 교육 정책은 일회성 정치 판단에 좌우된다. 교육 행정과 정책을 장기적으로 성실하게 책임질 사람은 없는 듯하다. 가장 중요한 일이 면밀히 검토되지 않은 채 소홀히 결정되는 기이한 현실이다.

　　"암기와 기계적 연습을 중시하는 학교에서는 학생들이 학업에 싫증을 내는 비율이 높은 것으로 나타났다." _『마음챙김 학습혁명』, 104쪽

12월 10일 학부모의 신뢰

지아가 지우개를 뜯는다. 제 일에 집중 못 한다. 알고 보니 가정불화가 있다. 여덟 살 나이에 대지가 흔들리는 고통을 감내해야 하다니……. 산만하고 지우개를 뜯으며 괴로워했는데 나는 눈치로만 어렴풋이 느끼고 있었다. 어머니는 가끔 봤는데 말해 주지 않았다. 진작 알았더라면 좀 더 살뜰히 챙겼을 텐데, 안타깝다.

아이는 이미 그 환경에 노출되어 있는데 부모는 아이가 어리다고 전달하기 불편하다고 사실을 밝히지 않는다. 아이는 상황을 소화하지 못하고 상처는 아물지 않은 채 곪는다. 정신은 짓눌려 숨 쉬지 못한다. 부모가 회피하거나 어물어물 덮으면 부정성은 더 강화된다. 성인이 돼서도 성장하지 못한 감정으로 남는다. 좋지 않은 일일수록 즉각 설명하고 이해를 구해야 한다. 아이는 고통스러운 가운데서도 생명력이 있고 일어서려 한다. 힘든 감정을 충분히 경험하고 건강하게 조절하도록 도와주면 된다. 아이와 함께 아파하고 공감하며 넉넉한 사랑을 주면 아이는 응어리를 정화하고 감정을 숙성시킨다.

학부모와 교사는 아이들을 공동 교육하는 협력관계다. 교육에 관한 관점이 달라 견제하고 대립하기도 한다.

학부모는 자녀에 대한 애착으로 아이와 관련된 일에 과민하고 교사에 대한 불신은 과장되기 쉽다. 아이를 위해 필요한 정보라도 교사에게 가정 상황을 터놓는 경우는 드물다.

사람에 대한 배려와 헌신을 자기 행복으로 여기는 사람이 있다. 교사 중에도 그런 이가 있고 아이에게 진심인 교사가 많다. 그러나 학부모가 알기엔 교사와 학교에 대한 신뢰의 사회적 기반은 약하다.

"학습 환경에서 느끼는 스트레스, 과거에 학습하면서 상처를 받

은 기억, 교실 밖에서의 높은 긴장도 등은 모두 두뇌의 신경가소성
을 저해하여 학습에 손상을 준다." _『애착교실』, 62쪽

쉬는 시간을 마치는 종이 치면, 아이들이 꼭 하는 말이 있다.
"조금만 더 놀아요."
오늘은 실컷 놀리다 돌봄교실에 늦게 보냈다.

12월 11일 야외 놀이

오랜만에 찰흙 만들기를 한다.
"선생님, 만들고 싶은 것 해요."
"와, 눈이다!"
"선생님, 눈사람 귀엽지요."
"선생님, 거북이 둘이 뽀뽀해요."
"선생님, 저 잘 만들죠?"
능숙하게 척척 만들어 보여 주고 싶어 한다.
"상욱이가 흙 던졌어요."
"상욱아 장난칠 수 있는데 친구는 기분 나빠. 너도 알지? 좀 있다 해."

눈 쌓인 운동장으로 나가, 눈싸움하며 놀았다. 나는 상욱이를 상대했
다. 상욱이는 얍삽하게 행동해, 장난인 척하지만 상대를 불쾌하게 한다.
아이들이 평소에 상욱이한테 불만이 많은 이유를 나도 겪은 셈이다.
 '직접 겪지 않은 자의 게으르고 무책임한 인식에 머물렀구나.' 그 정
도는 울 일이 아니라며, 화낼 일이 아니라며, 있을 수 있는 일이라며 안
이하게 해석한다. 그러다 대응 시기를 놓치면, 그 시간 동안 아이들은

곤란과 부당함을 겪는다. 아이를 존중하되, 부덕한 행위에는 단호해야 한다.

재승박덕(才勝薄德), 재주는 뛰어나지만 덕이 부족하면 사람의 마음을 얻을 수 없어 리더가 될 수 없다. 호감 어린 우정을 나누지 못한다.

웃고 뛰어다니다 교실로 들어왔다. 왠지 시원하다. 비가 오거나 미세먼지가 있는 날 외엔 밖으로 나간다. 맘껏 달리고 소리 지를 수 있다. 실내에서 사용하지 못하던 에너지를 발산한다. 몸짓이 크고 활기차진다. 목소리는 경쾌하고 거침없다.

운동장에서 하늘을 보는 재미가 쏠쏠하다. 도저히 알 수 없는 곳, 인식이 미치지 못하는 곳, 막막한 우주, 그곳에 둥둥 떠 있는 지구와 나를 상상한다. 알 수 없는 세계가 대부분이다. 나는 우주인이 되어 시야는 무한대로 확장된다. 멍한 상태 명상 상태가 된다. 우주 속의 나를 보는 재미, 새로 발견한 놀이다.

12월 13일 시 쓰기

학교 문집을 만든다. 우리 반은 시를 실을 계획이다. 작년 문집을 보여 줬다.

"우리도 이렇게 글을 써서 책을 만들 겁니다."

시 공책을 만들었다. A4 종이 다섯 장을 반으로 접었다. 표지에 '시'라고 썼다. 각자 이름을 쓰고 색연필로 꾸몄다. 3학년 담임 때 아이들이 쓴 시를 감상했다. 아는 형과 언니들 글이라 관심을 보인다.

"어려울 것 같아요."

"평소처럼 쓰면 됩니다. 한 번 더 생각하면 시가 됩니다."

각자 자유 주제로 썼다.

"시가 재미있어요."

"대충 썼어요."

"멋진 생각 못 했어요."

대부분 산문처럼 썼다. 눈 왔을 때 운동장에서 논 것에 대해 많이 썼다.

"눈이 뭐 같아요?"

"벚꽃요."

"눈이랑 뭘 하고 싶어요?"

"친구가 되어 눈이랑 뛰어놀고 싶어요."

"장갑이 뭐 같았어요?"

"보들보들한 토끼털 같았어요."

"여러분이 한 말을 쓰면 시가 됩니다."

준우는 도예 흙이 떡 같다 한다.

'도자기는 떡처럼 말랑말랑하다.'

민감한 감성으로 대상에 스며든다. 더 깊이 알아내고 숨겨진 비밀을 캔다. 우리는 감성이 이끄는 대로 따르며 삶의 굽이굽이를 예술로 승화한다.

"동민이는 여기 좀 쓸어."

주위를 어지럽히는 동민이가 못마땅하다.

"선생님은 계모 같고 동민이는 신데렐라 같아요."

'신데렐라는 어려서…', 일제히 노래한다. 거침없는 발랄함에 웃음이 난다. 막힘없이 행동한다. 무엇을 하든 문제가 되지 않는 상태에 이르기도 했다. 누군가에게 감사의 턱을 내고 싶은 나날이다.

친구가 싫어할까 봐, 교사한테 혼날까 봐 눈치 보지 않는다. 학급 구성원 간 신뢰가 다져져 조절보다 전진에 에너지 쏟는 단계에 도달했다.

교실은 물처럼 순조롭게 흐른다. 고립과 거부의 두려움이 없다. 미워하고 다투느라 잘못을 들추어내느라 용쓰지 않는다. 웃음을 비웃음으로 장난을 악의로 받아들이지 않는다. 손짓의 의미를 알고 맞잡는다. 귀는 순해져 심통 부리지 않고 오가는 말이 걸림 없다. 허심탄회한 대화로 정다움과 유쾌함을 나눈다. 새로운 시공간, 일상을 창조한다.

12월 14일 대화로 배우다

"선생님, 오늘 회의한다고 했지요?"

어제 티격태격해 회의하자 했더니 승원이가 기억하고 있다.

"생활하면서 속상한 점 생각해 보세요."

"뭘 만들고 있는데 동민이가 쳐서 동민이한테 화냈는데, 준우가 화냈어요."

"저보고 말해서 저한테 그러는 줄 알았어요."

준우가 해명했다.

"규리랑 얘기하며 가는데, 우진이가 머리 당겼어요."

"저보고 설사했다고 해서 그랬어요."

"우진이가 썩은 나무에 앉아 엉덩이에 검은 것이 묻었는데, 상욱이랑 승원이가 설사했다고 놀렸어요."

"상욱이와 승원이는 놀리면서 기분 나쁘게 잘해요."

"사과해요."

불만이 이어졌다. 끝나 갈 무렵 말했다.

"나도 속상한 점이 있어요. 뭘까요?"

"상욱이 때문에 평화롭지 못한 거요."

"착한 반 만들고 싶은데 애들이 자꾸 싸워요."

"동민이가 말을 안 들어서 마음이 아플 것 같아요."

"우리 반이 말을 안 듣고 조용한 날이 없어서 스트레스 받을 거 같아요."

내 고충이 이리 많을 줄 미처 몰랐다.

"저는 여러분에게 만족하고 별 불만 없어요. 무엇을 잘하든 못하든 여러분 자체로 좋아하고 존중합니다. 기억해 주기 바랍니다. 그런데 몇 번 되풀이해 말해도 할 일을 하지 않을 때 속상해요."

잘못을 인정하는 솔직함과 용기가 있다. 상대 말에 자신을 비추며 반성적 사고를 한다. 자기 행동이 남에게 미치는 의미를 안다.

문제 상황은 많은 생각을 일으키며 공부 기회가 된다. 상황을 이해하려 한다. 어떤 일이 왜 일어났는지, 어떤 말이 오갔는지, 어떤 마음인지, 어떻게 풀어야 하는지 등을 파악한다. 편협한 인식에서 벗어나고, 모두에게 이로운 지점을 발견한다.

"관계가 튼튼할수록 수준 높은 논쟁이 가능하다."

_『다른 의견』, 106쪽

그동안 회의를 많이 했다. 되돌아보니 아이들 사이에 갈등이 일어나면 해결해야 하니, 나도 모르게 관계 공부에 초점을 둔 게 아닐까? 의구심이 든다. 자기를 사랑하기 위한 활동은 소홀한 듯해 아쉽다.

아이들을 고유한 한 사람으로 보았는가? 어떻게 하면 이것저것을 잘하게 할까? 사고를 함양시킬까? 감성을 풍부하게 할까? 마음을 다듬을까? 하며, 내 일을 잘 해낼 대상으로 본 건 아닐까? 나의 성취동기에 따르며 개선과 발달에 초점을 둔 듯하다.

나무를 바라볼 때 이 가지는 이쪽으로 뻗어야 더 잘생긴 나무가 될 텐데, 하지 않는다. 목적 없이 본다. 나무를 보듯, 있는 그대로 보는 눈 사용법이 서툴러 아이들을 힘들게 한 건 아닐까?

"오늘, 시 써요?"

시에 관심을 보인다. 운동장으로 나가, 목련 나무에게 갔다. 내년에 피울 꽃망울이 벌써 달려 있다. 자연은 깔축없이 움직이고 있다. 교실로 와 봄부터 찍은 목련 나무 사진을 보았다. 꽃이 피고 지고 잎은 연두에서 누렇게 변한 뒤 모두 떨어져 가지만 하늘 향해 뻗어 있다.

어제 쓴 걸 낭송한 뒤 시 쓰는 방법을 설명했다. '천천히 생각하기', '다른 것과 비교하기', '목련과 대화하기', 세 가지 정도 말했다.

조용해지더니 고개 숙여 망설임 없이 쓴다. 다음은 지아가 쓴 시다.

벌써 1년이 지나고
꽃봉오리가 생겼다.

목련은 꽃잎이 떨어지고
봉오리가 다시 피어
그게 반복해.

눈처럼 하얀 목련을 보면
내 마음도 눈처럼
예쁜 꽃 목련같이 새하얘.

학교 화단에 우아한 목련이 한 그루 있다. 그와 사계절을 보냈다. 처음 만난 건 삼월이다. 이름 모른 채 꽃봉오리로 관찰했다. 하얗게 핀 꽃 보고 나무 위에 올라가 놀았다. 나뭇잎이 파랗게 돋아나고 가을엔 누렇게 물들어 떨어지는 목련의 한 생을 함께했다. 목련의 삶, 그대로 옮기면 시가 된다. 자연은 '시'다. 두 번의 쓰기로 분위기를 살려 쓴 아이들 감각에 놀란다.

자연의 한량없는 아름다움에 마음이 들뜨고 보물 주머니가 터져 시가 나온다. 자기 글이 그럴싸하게 느껴지면 다시 쓰고 싶다. 즐거운 중독이다.

시는 세계와 만나 공감과 통찰로, 간결하고 독창적인 언어를 우려내는 작업이다. 압축, 리듬, 신선함이 있어 시를 쓰거나 감상할 때면 상큼한 지적 즐거움이 인다. 선율이 되어 몸으로 스며든다. 좋은 시의 잣대는 통찰과 진실의 깊이다.

> "수많은 시를 읽거나 추상적이고 어려운 관념을 그림으로 자유롭게 표현하는 등 어린 시절에 다양한 은유 연습을 하면 나중에 어른 되었을 때 엄청난 힘을 발휘합니다."
>
> _『창의성은 없는 게 아니라 꺼내지 못하는 것입니다』, 114쪽

1학기 기록을 보았다. 6월 21일에 하진이가 처음으로 혼자 편지를 썼다. 몇 줄 안 되는 글이다. 지금은 혼자서 술술 쓴다. 하진이가 큰 산을 넘은 듯 기쁘다. 하진이는 어떤 산이든 넘을 수 있을 듯하다. 든든하다.

교실 기록을 통해 나와 아이 말을 수집하며 우리를 알아 간다. 아이를 미처 챙기지 못한 것, 수업에서 놓친 것, 감춰져 있던 나의 약점과 공격성을 알게 된다. 괴로움은 놓고 싶어도 놓지 못하고, 기쁨은 잡고 싶어도 쉬이 사라진다. 기록으로 아이들의 열렬한 반응과 활짝 웃는 모습은 간직되었다. 시시때때로 솟아나는 보람과 기쁨은 새겨졌다.

아이들은 무진장한 광맥을 품고 있는 광산이었다. 하루하루 교실엔

함박눈이 흩날리고, 눈은 내 손에 차곡차곡 쌓였다. 미처 알지 못했을 뿐 기록 전에도 눈은 이미 내리고 있었다.

12월 17일 눈싸움

수학 학습지를 나눠 줬더니 신기해하며 푼다. 틀린 부분 고칠 때는 긴 장감이 떨어진다.

"고칠 때부터 진짜 공부고 용기가 필요합니다. 용기 출동해 풀어 봅시다."

운동장에 눈이 쌓여 있다. 어제저녁에 온 눈이 녹지 않고 있다. 2교시 마치고 다시 운동장으로 나갔다. 눈사람 만들고 눈싸움하며 3교시까지 놀았다. 교실로 들어와 4교시에 시 썼다. 동민이는 눈싸움하다 삐쳐서 먼저 들어와 울었다.

-눈은 왜 하얀색일까? 다른 색이 보이면 어지러워서, 줄여서 보기 편하게 하얀색 눈을 만들었나 봐.

-눈에 여러 가지 색을 넣고 얼리면 레인보우 보석이 될 거예요.

아이들이 하얀 눈을 보면 어떤 표현을 할까? 궁금하다. 낚싯대를 던지고 반응이 궁금해 촉각을 곤두세운다. 대어를 낚아 올리면 우리는 환호한다. 꽃들이 잔치 벌일 때면 바싹 다가앉아 동참해야 하듯, 아이들이 예술을 창조하면 온몸으로 반기는 게 예의다.

가을 단풍과 겨울 눈은 우리 마음을 사로잡는다. 나뭇잎 색은 시시각각 바뀌고, 새벽 여명은 차츰 밝아 오고, 노을 지는 하늘에 어둠이 점점 짙어진다. 변화하는 자연과 그에 따라 일어나는 감성의 면면을 느끼며 충일해진다. 자연 구석구석을 시시때때로 즐기면 햇살 한 줄기 바람 한 점은 말간 행복을 전해 준다.

헤어질 시간이 다가온다. 이토록 통통하고 환한 개구쟁이들과 노랑빛의 우리 교실에서 함께 살 날이 얼마 남지 않았다.

부족한 품성을 아이들한테 들키며, 쉬 넘을 수 없는 인간성의 벽을 오르려 아등바등 산 듯하다. 스스로 설정한 인성 높이를 지키려는 욕구는 나에 대한 불만과 자책을 불러오기도 했다.

아이들보다 내 감정을 더 귀히 여길 때가 많았다. 아이들 부름에 호응하지 못하고, 정밀하고 체계적인 지도가 부족했다. 조심성이 부족하고 서툴게 처신하며 아이에게 상처를 줬다. 나에게 걸려 넘어지지 않는 날은 없었다. 나는 자기 교육에 관심이 많고 스스로에 대한 기대를 포기하지 못하는 면이 있다. 높은 듯 보이는 이상을 이고 지고 산 듯하다. 내 안의 상반된 자아가 갈등하며 분열된 내면은 조금씩 통합되어 가고 있다. 감사하고 기쁘다.

겨울 저녁녘이다. 서쪽 하늘에 저녁놀이 지고 달이 걸려 있다. 나의 하늘엔 보석 같은 초승달을 닮은 아이들이 있구나. 은은한 노을처럼 아이의 뒷배경이 되고 싶다.

12월 18일 행복의 두 축

산수유나무를 보러 모두 나갔다. 빨강 열매가 달려 있다. 내년 봄에 피어날 꽃눈도 달려 있다. 생명은 혹독한 추위에 깊은 침묵으로 수련 중이다. 아이들 수만큼 열매를 따 교실로 왔다. 먹어 보더니 오만상을 짓는다. 사진으로, 꽃피고 잎 나고 열매 맺는 과정을 보았다. 자연의 순환을 한눈에 볼 수 있다.

-노란 빗줄기처럼 생긴 산수유 꽃.

-산수유나무가 하늘을 날고 있는 것 같다. 사라지면 다음에 또 올 거다.

-산수유 꽃망울 뱃속에 아기 꽃이 너무 귀여웠다.

-빨간 열매가 달려 있었어. 먹어 봤는데 엄청 시었어. 약이라고 해서 맛있게 먹었어.

산수유 꽃이 가지에 달린 모양을 노란 빗줄기 같다 하고, 꽃망울 속을 뱃속이라 한다. 나무 아래 서서 올려다보면 나무 위로 하늘이 보인다. 나무가 하늘을 난다 한다.

지난봄, 노란 꽃을 그려 보았다. 그동안 그 앞을 오가며 눈으로 손으로 만나고, 나무 위에 올라가 부둥켜안고 놀았기에 실감 나는 시가 나올 수 있었다.

느낌과 생각은 알아내려 애쓸 때 나온다. 문을 두드리고 일깨워야 싹튼다. 꽃을 보고 지나치면 감흥이 일지 않는다. 시간을 들여 바라보고 말을 걸고 대화하는 직접적인 만남이 있을 때 갖가지 느낌이 올라온다. 그것을 흘려보내지 않고 받아 간직하면 자기 말, 자기 시가 된다.

5교시, 전래동화 애니메이션을 보았다. 몇몇 아이들은 시 쓰고 싶어 해 쓰고, 나머지는 애니메이션을 보았다.

침묵으로 얼기설기 있던 경험과 생각은 가라앉고 정련되어 질서 있게 배열된다. 언어로 엮여 예술이 된다.

홀로 시를 쓰며 행복의 두 축인 재미와 의미를 얻는다. 그 재미를 지속하며 자기 산봉우리에 도달한다. 하나의 봉우리를 경험한 사람은 다른 봉우리를 꿈꾼다. 학교는 아이의 꿈꾸는 자생력을 보호·장려하는 곳이다.

12월 19일 숙고 습관

운동장에 나가 놀았다. 남자아이들은 학교 기사님과 축구 했다. 남자 어른이 놀아 주니 신나 한다. 너무 고마웠다. 땀이 나도록 놀았다. 3교시에 국어 하고 소꿉놀이가 시작됐다. 흥을 깨지 못해 4교시에 계속 놀았다.

"선생님, 저 시 쓰고 싶어요."

우진이는 놀이에 끼지 않고 한 시간 동안 네 편 썼다. 한 편 완성할 때마다 갖고 와 씨익 웃으며 보여 준다.

"기사님을 축구 신이라 했네. 와, 우진이 대단해!"

이 시간이 우진이 인생에서 영롱한 순간으로 느껴진다. 우진이가 곰곰이 사유해서 얻은 시가 뿌듯함과 쾌감을 준 듯하다. 교실은 북새통인데 홀로 고요히 쓴다. 한 편 쓰곤 나에게 온다. 더 이상 바랄 게 없는 흡족한 얼굴이다. 창작의 즐거움과 자신의 유능함을 확인한다. 나도 기뻐 엄지 척 했다. 우진이 하루는 무형 작품이 된다.

명상하듯 느린 사고로 숙고하면 침묵만으로 지혜를 길어 올릴 수 있다. 그 방법을 익히면 사고력은 발전한다. 자기 생각이 쌓이면 인생의 주인이 된다. 담담하고 당당하게 자기 길을 간다. 공부는 숙고 습관을 기르는, 사고의 독립성을 닦는 즐거운 여행이다.

아인슈타인은 말한다.

"나는 특별한 재능이 없다. 그저 아주 호기심이 많을 뿐이다."

지아가 계속 능장을 부린다. 손으로 지우개를 뜯어 지우개가 없다. 새 지우개를 줬다. 머리 묶는 방울을 주고 작은 손가방을 사 주기로 했다. 함께 인터넷을 검색해 지아가 원하는 걸 골랐다. 지아가 갑자기 기분이 좋아진다. 한순간 슬픔과 화의 멍울이 풀린다. 칠판 앞에 서더니 주연이를 그린다. 맺힌 응어리가 풀리면 타인을 수용할 수 있다. 가정불화로 상처받은 지아 내면엔 가시가 송송 솟아 있다. 친구를 찌르고 자기도 찌른다. 지아 상황이 나를 누르는 듯 답답하다.

12월 20일 앨범 만들기

준우는 오늘도 지각이다.

"샘, 준우 엄마한테 전화 좀 해 봐요. 준우, 왜 이렇게 안 와요."

다은이가 준우를 챙긴다. 그 마음은 우리 교실 난로다. 나는 다은이가 시키는 대로 전화했다.

삼월부터 찍은 사진을 인화했다. 갖가지 활동, 아이가 자라는 모습, 숱한 표정을 사장하기엔 아쉬움이 컸다. 사진을 인화해 앨범으로 묶어 두면 1학년의 시간이 고이 간직될 듯하다. 사진이 너무 많아 앨범을 두 번 구입했다. 사진을 나누고 앨범에 넣는 데 두 시간이 걸렸다. 손이 느린 승원이와 준우는 세 시간 동안 넣었다. 힘들 것 같아 걱정했는데 표 내지 않고 잘도 한다.

"선생님, 봄이 되면 우리가 2학년이 되니까 1학년 추억 간직하라고 앨범 하죠."

4교시엔 앨범을 주제로 글을 썼다.

-앨범 만들 때 힘들었어요. 다 만들고 나니 힘든 마음이 싹 풀렸어요.

-이렇게 많이 활동한 줄 몰랐어요. 친구들과 사이가 더 좋아진 거 같아요.

-강아지와 놀고 소풍도 가고 진달래 화전도 만들고 쑥전도 먹고 이걸

모두 1학년이 하였다.

-추억의 사진이 많다. 그 시절로 돌아가고 싶다. 사진 보니 눈물이 난다.

지난날이 손에 잡히는 듯하다. 그 당시 상황과 감정이 생생히 되살아난다. 특정 기차역에서 내려야 하듯 우리 관계는 끝이 난다.

삼월, 눈 덮인 운동장에서 눈 장난하며 놀았지……. 아이들은 나무와 작물, 개구리와 메뚜기 등 자연을 만나고, 갖가지 활동하며 열렬히 감탄했다. 수학 문제 풀고 글쓰기 하며 운동장에서 교실에서 놀며 순간순간을 빛냈다.

우리는 백일홍과 방울토마토를 함께 응시하고, 자연과 예술에 감탄하고, 재밌는 이야기책과 토의를 즐기고, 운동장에서 오랜 시간 놀고, 정직한 마음으로 대화 나눴다.

우리는 서로의 운명에 관여한다. 생각, 느낌, 취향, 세계관, 도덕성, 정서 등을 서로 물들인다. 자연과 감정과 말을 공유하며 닮아 갔다.

12월 21일 경청

사진에 어울리는 말 주머니를 만들었다.

"'소풍 가서 찍은 사진', 이런 표현은 하지 않는 게 좋아요. 말하지 않아도 소풍 사진인 줄 알지요. 규리가 한 것처럼, '너 멋지다', 이렇게 사진 속 인물이 말하는 것처럼 재미나게 해 보세요."

각자 앨범을 꾸미며 말잔치가 시작됐다.

"선생님, 사진에 귀신 있어요."

"선생님, 겨자색이 뭔지 알아요."

"선생님, 우리 형 태워 준다고 저 지각했어요."

"선생님, 저 머리 좋죠?"

"선생님, 저 힘들어요."

"선생님, 저 가위에 손 잘릴 뻔했어요."

경청은 상대를 모시는 일이다. 자기 개념대로 보려는 오랜 관성을 포기하는 것이다. 상대에 대한 선입견이나 반박, 자기주장 욕구를 내려놓고, 그의 감정과 상태를 받아들이는 것이다. 내 가운데 찍혀 있는 컴퍼스 중심을 옮겨 상대 중심에 두는 것이다. '나'를 통째로 놓아야 가능한 일인지 모른다. 경청하는 사람이 있는 건 축복이다. 진심과 사랑을 나누며 삶의 활력을 이어 간다.

다은이가 담요 두 개를 갖고 왔다. 소꿉놀이할 때 사용한다고. 친구를 진심으로 챙기는 다은이를 보면 나도 좋은 사람이 되고 싶어진다. 다은이는 스킨십을 좋아한다. 힘주어 껴안는다. 다은이가 안으면 나는 앙다문 마음이 풀리고 사랑을 듬뿍 받아 부풀어 오른다.

일 년 동안 다은이가 주는 힘으로 살았다. 기분이 언짢거나 무거울 때 다은이를 보면 밝아진다. 아이들이 예뻐 보이고 일에 기쁨을 느낀다. 선생으로 살 희망을 준다. 다은이는 친구이자 스승이다. 좋은 성품은 가장 큰 힘을 지닌 아름다움이다.

> "예술에도, 도덕에도, 수학에도, 삶의 방식에도, 아름다움은 일상
> 적으로 편재하는 보편적인 감각입니다. …… 우리에게는 선과 미를,
> 그리고 진과 미를 연결시키는 인지적 편향이 있습니다."
> _『아름다움과 예술의 뇌과학』, 261·262쪽

12월 26일 그리워요

드디어 앨범을 마무리했다. 많은 시간이 걸렸다.

"앨범 보니 어떤 생각이 드나요?"

"옛날로 돌아가고 싶어요. 투구새우도 잡고 놀러도 많이 갔어요."

"1학기가 그리워요. 많은 추억이 있어요."

우리의 한살이가 마무리된다. 먼 훗날 어느 봄날, 첫 노랑나비가 나폴나폴 날아오르는 모양을 볼 때면 아련한 그리움으로 추억할 것이다.

선생님! 부르는 소리가 들리는 듯하다. '선생님, 이것 봐요.' 이곳저곳을 바라보며 이 별 저 별에 취한 기억들이 나의 나이테를 그린다.

아이들과 살며 주된 감정은 기쁨이었다. 빼어난 겉모습이 아니어도 자체로 예쁜 아이에게 생기를 얻었다. 함께하는 하루가 즐거워 출근길이 가벼웠다.

체력 부실에 허덕이며 사회생활에 겨우 적응하며 살아온 듯하다. 성실치 못한 선생 노릇이 양심에 걸려 넘고 싶은 선을 통과하려 노력했다.

12월 27일 우정으로 덮이다

종업식을 했다. 1년 동안 아이들은 자잘한 다툼이 많기도 했지만 훌륭하게 잘 살았다.

"봄 여름 가을 겨울을 지낸 소감을 말해 봅시다."

"꽃 넣어 만든 거 엄청 맛있었어요. 피자 만든 거 재미있었어요."

"케이크 먹을 때 촛불 저만 못 껐어요."

"동민이가 잘못했는데 제가 혼났어요."

"재미있는 일이 많았어요. 초코 케이크 먹고 진달래 화전 먹고 고구마 튀김 먹고 했어요."

"세월이 이렇게 빨리 가는 줄 몰랐어요. 늦게 가면 좋을 텐데……."

입학식 때 케이크 촛불 끄지 못한 걸 여태 잊지 못하고 있구나. 나는 아이 마음에 걸리는 행동을 얼마나 자주 무심코 했을까? 승원이 말처럼 세월이 빨리 가 버렸다. 이제 헤어져야 한다.

아이는 관계의 최우선 조건인 진심으로 상대를 대한다. 넘치는 마음과 웃음으로 다가온다. 말로 전하지 못한 건 두 팔 벌려 안는다. 아이들 마음결에 기대어 감동스러운 나날을 누렸다. 그들 덕분에 삶을 지탱하고 웃으며 성장할 수 있었다.

1년의 시간은 하얀 꽃잎으로 낙엽으로 우정으로 고이 덮인다. 교실은 함박눈 같은 미소가 날리고 환희의 무지개가 뜨기도 했다. 때론 충돌하며 긴장이 흐르기도 했지만, 슬기롭게 풀어내며 유유히 여행을 갈무리한다. 사랑과 기쁨, 감사의 한 해였다. 잊지 못할 그리운 고향으로 간직할 것이다.

아이들! 그들이 있어 크게 웃습니다.
그들의 맑은 마음과 밝은 눈은,
내 숨은 모습을 다 봅니다.

단지 오늘 하루 닦고 닦아,
자족(自足)하며 진실된 나와 만날 때,
나는 그들의 참된 동반자가 될 수 있습니다.

그들과 함께 놀고 웃고 놀라워하며,
평범한 일상에,
별빛 꽃을 피웁니다.

제 일을 온전히 끝내고,
긴 침묵에 든 늦가을 들판처럼,
하루를 묵묵히, 살아가렵니다.

기기시미 이치로, 고가 후미타케(2022).『미움받을 용기 2』. 전경아 옮김. 인플루엔셜.

김경일(2019).『창의성은 없는 게 아니라 꺼내지 못하는 것입니다』. 샘터.

김병찬(2017).『왜 핀란드 교육인가』. 박영스토리.

김용옥(도올)(1999).『노자와 21세기(1, 2, 3)』. 통나무.

김용옥(도올)(2009).『대학·학기 한글 역주』. 통나무.

김용옥(도올)(2011).『중용 인간의 맛』. 통나무.

김주환(2023).『내면소통』. 인플루엔셜.

데이비드 A. 수자 엮음(2022).『세계 최고 전문가들의 학습과학 특강』. 이찬승, 김미선 옮김. 교육을바꾸는사람들.

데이비드 A. 수자, 캐롤 앤 톰린슨(2019).『뇌과학을 적용한 개별화수업 2』. 장인철, 이찬승 옮김. 한국뇌기반연구소.

데이비드 이글먼(2022).『우리는 각자의 세계가 된다』. 김승욱 옮김. RHK.

루이스 코졸리노(2017).『애착교실』. 서영조 옮김. 해냄.

리사 펠드먼 배럿(2017).『감정은 어떻게 만들어지는가?』. 최호영 옮김. 생각연구소.

리처드 세넷(2021).『장인』. 김홍식 옮김. 아르테.

만프레드 슈피처, 노르베르트 헤르슈코비츠(2020).『우유보다 뇌과학』. 박종대 옮김. 더난.

문요한(2023).『관계의 언어』. 더퀘스트.

미셀 르 방 키앵(2023).『자연이 우리를 행복하게 만들 수 있다면』. 김수영 옮김. 프런트페이지.

미크 브래킷(2020).『감정의 발견』. 임지연 옮김. 북라이프.

미하이 칙센트미하이(2003).『창의성의 즐거움』. 노혜숙 옮김. 북로드.

브래들리 부시, 에드워드 왓슨(2020).『모든 교사, 학부모가 꼭 알아야 할 학습과학 77』. 신동숙 옮김. 교육을바꾸는사람들.

세라 W. 골드헤이건(2019).『공간 혁명』. 윤제원 옮김. 다산사이언스.

셰팔리 차바리(2022),『깨어 있는 부모』. 구미화 옮김. 나무의마음.

스티븐 W. 포지스(2020).『다미주 이론』. 노경선 옮김. 위즈덤하우스.

시어도어 젤딘(2016).『인생의 발견』. 문희경 옮김. 어크로스.

신영복(2015). 『담론-신영복의 마지막 강의』. 돌베개.

알렉스 비어드(2019). 『앞서가는 아이들은 어떻게 배우는가』. 신동숙 옮김. 아날로그.

애덤 그랜트(2013). 『기브앤테이크(Give and Take)』. 윤태준 옮김. 생각연구소.

에리히 프롬(2019). 『사랑의 기술』. 황문수 옮김. 문예출판사.

엘렌 랭어(2016). 『마음챙김 학습혁명』. 김현철 옮김. 더퀘스트.

요한 페터 에커만(2008). 『괴테와의 대화 1』. 장희창 옮김. 민음사.

요한 하리(2024). 『도둑맞은 집중력』. 김하현 옮김. 어크로스.

이만규(2023). 『다시 읽는 조선 교육사』. 살림터.

이시즈 도모히로(2023). 『아름다움과 예술의 뇌과학』. 강미정·민철홍·김지수 옮김. 북코리아.

이언 레슬리(2021). 『다른 의견』. 엄윤미 옮김. 어크로스.

이케가야 유지(2024). 『삶이 흔들릴 때 뇌과학을 읽습니다』. 김준기 옮김. 힉스.

이호철(2020). 『어른들은 모르는 아이 세계』. 보리.

정재걸(2019). 『우리 안의 미래교육』. 살림터.

제니퍼 프레이저(2023). 『괴롭힘은 어떻게 뇌를 망가뜨리는가』. 정지호 옮김. 심심.

제러미 애덤스미스, 키라 뉴먼, 제이슨 마시, 대처 켈트너(2022). 『감사의 재발견』. 손현선 옮김. 현대지성.

존 듀이(2024). 『다시 읽는 민주주의와 교육』. 심성보 옮김. 살림터.

존 소렐, 폴 로버츠, 대런 헨리(2015). 『문화예술교육은 왜 중요한가』. 오수원 옮김. 열린책들.

카렌 암스트롱(2024). 『상처 주지 않을 결심』. 권혁 옮김. 불광출판사.

카를 라너(2024). 『일상』. 장익 옮김. 분도출판사.

타라 브랙(2025). 『받아들임』. 김선주, 김정호 옮김. 불광출판사.

파커 J. 파머(2024). 『가르칠 수 있는 용기』. 김성환 옮김. 한문화.

프랑크 베르츠바흐(2016). 『무엇이 삶을 예술로 만드는가』. 정지인 옮김. 불광출판사.

필리프 슈테르처(2023). 『제정신이라는 착각』. 유영미 옮김. 김영사.

하워드 가드너(2017). 『지능교육을 넘어 마음교육』. 김한영 옮김. 사회평론.

황농문(2011). 『몰입 두 번째 이야기』. RHK.

EBS 〈놀이의 기쁨〉 제작진(2020). 『놀이의 기쁨』. 그린하우스.

EBS 〈놀이의 힘〉 제작진(2020). 『놀이의 힘』. 성안당.

John A. Sanford. 『만남, 대화 그리고 치유』. 김중원 옮김. 하나의학사.

삶의 행복을 꿈꾸는 교육은 어디에서 오는가?

● **교육혁명을 앞당기는 배움책 이야기** 혁신교육의 철학과 잉걸진 미래를 만나다!

● 비고츠키 선집 발달과 협력의 교육학 어떻게 읽을 것인가?

혁신학교	성열관·이순철 지음 | 224쪽 | 값 12,000원
행복한 혁신학교 만들기	초등교육과정연구모임 지음 | 264쪽 | 값 13,000원
서울형 혁신학교 이야기	이부영 지음 | 320쪽 | 값 15,000원
혁신교육, 철학을 만나다	뷜렌트 데이비스·데니스 수마라 지음 | 현인철·서용선 옮김 | 304쪽 | 값 15,000
대한민국 교사, 어떻게 가르칠 것인가?	윤성관 지음 | 320쪽 | 값 15,000원
아이들을 어떻게 가르칠 것인가	사토 마나부 지음 | 박찬영 옮김 | 232쪽 | 값 13,000원
모두를 위한 국제이해교육	한국국제이해교육학회 지음 | 364쪽 | 값 16,000원
경쟁을 넘어 발달 교육으로	현광일 지음 | 288쪽 | 값 14,000원
혁신교육 존 듀이에게 묻다	서용선 지음 | 292쪽 | 값 16,000원
다시 읽는 조선교육사	이만규 지음 | 750쪽 | 값 37,000원
교실 속으로 간 이해중심 교육과정(개정판)	온정덕 외 지음 | 216쪽 | 값 15,000원
대한민국 교육혁명	교육혁명공동행동 연구위원회 지음 | 224쪽 | 값 12,000원
포스트 코로나 시대의 교육	성열관 외 지음 | 224쪽 | 값 15,000원
내일 수업 어떻게 하지?	아이함께 지음 | 300쪽 | 값 15,000원
핀란드 교육의 기적	한넬레 니에미 외 엮음 | 장수명 외 옮김 | 456쪽 | 값 23,000원
한국 교육의 현실과 전망	심성보 지음 | 724쪽 | 값 35,000원
독일의 학교교육	정기섭 지음 | 536쪽 | 값 29,000원
교실 속으로 간 이해중심 통합교육과정	온정덕 외 지음 | 224쪽 | 값 15,000원
초등 백워드 교육과정 설계와 실천 이야기	김병일 외 지음 | 352쪽 | 값 19,000원
학습격차 해소를 위한 새로운 도전 보편적 학습설계 수업	조윤정 외 지음 | 240쪽 | 값 15,000원

● **경쟁과 차별을 넘어 평등과 협력으로 미래를 열어가는 교육 대전환!** 혁신교육 현장 필독서

학교의 미래, 전문적 학습공동체로 열다	새로운학교네트워크·오윤주 외 지음 | 276쪽 | 값 16,000원
마을교육공동체 생태적 의미와 실천	김용련 지음 | 256쪽 | 값 15,000원
학교폭력, 멈춰!	문재현 외 지음 | 348쪽 | 값 15,000원
학교를 살리는 회복적 생활교육	김민자·이순영·정선영 지음 | 256쪽 | 값 15,000원
삶의 시간을 잇는 문화예술교육	고영직 지음 | 292쪽 | 값 18,000원
미래교육을 디자인하는 학교교육과정	박승열 외 지음 | 348쪽 | 값 18,000원
코로나 시대, 마을교육공동체운동과 생태적 교육학	심성보 지음 | 280쪽 | 값 17,000원
혐오, 교실에 들어오다	이혜정 외 지음 | 232쪽 | 값 15,000원
수업, 슬로리딩과 함께	박경숙 외 지음 | 268쪽 | 값 15,000원